KB098526

노가쿠能楽

-일본 전통극 노·교겐의 역사와 매력을 읽다-

能樂
노가쿠

일본 전통극 노·교겐의 역사와 매력을 읽다

아마노 후미오 지음 · 김난주 옮김

채륜
CHAE RYUN

간쇼조菅丞相

《다이산모쿠泰山木》

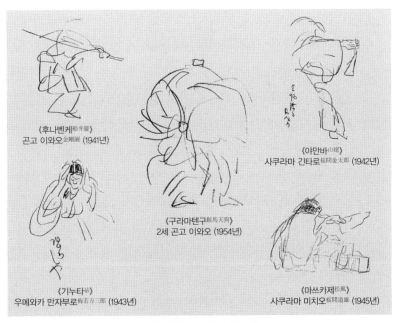

《후나벤케船弁慶》
곤고 이와오金剛巌 (1941년)

《야만바山姥》
사쿠라마 긴타로桜間金太郎 (1942년)

《구라마텐구鞍馬天狗》
2세 곤고 이와오 (1954년)

《기누타砧》
우메와카 만자부로梅若万三郎 (1943년)

《마쓰카제松風》
사쿠라마 미치오桜間道雄 (1945년)

스다 고쿠타로須田国太郎 데상

| 지은이의 말 |

새로운 지기에 대한 기대

아마노 후미오

교토조형예술대학 무대예술연구센터 소장

한국에서 일본의 노·교겐이 처음으로 상연된 것은 1981년 3월, 국제
연극협회 ITI가 서울에서 개최한 제3세계연극제를 통해서였습니다. 이
연극제는 3월 16일에서부터 5일간에 걸쳐 총 27개국, 200여 명의 연극
인이 참가한 대규모 연극 제전이었는데, 여기에 노가쿠가 초청되었던
것입니다. 당시 일본 노가쿠단은 단장 고故 간제모토아키観世元昭를 필두
로 총 20여 명이 참가하여 노《오키나翁》,《후나벤케船弁慶》,《고카지小鍛
冶》와 교겐《보시바리棒縛り》,《다치바이太刀奪》를 선보였습니다. 이때 공
연은 이 연극제를 위해 새롭게 건설된 문예진흥원예술극장(현 아르코예
술극장)에서 총 4회에 걸쳐 상연되었는데, 매회 600명이 넘는 관객들이
본고장의 노와 교겐을 감상했다고 합니다. 당시의 공연 소식은 『조선일
보』와 『THE KOREA TIMES』 등에 소개 되었고, 또 한국연극협회 기관
지인 『한국연극』에는 연극으로서의 노의 상징성과 세련미에 대한 전문
가들의 글이 실렸습니다.

일본 노가쿠단에 의한 최초의 해외공연은 고 기타 미노루喜多実 씨를
단장으로 한 기타류 노가쿠단喜多流能楽団이 1964년 베니스국제연극제에

참가한 것이 처음이었습니다. 그에 비하면 1981년의 한국 공연은 상당히 늦은 감이 있습니다. 그러나 당시 노가쿠의 해외공연이 구미 지역에 집중되어 있었고 아시아 공연은 한국이 처음이라는 데 의의가 있을 듯합니다. 이후 한국에서의 공연은 그리 많지는 않았지만, 그중에서도 대표적인 것을 꼽자면 1999년 오쿠라류大藏流 교겐의 야마모토 도지로山本東次郎가 이끈 《삼바소三番叟》(국립국악원) 공연과, 2005년 고 간제 히데오觀世榮夫 등이 부산에서 선보인 신작新作 노 《망한가望恨歌》 공연 등을 들 수 있습니다. 또한 일본에서 노와 한국 무용 경연이 몇 차례 기획되기도 하였습니다. 이렇게 보면 한일전통예술에 대한 양국의 관심은 점차 높아지고 있는 것 같습니다.

이러한 시기에 졸저 『현대 노가쿠 강의』(한국어판 『노가쿠-일본 전통극 노·교겐의 역사와 매력을 읽다』)가 단국대학교 김난주 교수의 번역으로 한국에서 간행되게 되었습니다. 김 교수를 처음 만난 건 2001년도였습니다. 그때 김 교수는 오사카외국어대학에 유학하면서 교겐을 연구하고 있었는데 제가 근무하던 오사카대학의 강의와 세미나에도 열심히 참가했습니다. 그동안 제 연구실의 노가쿠 전공자들과도 돈독한 친분을 쌓아 연구 교류를 이어오고 있으며, 또 유학 당시에는 그들과 함께 교겐 오쿠라류의 명인 고 시게야마 추자부로茂山忠三朗 선생에게서 교겐을 사사하는 등, 연구자로서 성실하게 노력하는 모습을 옆에서 지켜보았습니다.

이 책은 8년 전 노가쿠 개설서로 간행된 책입니다만, 그 내용은 대부분의 개설서와는 꽤 다르다고 할 수 있습니다. 제 생각에 현대 일본의 노가쿠에 대한 이해는 어떤 고정된 이미지에 사로잡혀 있고 그 때문에 노가쿠, 특히 노에 대한 이해는 대단히 표피적인 것이 되어 버렸습니다. 그리고 유감스럽게도 매년 쏟아져 나오는 개설서 역시 비슷한 처지에 있는 것 같습니다. 제가 말한 '어떤 고정된 이해'란 예를 들어 '노는 제아미世阿弥 시대부터 오늘날까지 변함없이 계승되어 왔다'라고 하는 식의 이해입니다. 본 서에서는 될 수 있는 한 그러한 상식적인 이해에 사로잡히지 않고 노와 교겐의 '매력'과 '역사'에 대해 논하고자 하였습니다. 또 여기에는 현재 학계의 최신 연구 성과가 담겨져 있습니다.

　이번에 김난주 교수의 번역으로 본서가 새로운 독자를 얻게 되고, 또한 본서를 매개로 하여 제게 새로운 지기知己가 생기는 것은 저자로서 비할 바 없는 기쁨입니다. 이 책을 통해 노가쿠에 대한 올바른 이해가 퍼져 나가고 노가쿠에 대한 관심이 생겨나기를 기대해 봅니다.

2014년 여름, 오사카 도요나카의 우거에서

한국어판을 펴내면서

김난주

이 책의 저자 아마노 후미오 선생님을 처음 만나게 된 것은 일본 유학길에 오른 지 얼마 안 된, 2001년 초여름이었다. 당시 저명한 노가쿠 연구자로 오사카대학에 재직하고 계시던 선생님의 수업을 들으러 찾아간 것이 계기였다. 선생님과 첫 대면하던 날의 기억은 지금도 눈에 선하다. 낯선 외국인의 뜻밖의 방문에, 아니 그보다는 한국인 학생이 노가쿠를 전공하러 유학 온 사실에 선생님은 아주 잠깐 동안 감탄해 하시고는 이내 아무렇지도 않게 청강을 허락하셨다. 그때부터 3년 내내 나는 선생님이 하시는 대부분의 강의에 참여했고, 또 노가쿠계에서 다방면으로 활동하시는 선생님을 따라다니며 지도학생 못지않은 은혜를 입었었다.

선생님의 글과 강의는 차분하고 논리정연해서 이해가 쉽다. 그러면서도 항상 학계의 새로운 연구 성과와 자료를 섭렵하고 자신의 독창적 의견을 내는 데 게으름이 없으셨다. 특히 강의는 해마다 같은 이름으로 개설되면서도 매해 새로운 내용으로 채워졌는데, 지금도 가장 인상에 남는 것은 선생님이 나눠주시던 강의 자료다. B4 사이즈 용지 앞뒷면에 빽빽하게 참고자료를 오려 붙이고 그것을 다시 학생 수만큼 손수 복사해서 우리들에게 나누어 주신 자료가 매 시간 서너 장에 달했다. 강의 자료와 함께 선생님의 깔끔하고도 깊이 있는 강의 내용을 그대로 옮겨 놓으면 바로 새로운 노가쿠 전공서적이 한 권씩 나오게 되는 것이다. 이 책 『노가쿠』(원제 『현대 노가쿠 강의』) 역시 선생님이 오사카 대학에서 한 강의를 옮겨 쓴 것이다. 이러한 선생님의 책을 한국에 처음 소개하는 영광을 누리게 된 것에 감사할 따름이다.

14세기에 성립한 노가쿠는 일본에서 가장 오래된 전통극일뿐 아니라 일본인들 스스로가 일본 문예 사상 가장 심오한 철학을 담고 있다고 자랑하는 문화예술이다. 또한 책에도 나와 있지만 현재 노가쿠는 1,500여 명의 프로연기자들에 의해 전국적으로 월 평균 100회 정도의 공연이 열리고 있으니, 그야말로 현재를 살아가고 있는 무대예술임에 틀림없다. 나 역시 노가쿠 연구자의 길을 가고 있지만 지금도 그토록 오랜 세월 일본인들을 사로잡은 노가쿠의 매력이 무엇인지 가늠하기 어렵다. 다만 700년이라는 세월을 끊임없이 관객과 무대와 팬을 확보해 온 그 생명력은 아마도 신과 인간, 죽음과 사랑, 욕망과 초월, 한과 웃음, 용서와 저항이라는 인류 보편의 문제를 웅숭깊게 들여다보고 그것을 아름다운 무대예술로 형상화해 낸 것에 대한 경의와 애정에 뿌리를 두고 있는 것이리라 짐작한다.

이 책은 노가쿠를 올바로 이해하기 위한 안내서의 성격을 지니면서도 그 내용에 있어 폭과 깊이를 겸비한 보기 드문 책이다. 또한 노가쿠 관련 서적 중에 한국에 처음으로 소개되는 전문서적이기도 한데, 본 한국어판에서는 일본학 전공자뿐만 아니라 일반 독자들의 이해를 돕기 위해 원서에는 없는 각주를 첨부해 두었다. 모쪼록 이 책이 일본의 전통문화와 전통 연극에 관심 있는 분들에게 좋은 안내서가 되기를, 또한 한국을 포함한 아시아 연극의 역사를 고구하고 전통예술의 미래를 모색하는 일에 아주 작은 도움이 될 수 있기를 바란다. 아울러 나의 서툰 번역이

본서의 내용을 왜곡시킨 곳은 없는지 두려울 뿐이다. 여러 선배 동학들의 질정과 가르침을 부탁드린다.

　끝으로 책의 출판을 흔쾌히 허락해 주신 채륜의 서채윤 사장님과 김미정 편집자님께 깊은 감사의 뜻을 전한다.

2015년 2월

역자 씀

일러두기

1. 본서의 원제는 『現代能楽講義―能と狂言の魅力と歴史についての十講』이다. 본 한국어
   판은 일본 전통극 노가쿠에 익숙하지 않은 한국 독자를 위하여 저자의 허락하에 『노가쿠–일본
   전통극 노·교겐의 역사와 매력을 읽다』로 제목을 바꾸어 간행하게 되었음을 밝혀 둔다.
2. 독자의 이해를 돕기 위하여 각주와 노가쿠 극장 그림은 원서에 없는 것을 역자가 첨부한 것이다.

현대 노가쿠의 사정과
그 문제

현대의 거대한 블랙홀

2001년 노가쿠能楽[1]는 파리에 본부를 둔 유네스코로부터 세계무형유산으로 지정된다. 당시 노가쿠계에서는 '과거의 유물'이란 느낌이 없지 않은 이 '유산'이란 말을 우려하는 목소리도 있었지만 어쨌든 무형유산 지정 자체에 대해서는 역사적인 경사라며 환영의 뜻을 표했다. 언론 보도에 따르면 일반인들의 반응도 마찬가지였던 것 같다. 많은 일본인들이 일본 전통문화의 우수성을 세계가 인정해 준 것에 자부심을 느끼는 것 같았다. 물론 이 글을 쓰는 나 역시 같은 생각이다. 하지만 좀 더 본격적인 이야기로 들어가서 도대체 '노가쿠란 무엇인가? 또 거기에는 어떠한 역사가 깃들어 있고, 어떤 매력이 있는가?'라는 물음에 개설적인 내용은 차치하더라도, 제대로 답할 수 있는 사람이 몇이나 될까? 그 존재는 널리 알려져 있으나 그 실태에 대해서는 거의 대부분의 사람들이 잘 모르는, 이런 현상은 물론 어느 분야에서나 흔히 있는 일이다. 하지만 특히 '전통'에 관한 것이 되면 그 현상은 더욱 두드러진다.

그런 '전통적인 것' 중에서도 이제까지의 노가쿠는 '유명하지만 실상은 잘 알려지지 않은' 사례의 대표 격이었다. 이번에 세계무형유산으로 지정되면서 이런 측면은 한층 더 부각될 것으로 생각된다. 현대는 무엇이든 빠르고 알기 쉬운 것이 선호되고 요구받는 시대이다. 이런 시대에 믿기 어려울 정도로 느린 템포를 유지하고 난해하기까지 한 노가쿠는 점점 더 현대의 거대한 블랙홀 같은 존재가 되어 가고 있는 것은 아닐까?

---

1 14세기에 성립한 고전극 노(能)와 교겐(狂言)을 합쳐 부르는 말. 명칭에 관한 자세한 내용은 이 책 제2장 참조.

'왠지 좋다'는 편견

그 좋은 예가 예를 들면 노能를 둘러싼 이른바 '왠지 좋다'는 현상이다. 이는 노의 음악적 구조를 밝히는 데 커다란 업적을 남긴 요코미치 마리오横道萬理雄 선생이 『노는 살아 있다能は生きている』(1984년, 私家版)라는 저서에서 언급한 말이다. 선생의 말에 의하면 '왠지 좋다'는 것은 '노는 이렇게 멋지다'는 '호의적 편견'에 불과하며, 노를 접할 때 '왠지 좋다'고 느끼는 것은 '왠지 싫다'는 것보다 더 곤란한 일이라는 것이다. 선생은 그 호의적 편견의 실례로 노의 이미지로 곧잘 인용되는 '유겐幽玄'이라는 용어를 예로 든다. "'유겐'이란 일반적으로 '깊고 신비로운 아름다움'이라는 뜻으로 통하는데, 제아미世阿弥2가 말하는 유겐이란 실로 '우아한 아름다움'입니다. 하지만 유겐이란 단어를 어떻게 이해하든 노를 구경하는 데 직접적인 관계는 없겠지요. 그러나 '노는 유겐의 예능'이라고 정해 놓고 무대를 보고 희한한 곳에서 감탄하고는 입을 다물어 버리니 한마디 해 보는 것뿐입니다." 선생은 또 노가 제아미 이래 600여 년 동안 여러 면에서 적지 않게 변화를 거쳐 왔다는 것, 다시 말해 살아 있다는 것을 강조하면서 "실은 고정된 시선으로 노를 보지 말았으면 합니다. 순수한 마음으로 노를 접했으면 좋겠어요."라는 말로 글을 맺고 있다.

들고 보니 정말 그러하다. 노가쿠는 확실히 '왠지 좋다'는 호의적 편견에 둘러싸여 있다. 그 호의적 편견의 바깥에는 그 몇 백 배, 몇 천 배나 되는 '왠지 싫다'는 소박한 편견이 존재하고 있다는 사실을 생각하면 노가쿠라는 고전극은 실로 많은 편견에 둘러싸여 있는 것이다.

---

2 1363~1443. 부친 강아미(観阿弥)와 함께 노의 대성자로 불림. 자세한 내용은 이 책 제8장 참조.

노, 불변의 이미지

그런데 요코미치 선생이 말하는 '왠지 좋다'는 표현은 관객의 반응을 염두에 둔 것이다. 그와 비견되는 또 하나의 편견 혹은 고정관념이 현재의 노가쿠가 제아미 이래 그 연기나 연출 방식을 그대로 보존해 왔다는, 노가쿠에 대한 기본적 수준의 이해다. 그러한 경향은 최근 한 연기자가 자신의 노가쿠 입문서에 쓴 글에서도 쉽게 엿볼 수 있다. "신체 표현의 역사라는 입장에서 본다면 노가쿠는 발생 당시와 완전히 똑같다고 할 수는 없지만, 600년 전의 신체 동작의 원리를 현재에도 그대로 가지고 가면서 발전해 왔다고 할 수 있습니다. 따라서 제아무리 재능 있는 연기자라 해도 심리묘사를 표방하며 마치 셰익스피어극 같은 동작을 마음대로 넣는 것은 조심해야 합니다."(우메와카 나오히코梅若猶彦, 『노가쿠로의 초대能への招待』, 2003년, 岩波新書).

그러나 앞서 요코미치 선생의 글에서 보다시피, 역사적 사실은 노가쿠가 여러 면에서 변화에 변화를 거듭해 온 연극이라는 것이다. 예를 들어 제아미의 예담서芸談書인 『사루가쿠단기猿楽談儀』에는 오늘날의 연기자들이 들으면 그야말로 눈이 튀어나올 법한, 깜짝 놀라는 표현 연기에 효과적인 눈 동작 연기에 관한 기술이 있다. 말할 것도 없이 오늘날 노 연기에서는 이 같은 사실적 연기가 완전히 배제되어 있다. 이런 예만 보더라도 현재의 노와 제아미 시대의 노 사이에는 본질적이라고 해도 좋을 만큼의 차이가 있다는 것을 알 수 있다. 그러한 변화는 전후戰後 노가쿠 연구가 광범위하고도 분명하게 지적해 온 이야기이다. 하지만 그것이 학계라는 한정된 세계의 상식에만 머물러 있을 뿐이고, 노가쿠계나 일반 사회에서는 여전히 '노가쿠는 제아미 이래 불변'이라는 이해가 지배적이다. 그 결과 '불변'이야말로 노가쿠가 노가쿠다운 이유가 되고,

그리하여 노가쿠를 옛것 그대로 보존하는 것이 연기자의 의무라는 신념이 생겨나게 되는 것이다.

물론 그런 신념이 결과적으로 관객들에게 깊은 감명을 준 것은 사실이다. 하지만 동시에 '죽을 만큼 지루하다'는 말이 상징하듯 대개는 창조와는 무관한 무대 연출과 종이 한 장 차이에 있다는 것, 이런 고정관념이 노가쿠라는 연극에 마이너스로 작용하고 있다는 사실에 좀 더 주의를 기울일 필요가 있다. 무엇보다도 이 같은 연기자의 고정관념이 무대는 물론 관객에게도 파급되고 그것이 현대 노가쿠 이해에 커다란 영향을 미치고 있기 때문이다.

사고 정지 현상

현대 노가쿠를 둘러싼 편견 혹은 고정관념에 또 하나 덧붙이고 싶은 것은 '사고 정지思考停止' 현상이다. 여기서 말하는 '사고 정지'란 어떤 대상을 완벽하고 절대적인 것으로 보고 그 대상에 의문이라고 하는 지적, 감성적 개입을 허용하지 않는 상태를 의미한다. 이 역시 전통에 부수하는 현상이지만 현대의 노가쿠는 하여튼 이런 '사고 정지' 현상이 뚜렷하다.

예를 들면 이것은 노를 처음 보는 사람에게 많이 일어나는 현상인데, 무대가 잘 이해되지 않거나 재미를 느끼지 못했을 때 그 이유를 연기자나 무대에서 찾는 것이 아니라 감상하는 자신의 지식과 능력에서 찾는 경향이 있다. 훌륭한 노를 이해하지 못하는 것은 자신의 부족함 탓이라는 건데, 이런 현상은 현대 연극이나 현대 공연예술에서는 쉽게 찾아보기 힘든 현상이다. 즉, 암묵적으로 노는 절대적인 것이라고 정해 놓고 노를 보고 자연스럽게 느꼈던 감정을 봉인해 버리는 것이다. 이야말로 '사고 정지' 현상이 아닌가.

이런 현상이 꼭 초심자나 관객에만 국한된 것은 아니다. 썩 좋은 예는 아닐 수 있지만 예를 들어 쇼와昭和 시대의 명인이라 칭송 받던 호쇼류宝生流3의 노구치 가네스케野口兼資(1953년 몰)의 일화를 보자. 그가 어떤 노 작품 1막을 끝내고 막 뒤에서 의상을 갈아입는 사이 무대에서 교겐 배우가 작품의 줄거리를 말하는 것을 듣고 있었다. 그런데 그때 처음으로 '이 노가 그런 노였나'라는 생각을 했다는 것이다. 노와 무관한 사람이 들으면 꽤나 기이한 이야기일 수도 있겠다. 하지만 오랜 역사를 지닌 노의 경우 그것이 비록 배우라 할지라도 시적이고 난해한 노의 문장을 세세한 부분까지 전부 파악하지 못하는 경우가 그리 드문 예는 아니다. 또 그것을 두고 비난할 수도 없다. 노의 노래謠를 배워 본 사람이라면 누구나 느꼈을 텐데, 노래를 부를 때면 이상하게도 그 의미를 생각하지 않게 되는 것이다. 그러다가 정말 우연히 어떤 문구의 의미가 폐부에 저미도록 와 닿을 때가 있는데, 아마 노구치 선생도 그때 그런 체험을 한 것이라는 생각이 든다. 그렇다면 이건 수준이 높은 '사고 정지'의 사례라 할 수 있다. 오랜 전통 때문에 관습화된 부분이 많은 노가쿠에서는 배우들 사이에도 이런 현상이 종종 일어나는 것이다.

원작 《성성이》 시연의 경험

사실은 나도 과거 《성성이猩猩4》라는 노를 원작 그대로 연출하는 무대

---

3 노 유파의 하나. 현대의 노 유파는 호쇼류와 간제류(観世流), 곤파루류(金春流), 기타류(喜多流), 곤고류(金剛流)를 포함해 다섯 유파가 존재한다. 자세한 내용은 이 책 제5장 참조.
4 술을 잘 마신다는 중국의 상상 속 동물.

《성성이猩猩》(원작의 1막을 살린 무대)

에 감수자로 참여했을 때 비슷한 경험을 한 적이 있다. 때는 2003년 2
월, 오쓰키노가쿠도大槻能楽堂 주최로 열린 실험공연에서, 현재는 오직 2
막만을 상연하는 《성성이》를 원작대로 1, 2막을 함께 상연하고 있을 때
다. 《성성이》는 중국 심양에 있는 강을 무대로 효자 고풍高風의 이야기
를 담고 있는 작품이다. 이 곡은 술을 좋아하는 성성이가 고풍과 술 대
작을 하며 춤을 추고 그에게 마르지 않는 항아리를 준다는 줄거리에,
'부귀 번영', '영생 기원'이라는 주제를 담고 있다. 작품 2막에 "고마워
라, 심신이 순박해지니 이 항아리에 샘물을 가득 담아 지금 돌려준다
네."라는 소절이 나온다. 이 문구는 1막에서 술이 얼마 남지 않은 항아
리를 들고 사라진 성성이가 2막에서 항아리에 술을 가득 담아 고풍에게
돌려주는 장면에 나오는 문구다. 1막이 있는 원작에서는 전혀 이상할 게
없는데, 2막만 상연되는 현재의 《성성이》에서는 여기에서 왜 '돌려준
다'는 표현을 쓰는지 참으로 이해하기 어려운 소절이었다. 그럼에도 이
노래 소절을 오랫동안 별 생각 없이 연기하고 감상해 온 것이다. 《성성

《아오이노우에葵上》

이》는 아즈치모모야마安土桃山 시대5 이래 줄곧 2막만 상연해 왔으니 그 기간이 무려 400년이 된다. 그 긴 세월 동안 이해할 수 없던 '돌려준다'는 의미가 원작을 시연한 '실험공연'에 의해서 명확해진 것이다. 배우와 관객 그리고 감수자인 나조차도 당연히 의문을 느껴야 할 것에 지금까지 아무런 의문도 갖지 않은 채 '사고 정지' 상태로 노를 접해 온 것에 놀랄 뿐이었다.

이런 종류의 얘기는 일일이 열거할 수 없을 정도로 많다. 예를 들어 인기곡 《아오이노우에葵上》에서는 아오이노우에에게 들러붙은 귀신의 정체를 알아내기 위해 불려온 아오이노우에 쪽 무녀가 주인공 로쿠조미야슨도

5 1573~1598년 사이. 오다 노부나가(織田信長)와 도요토미 히데요시(豊臣秀吉)가 정권을 잡은 시대.

코로六条御息所의 혼령에 가담해 아오이노우에를 괴롭히는 장면이 나온다. 이렇게 누가 봐도 부자연스러운 연출을 400년 이상 별 생각 없이 감상해 온 것이다. 《아오이노우에》의 경우 1973년 호세法政대학 노가쿠연구소가 시연한 이래 이 부분을 고쳐서 무대에 올리는 경우가 늘고 있다. 하지만 이것은 현대 연극이라면 스토리상의 모순이라며 그 자리에서 관객의 야유가 일었어도 이상할 게 없는 파탄이었다.

이처럼 다른 분야에서라면 당연히 의문시될 것들에 의문을 품지 않는 현상은 작품의 이해와 연결되는 문제만이 아니다. 노는 왜 '노能'라고 불리는지? 그 노를 왜 '오노御能'라고 부르는지? 실내 공연장인 노가쿠도의 무대에는 왜 지붕이 있는지? 노가쿠에 종사하는 사람 중에서도 이런 의문을 가지고 있는 사람은 드물 것이다. 대개는 그런 것을 당연시할 뿐 그 이유나 배경에 대해서 깊이 생각하는 경우는 그리 흔치 않다.

노가쿠의 '역사'와 '매력'

현대 노가쿠를 둘러싼 이러한 현상들은 도대체 왜 생겨난 것일까? 그것은 아마도 노가쿠가 700년이 넘는 오랜 역사를 가진 연극이라는 점을 인식하지 못하고, '현대'라는 시공간 안에서만 이해하려 하기 때문일 것이다. 이제까지 소개한 '불변'이라는 고정관념도 '사고 정지' 현상도 말하자면 노가쿠를 오로지 현대라는 시점으로만 바라보고 현대 이전의 오랜 역사를 생각하지 않았기에 생긴 결과라 해도 좋을 듯싶다. 그러나 700년이 넘는 역사를 짊어지고 현대에 전해진 노가쿠를 현대라는 시점으로만 이해하려는 것은 애초부터 무리일 수밖에 없다. 바꿔 말하면 노가쿠는 그 700년이 넘는 역사를 기반으로 할 때에야 비로소 그것을 둘러싼 다양한 불가해한 현상이 명백해지고, 연극으로서의 매력이 우리 앞에 모습을 드러내는 것이다.

이 책의 원래 제목은 『현대 노가쿠 강의 노와 교겐의 역사와 매력에 관한 열 개의 강의』이다. 맨 앞에 '현대'라는 수식어가 붙어 있고, 부제에 노가쿠의 '매력'과 '역사'라는 두 개의 관점이 제시되어 있다. 내가 의도하는 것은 '거대한 블랙홀' 노가쿠를 그 오랜 역사를 기반으로 하여 이해하자는 것, 그리고 너무 거대해서 쉽게 파악하기 힘든 노가쿠에 최소한의 윤곽을 설정하여 그 '매력'을 탐구해 보자는 것이다. 이 경우의 '역사'란 '변화'와 거의 같은 의미이며 '매력'이란 연극으로서 노가쿠가 가진 매력을 의미하는 것이다. '현대'라는 글자를 맨 앞에 둔 이 책의 반 이상이 무로마치시대[6]와 에도시대[7] 노가쿠에 대해 지면을 할애하고 있는 것은 그 '변화'를 설명하기 위함이다. 또한 현재 우리와 함께 살고 있는 노가쿠를 이해하기 위해서는 그러한 방법이 불가결한 수순이며 지식이기 때문이다. 나는 이런 과정을 통해 연극으로서의 노가쿠의 매력이 그 모습을 나타낼 것이라 기대하는데, 연극으로서의 노가쿠의 매력이란 두말할 필요 없이 각각의 시대에 존재하던 노가쿠의 매력이자 우리와 동시대에 있는 현대 노가쿠의 매력이 될 것이다.

6　室町時代. 아시카가 다카우지(足利尊氏)가 무로마치 막부를 세운 1336년부터 오다 노부나가(織田信長)에 의해 15대 아시카가 쇼군이 축출당한 1573년까지의 시기.

7　江戸時代. 도쿠가와 이에야스(徳川家康)가 1603년 에도막부를 연 이래 1868년 에도성이 메이지 정부군에게 양도될 때까지의 시기.

제1장

노가쿠는 현대를 어떻게 살고 있나

-배우 수, 공연 횟수, 복원곡, 신작, 해외 공연-

현대를 사는 노가쿠

세계무형유산으로 지정되었다고는 하지만 많은 사람들의 머릿속에는 '노'라고 하면, 그 전통은 길어도 그것을 계승하는 사람들은 극히 일부이고 지금은 거의 사라져 가는 문화재라는 이미지가 강할지도 모른다. 무형유산 지정 이후 노가쿠계 사람들이 '유산'이라는 말을 불편해했다는 사실은 일반 사람들에게 그런 이미지가 꽤나 뿌리 깊게 존재한다는 것을 보여주는 것이기도 하다. 확실히 일찍이 일본에 있었던 예능이나 예술 중에는 사라진 것이 적지 않다. 고대 기가쿠伎楽[1]가 그러했고, 노와 동시대에 있던 구세마이曲舞[2]가 그러했다. 또 노와 유사한 연극 중에 남북조시대[3]와 무로마치시대 거의 100여 년 동안 노보다 세련되고 인기가 있었던 덴가쿠田楽[4]도 사라진 예능 중 하나다. 물론 노 이후에 나타난 닌교조루리人形浄瑠璃[5]나 가부키歌舞伎처럼 노와 마찬가지로 오늘날에도 수많은 애호가들 속에서 상연되고 있는 예도 있다. 그러나 노가쿠는 왠지 닌교조루리나 가부키에 비해 '사라져 가는 문화재'라는 이미지가 더 강한 것 같다.

예를 들어 가부키는 이치카와 신노스케市川新之助나 이치카와 소메고로市川染五郎 같은 젊은 배우들도 일반인들에게 널리 알려져 있는 데 비

---

1 일본의 고대악(古代楽). 일본 역사서 『日本書紀』(720년 성립)에 의하면 백제인 미마지가 일본에 전했다는 기록이 있어 한국 고대 예능사에도 중요한 의미를 가진다.

2 일본 중세 예능의 하나로 서사적 사장을 북장단에 맞춰 노래하고 춤을 곁들였다. 노의 음악에도 많은 영향을 끼쳤다.

3 南北朝時代. 일본 역사에서 황실이 남조와 북조로 나뉘어져 있던 1336~1392년의 시기.

4 고대시대 북과 피리를 불며 춤추고 노래하던 농경의례 예능에서 출발하였으며 중세시대 노와 같은 가무극으로 발전하였으나 이윽고 쇠퇴하였다. 현재는 일부 사원 의례에서 전승되고 있다.

5 일본 근세 서민들 사이에 인기 있었던 전통 인형극. 근대 시기 이후 분라쿠(文楽)라는 용어로 불리고 있으며, 현대는 '분라쿠 국립극장' 등에서 연중 상연되며 애호되고 있다.

해, 노의 경우에는 도모에다 아키요友枝昭世, 우메와카 로쿠로梅若六郎 같은 노가쿠계를 대표하는 명인들조차 일반들에게는 지명도가 그리 높은 편이 아니다. 그건 노 배우가 가면을 사용하는 탓도 있겠으나 아마 그것이 결정적인 이유는 아닐 것 같다. 같은 고전극이면서도 가부키와 노 사이에 있는 이 차이는 가부키와 노가 가지고 있는 연극으로서의 특질, 각각이 걸어 온 역사의 차이에서 기인하는 것이리라. 이렇게 말하면, "아니 노가쿠에도 노무라 만사이野村萬斎 같은 지명도 높은 배우가 있지 않나요?"라고 말할 수도 있겠다. 확실히 교겐 배우들 중에는 최근의 교겐 붐을 타고 꽤 지명도가 높은 연기자들이 많아졌다. 인간국보 시게야마 센사쿠茂山千作 등이 그 대표적인 예일 것이다. 하지만 근래 각광받고 있는 교겐을 노가쿠와 관련지어 생각하는 사람들이 노가쿠 애호자를 빼고 몇이나 될까? 그리 많지는 않을 것이다. 물론 교겐은 노와 함께 노가쿠라는 고전극을 형성하고 있는 연극이고, 교겐도 노가쿠이기는 하다 (제2장, 제10장 참조). 그러나 현재의 교겐 붐은 교겐만을 부각시키고 있어 노와 교겐이 일체의 관계라는 사실이 일반 사람들에게는 거의 이해되지 않은 채 전달되고 있는 느낌이다. 따라서 시게야마 센사쿠나 노무라 만사이의 경우는 반드시 노가쿠 배우의 지명도가 높은 사례로 연결되지는 않는다.

그러나 실제로 오늘날 노가쿠는 일반적인 예상을 뛰어넘어 상상 이상의 규모와 파워를 가지고 21세기를 살고 있다. 그럼에도 불구하고 이 사실이 잘 알려져 있지 않으니, 나는 현대 노가쿠의 위치가 이런 현상에서 상징적으로 드러난다고 생각한다. 이 책의 독자들은 무엇보다 먼저 이 사실을 알아주었으면 좋겠다.

노가쿠 배우는 얼마나 있나?

노가쿠가 현대를 힘차게 살고 있다는 사실은 노가쿠 배우의 수와 상연 빈도를 보면 알 수 있다.

다음의 표는 사단법인 노가쿠협회能楽協会에 소속된 배우들을 1948년, 1955년, 1988년, 2003년이라는 네 개의 시점에 따라 역할별로 정리해 본 것이다. 여기서 역할이란 시테나 와키, 피리 연주자, 교겐 역 같은 극 중의 역할을 말하는데, 한 마디로는 역할이라 해도 거기에는 여러 배역이 존재하고 그 배역 안에 또 다시 여러 유파가 나뉜다. 그 배역과 유파에 대해서는 제5장에서 자세히 설명하기로 하고, 여기서는 우선 총 수만을 주목해 주었으면 한다.

노가쿠 연기자 수의 추이(단위: 명)

역할	유파	1948년	1955년	1988년	2003년
시테카타シテカ타[6]	간제류観世流	219	425	666	568
	곤파루류金春流	16	27	114	122
	호쇼류宝生流	71	93	160	266
	곤고류金剛流	12	27	82	100
	기타류喜多流	40	36	41	61
시테 역 소계		358	608	1,063	1,117
와키카타ワキカ타[7]	다카야스류高安流	16	18	25	19
	후쿠오류福王流	13	20	20	18
	호쇼류宝生流	10	9	26	27

---

6 노·교겐의 주인공인 시테, 시테즈레, 후견(後見), 지우타이(地謡) 역할을 맡을 수 있다.

7 노·교겐에서 주인공의 상대역인 와키, 와키에 동반해 등장하는 와키즈레 역을 담당할 수 있다.

역할	유파	1948년	1955년	1988년	2003년
후에카타笛方[8]	잇소류一噌流	6	4	9	16
	모리타류森田流	8	13	43	43
	후지타류藤田流	0	4	4	4
고쓰즈미카타小鼓方[9]	고류幸流	13	19	22	30
	고세류幸清流	8	11	10	9
	오쿠라류大倉流	7	11	17	17
	간제류	10	9	7	7
오쓰즈미카타大鼓方[10]	가도노류葛野流	11	14	14	12
	다카야스류	4	5	12	13
	이시이류石井流	0	5	9	10
	오쿠라류大倉流	1	7	13	12
	간제류	0	1	3	1
다이코카타太鼓方[11]	간제류	5	10	19	16
	곤파루류	4	11	23	26
교겐카타狂言方	오쿠라류大蔵流	5	24	70	91
	이즈미류和泉流	11	16	24	54
삼역(와키·반주·교겐) 소계		132	211	370	425
총계		490	819	1,433	1,542

(※ 2003년도 자료는 동년에 출간된 『能楽手帳』에 따름)

이 표를 보면 가장 최근인 2003년도의 노가쿠 종사자 수는 약 1,500

---

8 피리 연주자. '후에'는 노에 쓰이는 횡적(横笛)으로 노캉(能管)이라 불리기도 한다. 노 무대에서 유일하게 선율을 연주하는 악기이다.

9 고쓰즈미 연주자. 고쓰즈미는 소형의 장고 모양으로 왼손으로 잡아 오른쪽 어깨에 올려놓고 오른손으로 쳐서 소리를 낸다.

10 오쓰즈미 연주자. 오쓰즈미는 고쓰즈미보다 조금 크며, 왼쪽 무릎 위에 올려놓고 오른손으로 쳐서 소리를 낸다.

11 다이코 연주자. 다이코는 한국의 북보다 조금 작은 사이즈로 받침대 위에 올려놓고 양손에 든 막대를 위아래로 두드려서 소리를 낸다. 이상 피리, 고쓰즈미, 오쓰즈미, 다이코를 연주하는 반주자를 통틀어 하야시카타(囃子方)라고 한다.

명 정도이다. 이 1,500명은 모두 노가쿠 각 배역의 전문가로, 여기에 흔히 말하는 아마추어는 포함되어 있지 않다. 한눈에도 알 수 있듯 그 숫자는 시기별로 꽤 차이가 나는데 현재 종사자 수는 15년 전과 거의 비슷한 숫자이지만 전후 1958년과 비교하면 거의 3배 가까이 늘어났다. 이 표만 보더라도 시대별로 노가쿠 종사자 수에 커다란 차이가 있음을 알 수 있는데, 그건 그렇다 하더라도 이제 우리들은 이 1,500이라는 숫자에 주목하고 그것이 의미하는 것이 무엇인지를 생각해 보아야 한다.

이를 타 고전극인 가부키나 분라쿠(닌교조루리)와 비교해 보면, 가부키 배우가 현재 총 300여 명 정도(연주자 등을 제외한 무대 출연 배우만), 분라쿠가 90명 정도로 노가쿠 쪽이 훨씬 많은 것을 알 수 있다. 이 격차를 알고 나면 아마 모든 사람이 놀랄 것이다. 단순히 1,500명이라고 했을 때에는 그런가 보다 하다가 이렇게 가부키나 분라쿠 배우의 숫자와 비교해 보면 그 수가 고전극 치고는 굉장한 수치임을 분명히 깨닫게 된다. 나는 학내외에서 노가쿠에 대한 개설적인 이야기를 할 때, 보통 현재 노가쿠에 종사하는 배우 숫자가 얼마나 될 것 같냐는 질문을 던지곤 하는데, 이때 가장 많이 나오는 대답이 50명에서 80명 정도이다. 그중에는 200명이라든지 300명 정도라고 대답하는 사람도 있지만, 이런 대답이 나오는 경우는 굉장히 드물고 전체적으로는 100명이 넘는 경우가 많지 않다. 또 적을 때는 20명이나 30명이라고 대답하는 경우도 있다. 이러한 결과는 '사라져 가는 문화재'라는 노가쿠에 대한 일반인들의 이미지를 그대로 나타내는 것이라 할 수 있다. 그러나 실제 배우의 수는 1,500명에 육박하니, 이 1,500이라는 숫자는 아마 노가쿠에 대한 일반인들의 생각을 근본부터 뒤집는 것이 아닐까?

1,500명이라는 숫자를 좀 더 자세히 들여다보면, 배역으로는 시테카타シテ方가 압도적으로 많아 전체의 3분의 2를 점하고 있다. 시테란 노

한 작품에서 주역과 '쓰레'라고 하는 주역의 상대역, 또는 무대를 향해 오른쪽 구석에 앉아 코러스 부분을 담당하는 지우타이地謠 등을 담당하는 역할을 말한다. 이 시테카타에는 간제, 호쇼, 곤파루, 곤고, 기타의 다섯 유파(이들 다섯 유파를 오류五流라고 한다)가 있는데, 그중에서도 간제류에 소속해 있는 연기자가 가장 많다. 유파에 따른 연기자 수의 차는 현대에 시작된 것이 아니라 멀리 무로마치시대나 에도시대부터 비롯된 각 유파간 세력 차의 흔적이다. 이에 대한 내용은 제5장에서 자세히 다루기로 한다. 또한 시테 이외의 와키카타, 하야시카타(피리, 고쓰즈미, 오쓰즈미, 다이코 연주), 교겐카타를 '삼역三役'이라 부르는데, 각각의 역할에 복수의 유파가 존재한다. 보는 바와 같이 이 삼역에 종사하는 연기자 수는 그리 많지 않다. 이 삼역에 관련해서는 메이지시대부터 후계자 양성 문제가 제기되어 왔는데 그런 상황은 오늘날에도 변함이 없으며 그중에서도 와키카타 육성은 시급한 과제가 되고 있다.

한편, 이들 연기자의 거주지를 보면 동경과, 관서지역[12] 같은 동경 외 지역이 거의 비슷하고(동경 외 지역이 조금 많다), 여류 연기자도 전체적으로 250명을 넘는다. 어쨌든 현대 노가쿠는 이 1,500명의 연기자들이 짊어지고 있는 것이다. 그렇다면 이들 연기자 수는 당연히 공연 횟수와 깊은 관계에 있을 터이다. 다음은 현재 노·교겐의 공연 상황을 소개하기로 한다.

---

12 関西. 오사카, 교토를 중심으로 효고, 시가, 나라, 와카야마 지역을 포함하는 지역.

동경권에서는 1일 평균 2회, 관서지역에서는 1회 공연

21세기 현대 일본에서 노와 교겐은 어느 정도 공연되고 있을까? 정확한 실태를 조사한 데이터는 없지만, 예를 들어 노가쿠 전통의 월간지인 『노가쿠타임즈』(能楽書林 발행)에 게재되어 있는 전국 공연 일람을 보면, 상업적 유료 공연이 동경권에서 월 50~60회, 관서지역에서는 월 25~30회 정도 이루어지고 있음을 알 수 있다. 다시 한 번 말해 두지만 이는 1년 동안의 공연이 아닌 한 달 동안의 공연 횟수이다. 하여튼 평균 잡아 동경권에서 많을 때는 하루 2회, 관서지역에서는 하루 1회의 빈도수로 공연이 이루어진다는 이야기다. 즉, 동경이나 관서지역에서 어느 날 갑자기 노가 보고 싶을 때는 얼마든지 공연을 볼 수 있다는 계산이 나온다. 또한 노가쿠가 상연되는 장소는 동경권과 관서지역뿐만이 아니다. 나고야, 후쿠오카, 가나자와 등지에서도 정기적으로 노나 교겐이 상연되고 있으니 이들 공연을 합치면 현재 일본 전국에서 한 달에 약 100회 정도의 공연이 이루어지고 있는 셈이다. 현대 일본에 많은 무대예술이 있지만 이 공연 횟수에 비견되는 무대예술은 아마 없을 것이다.

이상은 현대 노가쿠의 공연 횟수를 개괄한 것인데, 시대에 따라 공연 횟수에 차이가 있음은 말할 것도 없다. 예를 들어 메이지시대 말에는 동경에서 월 7~10회 공연이 있었고, 관서지방에서는 2회 공연(단, 관서지방에서는 우타이謠[13] 공연만 따로 열리는 경우가 많았는데, 이런 공연은 매월 7~8회 정도였다), 1975년 무렵에는 동경에서 30회 공연, 관서지방에서 15회 정도의 공연이 열렸다. 당연한 얘기지만 연기자 수가 증가함에 따라 공연 횟수도 증가한 셈이다. 근 100년 동안 동경(혹은 동경권)과 관서지방의 공연

---

13 노의 가요.

수가 거의 같은 비율로 움직이고 있음을 알 수 있다.

이처럼 노가쿠는 현재 월 100회 가까운 공연이 이루어지고 있는데, 이는 공연 수에 대응하는 관객의 수가 존재함을 의미한다. 단, 노가쿠는 하루만 공연하는 게 보통이고 노가쿠도能楽堂[14]가 수용하는 관객 수는 많아야 500명 정도이므로 관객 동원 수로 따지면 그렇게 방대한 숫자는 아니다. 하지만 오늘날 일본에서는 한 달에 적어도 2만 명에서 3만 명 정도의 관객이 노나 교겐을 감상하고 있는 셈이다.

또한 근년 들어 야외 특별무대에서 공연하는 다키기노薪能가 폭발적으로 증가하고 있는 사실도 이즈음에서 덧붙여 두고 싶다. 다키기노란 원래 가마쿠라시대[15] 이래 고후쿠지興福寺의 수이회修二会[16]에서 개최되던 고후쿠지 고유의 퍼포먼스였다(제4장 참조). 그러던 것이 전후戰後 고후쿠지 이외의 장소에서 '다키기노'라는 이름의 야외 노(야간 공연이 많다)가 여름과 가을철을 중심으로 개최되기 시작하더니 요 십수 년 이래 폭발적인 증가를 보이면서 그 횟수가 연 200회를 넘어서고 있는 것이다. 다키기노는 야외 공연이라는 점 등이 크게 작용하며 많은 사람들이 가볍게 노와 교겐을 감상할 수 있는 자리가 되고 있는데, 평소 노나 교겐을 볼 기회가 없는 사람들이 대거 참관하고 있는 것을 보면 현대인과 노가쿠의 접점을 제공하는 실로 귀중한 자리가 되고 있음을 알 수 있다.

---

14 노가쿠 전용 실내 극장.

15 鎌倉時代. 대략 1192~1333년.

16 사원에서 음력 2월에 국가 융성을 기원하기 위해 개최하는 법회. 불교 의식으로서뿐만 아니라 고대시대 이래 다양한 예능이 피로되어 예능사 연구에 있어서도 중요한 의식으로 꼽힌다.

복원곡과 신작

노가쿠처럼 오랜 전통을 가진 연극이 21세기의 오늘날에도 의외의 규모로 상연되고 감상되고 있다는 사실은 이상의 소개로 어느 정도는 짐작할 수 있을 것이다. 물론 이것만으로 노가쿠가 현대를 살고 있다는 방증이 될 수는 없다. 현대 노가쿠는 단순히 '존재하고 있는' 것이 아니라 다른 무대예술과 마찬가지로 '모색'이라는 창조적 행위를 영위하고 있으며 말 그대로 '살아 있다'. 그 창조적 행위에 대해서는 근래 관객의 각광을 받고 있는 교겐 배우의 활동에서부터 일반적으로는 잘 알려지지 않은 매일매일의 연구와 연습에 이르기까지 여러 가지로 설명할 수 있을 것이다. 여기서는 오랫동안 상연이 단절된 곡을 부활시켜 상연하는 복원곡復曲과 신작新作 상연이라는 근래의 새로운 시도들에 대해 2000년도의 예를 들어 소개하도록 하겠다(이에 대해서는 야마나카 레이코山中玲子, 「노가쿠 전망能楽展望」, 『能楽研究』 26호 참조).

먼저 복원곡에 대해서 살펴보자. 2001년도에 네 개의 노 작품이 복원 상연되었고, 이전에 복원되었던 작품 1건에 대한 재공연이 있었다. 복원곡으로 선정된 작품은 《나가라노하시長柄橋》(2월 26일, 오쓰키노가쿠도, 가타야마 구로에몬片山九郎右衛門 외), 《하나이쿠사花軍》(9월 23일, 오사카 노가쿠회관, 주연 곤고 히사노리金剛永謹), 《다이산모쿠泰山木》(10월 4일, 오쓰키노가쿠도, 주연 후쿠오 시게주로福王茂十郎·간제 기요카즈観世清和·우메와카 로쿠로 외), 《요시노모데吉野詣》(11월 15일, 기후현岐阜県 안바치군安八郡 스미마타초墨俣町 스미마타이치야성지墨俣一夜城址, 간제 히데오観世栄夫·오쓰키 분조大槻文蔵 외), 《가네마키金巻》(1월 22일, 나고야노가쿠도, 오쓰키 분조 외). 이 중 《가네마키》는 1992년 호세法政 대학 노가쿠연구소에 의해 복원 상연된 곡을 재연한 것이다.

이 다섯 곡 모두가 간제류에서 복원 상연한 것인데, 간제류에서 복원

《나가라노하시長柄橋》

곡을 상연한 것은 그 해만의 일은 아니었다. 근래의 폐곡 복원이나 뒤에
소개할 신작 노 상연에 가장 의욕적으로 임하는 곳이 간제류의 배우들
이다. 또한 최근의 복원곡 작업에는 연기자들과 노가쿠 연구자의 협업
이 관례화되고 있는데, 앞서 소개한 다섯 작품 중 《요시노모데》를 제외
한 곡에서 노가쿠 연구자들이 옛 대본이나 옛 연출 자료를 정리하는 일
에 관여했다. 필자도 《나가라노하시》와 《다이산모쿠》에 함께 참여했다.

　다음은 노의 신작 공연에 대해서 알아보자. 2000년도에 5곡의 신작
노 상연과 4곡의 신작 노 재연이 있었다. 또한 신작 교겐의 상연과 재
연이 각각 1곡씩 있었으며, 신작 노 가요 상연도 1곡 있었다. 5곡의 신
작 노는 세토우치 자쿠초瀬戸内寂聴[17] 작 《유메노우키하시夢浮橋》(3월 3~4일,

17　1922~. 일본 여류 소설가이자 천태종 승려.

국립노가쿠도, 우메와카 로쿠로·곤고 히사노리 외), 도모토 마사키^{堂本正樹}[18] 작 《오사카 성》(7월 26일, 오사카 성, 우메와카 로쿠로·오쓰키 분조 외), 《해님달님 日輪月輪》(5월 20일, 니가타시민예술회관, 가와무라 노부시게^{河村信重} 외), 쓰무라 레지로^{津村禮次郎}[19] 작 《클레오파트라》(8월 19일, 신 국립극장 소극장, 쓰무라 레지로 외), 가가 오코히코^{加賀乙彦}[20] 작 《다카야마 우코^{高山右近}》(11월 18일, 나고야노가쿠도, 우메와카 나오히코^{梅若猶彦} 외) 등이다. 4곡의 신작 재연곡에는 도모토 마사키 작 《하라 성^{原城}》(7월 22일, 나가사키^{長崎} 소재 하라 성 터, 간제 요시유키^{觀世喜之} 외), 야마모토 도지로^{山本東次郎}[21] 외 작 《가라샤^{伽羅紗}[22]》(9월 7일, 국립노가쿠도, 간제 아케오^{觀世曉夫}·우메와카 로쿠로 외), 도키 젠마로^{土岐善麿}[23] 작 《사네토모^{實朝}[24]》(4월 1일, 교토 간제회관, 우라타 야스토시^{浦田保利} 외, 초연은 1950년), 《관백 이치조 노리후사^{關白一条敎房}[25]》(4월 20일, 가와무라노무대 河村能舞台, 가와무라 노부시게 외, 초연은 1999년) 등이 있다. 또한 신작 교겐에는 우메와카 나오히코 작 《다키기노》(3월 24일, 야라이노가쿠도^{矢来能楽堂}, 우메와카 나오히코 외)가 있고, 신작 교겐의 재연으로는 오카모토 사토루^{岡本 さとる} 작 《부스요리부스^{附子よりブス}》(10월 25일, 국립노가쿠도, 시게야마 시메^{茂山七五三}·시게야마 아키라^{茂山あきら}), 신작 가요 공연은 미쓰구치 다케오^{美津口武夫} 원작의 《안진[26]찬가^{按針讚歌}》(9월 30일, 요코스카시^{横須賀市} 이쓰미공민관^逸

---

18 1933년~. 일본의 극작가, 연출가, 연극 평론가.

19 1942~. 간제류 배우, 중요무형문화재 보유자.

20 1929~. 소설가, 정신과 의사.

21 1898~1964. 오쿠라류(大蔵流) 교겐의 명인.

22 1563~1600. 전국시대(戰國時代)의 여성. 당대의 기독교도로 유명함.

23 1885~1980. 가인(歌人), 국어 학자.

24 가마쿠라막부 3대 쇼군(将軍).

25 무로마치시대와 전국시대의 공경(公卿).

26 에도시대 초기 도쿠가와 이에야스의 외교고문으로 활동한 윌리엄 아담스(William Adams). 일본명 미우라 안진(三浦按針)으로 알려졌다.

신작 노 《사도 바울》(도키 젠마로 작. 1961년 초연)

見公民館)가 있다.

이렇게 정리해 놓고 보니 그 숫자와 다채로움이 정말 전통의 노가쿠 공연인가 싶을 정도로 눈이 휘둥그레진다. 그야말로 백화요란百花搖亂이다. 작자 중에 저명한 작가의 이름이 보이는 것도 노가 현대를 살고 있음을 단적으로 증명한다.

이처럼 현재 노가쿠계에는 복원곡 붐과 신작 붐이 일고 있다고 해도 좋을 상황이다. 이와 같은 상황은 호세대학 노가쿠 연구소가 1982년에 현행 곡과는 후반부가 완전히 다른 제아미 시대의 《운링인雲林院》을 시연하고(국립노가쿠도, 간제 데쓰노조觀世鉄之丞·노무라 시로野村四郎 외), 1984년에 《아오이노우에》를 제아미 시대의 연출 방식으로 상연한 (아사미 마사쿠니浅見真州·와카마쓰 다케시若松健史 외) 것에서 촉발된 현상이다. 복원곡이

든 신작이든 배우들은 대사를 외우는 것은 물론이고 곡의 취향이나 문장의 해석에 관한 고민 등 다른 연극배우라면 지극히 당연했을 일들을 거의 처음으로 경험하게 된다(전통적인 노 교겐의 연기는 어린 시절부터 시작한 연습에 의해 자연스럽게 몸에 배게 되므로 극 해석에 대한 고민이나 연구 같은 체험은 극히 드물다). 그러한 체험은 노가쿠 배우들에게 무엇과도 바꿀 수 없는 배우로서의 충실감을 맛보게 한다. 복원곡이나 신작에 관여할 수 있는 배우는 노가쿠계의 극히 일부이기는 하나 현재의 노가쿠계가 그러한 조류 속에 있는 것은 틀림없는 사실이다. 이러한 현상은 700년의 전통을 가진 노가쿠가 21세기의 현재를 당당하게 살고 있는 또 하나의 증거가 될 수 있을 것이다.

해외 공연의 일상화

마지막으로 노가쿠가 현대를 살고 있음을 보여주는 사례로 해외 공연에 대해 소개하고자 한다.

노가쿠의 해외 공연은 전전戰前 쇼와 시대에 명성을 떨친 배우들이 때때로 구 만주나 조선에 건너가 공연한 예가 있는데, 이것은 엄밀하게 말하면 해외 공연이라고는 말하기 힘든 사례다. 현재와 같은 해외 공연의 효시는 전후 10년이 지난 1954년에 기타류喜多流의 노가쿠단(단장은 기타류의 이에모토家元 기타 미노루喜多実)이 이탈리아 베니스에서 개최된 국제연극제에 참가한 것이 될 것이다. 그 이후에는 1957년에 간제류와 기타류 합동의 도쿄 노가쿠단이 파리에서 열린 프랑스 문화교류제에 참가했고, 1963년에는 노무라 교겐단(단장은 이즈미류和泉流의 노무라 만조野村万蔵)이 워싱턴대학의 초대를 받아 공연을 선보였다. 또 1965년에는 간제류의 도

노 해외공연(아테네, 헤로도스 아티코스 극장)

쿄 노가쿠단이 아네테에서 공연했고 같은 해 노무라 교겐단은 서베를린에서 개최된 서베를린 페스티벌에 참가했다. 이 해를 기점으로 한 해에 여러 노가쿠단이 해외 공연을 여는 일이 흔해졌는데 1984년에는 9회, 1985년에는 8회 공연을 기록하고 있다. 처음 몇 년 동안은 미국이나 유럽 공연이 중심이었고, 아시아 공연은 1981년에 간제류가 한국과 중국에 진출한 것이 최초가 된다.

이상 해외 공연에 대한 개요는 1988년에 간행된 『노가쿠 해외 공연사 요람能楽海外公演歷史要』(錦正社)에 기초한 것인데, 이 책에 정리된 1957~1986년 사이의 해외 공연 총수는 61회, 연평균 두 개의 노가쿠 공연단이 해외 공연을 벌이고 있다. 해외 공연의 중심이 된 유파는 노에서는 간제류가 압도적으로 많아 28회에 달했으며 그 외에 호쇼류 10회, 기타류 7회, 곤고류 3회, 곤파루류 1회 공연이 있었다. 교겐에서는 전체

12회 공연 중에 이즈미류 노무라 교겐단이 10회를 달성하고 있다.

이렇게 노가쿠 해외 공연은 1965년대 무렵부터 정착되어 현재에 이르고 있다. 현대에는 웬만큼 독특한 공연이 아닌 이상 해외 공연이 뉴스거리가 되지 않을 만큼 일상화되어 있는데, 여기서 잠깐 근래의 해외 공연 상황을 소개하자면 다음과 같다(『能楽研究』 26호의 「노가쿠 전망」 참조).

【1999년】

○ 교겐과 곤극[27]의 경연(3월 17~18일. 중국 남경대학)

남경대학에서 이즈미류 교겐의 노무라 만사쿠野村万作가 곤극 여배우 장계청張繼靑과 중일 합작극 《추강秋江》 등을 상연함.

○ 호쇼류 뉴욕 공연(6월 1, 2일. 메트로폴리탄미술관 등)

세계예술문화진흥협회 주최로 호쇼 히데테루宝生英照가 《샤쿄石橋》 등 상연. 향후 20년간 뉴욕에서 공연할 예정.

○ 호쇼류 중국 공연(8월 3일. 중국 절강대학)

절강대학 일본문화연구소 창립 10주년 기념 공연으로 호쇼 히데테루에 의한 《하고로모羽衣》 등 상연. 세계예술문화진흥협회 주최.

○ 《삼바소三番叟》 한국 공연(9월 5일, 6일. 한국 국립국악원)

한국유네스코위원회 등의 주최로 개최된 세계무형문화제에 오쿠라류 교겐의 야마모토 도지로山本東次郎 등이 참가하여 《삼바소》 상연.

○ 노·교겐 한국 공연(9월 26~29일 서울 등).

간제류의 간제 아케오觀世曉夫, 오쿠라류 교겐의 시게야마 센고로茂山千五郎 등에 의한 노·교겐 공연 및 심포지엄. 노는 《하고로모》,

---

27 중국 경극의 모태가 되는 고전극.

《샥쿄》, 교겐은《오바가사케伯母ヶ酒》공연.

○ 「옴니버스 노」베를린 공연 (9월 25일, 26일, 28일. 베를린 르네상스 극장)

간제류 우메와카 마키오梅若万紀夫 등에 의한《겐지쿠요源氏供養》, 《하지토미半蔀》, 《우키부네浮舟》, 《노노미야野宮》, 《아오이노우에》등을 원작으로 한 옴니버스 노《겐지모노가타리源氏物語-變妖-》상연. 「독일 일본의 해-21세기 일본과 독일의 새로운 만남」제전에 참가. 도쿄도역사문화재단 주최.

【2000년】

○ 간제류 미국 공연(7월 28~29일. 미네소타주 브루밍턴시)

간제류 스기우라 모토사부로杉浦元三郎, 가와무라 하루히사河村晴久 등이 출연한《아오이노우에》, 교겐《가미나리神鳴》상연.

○ 기타류 독일, 프랑스 공연(9월 26~30일. 독일 프랑스 3개 도시)

기타류 가노 슈호狩野琇鵬 등이 슈파이어시, 하이델베르그시, 익스프로방스시에서《오키나翁》, 《쓰치구모土蜘蛛》등 상연.

○ 우메와카회梅若会 유럽 공연(12월 3~13일. 네덜란드, 프랑스, 벨기에 5개 도시)

일본·네덜란드日蘭교류 400주년 기념으로 간제류 우메와카 로쿠로 등이 네덜란드 등의 5개 도시에서 신작 노《가라샤》, 《구카이空海》, 《쓰치구모》등 공연.

이상에서 알 수 있듯이 근래의 해외 공연은 단순히 기존의 노나 교겐을 상연하는 것뿐만 아니라 외국 연극과의 경연과 신작 노의 상연 등이 증가하는 추세다. 앞에서 이야기한 것처럼 타 분야 연극이나 예능과의 경연, 신작 노나 복원곡의 상연은 근래 20여 년간 노가쿠계에 뚜렷이 나타나는 현상이며 그것이 그대로 해외 공연에 반영되고 있는 형세다. 또한 1999년에는 중국과 한국 공연이 많았는데 이것은 어쩌다 그렇게 된 것일 뿐 아시아 공연은 현재에도 그리 많은 편이 아니다.

어쨌든 이와 같은 노·교겐의 해외 공연은 흔히 얘기하듯 세계화의 물결을 타고 거의 일상화되었다. 세계 각지의 공연 평판도 좋은 듯한데, 이런 기세라면 오히려 일본인이 점점 '등잔 밑이 어두운' 상황이 될 것 같기도 하다. 하지만 이러한 상황은 앞으로도 이변이 없는 한 계속될 듯하다.

제2장

'노'의 명칭을
둘러싼 문제들

- 노가쿠, 사루가쿠, 요쿄쿠의 의미와 그 상관관계 -

'노'라는 명칭과 그 주변

'노能'라는 단어에는 어떤 의미가 담겨 있을까? 노가쿠 애호자나 관계자들 중에 이런 물음에 바로 답할 수 있는 사람들이 얼마나 될까? 쉽게 단정 지을 수는 없겠지만 아마도 그 수는 그리 많지 않을 것이다. 같은 고전극인 가부키歌舞伎는 '가부쿠' 즉, 기이한 행위라는 뜻이며, '닌교조루리人形浄瑠璃'의 '조루리'는 그 원류에 해당하는 《조루리고젠모노가타리浄瑠璃御前物語》의 여주인공 이름에서 유래한 것이다. 또 닌교조루리의 딴 이름인 분라쿠文楽는 근세 후기 오사카 닌교조루리의 흥행주였던 우에무라 분라쿠植村文楽의 이름을 따온 것이다. 이에 비해 '노'는 그 명칭의 유래가 사람들에게 명확하게 알려져 있지 않다. 아니, 그보다는 '노'라는 명칭을 고전극 노의 명칭으로 너무 자명하게 여긴 나머지 그 이상 깊이 들어가 어원이나 유래를 추적하려는 시도가 별로 없었던 것 같다. 그러나 다시 생각해 보면 '노'는 분명히 이상한 명칭이 아닌가?

노라는 명칭의 주변에는 노를 지칭하는 비슷한 용어가 몇 개 더 존재한다. 예를 들어 우선 이 책의 제목에서도 사용하고 있는 '노가쿠'라는 말이 그중 하나다. 그리고 현대에는 잘 사용하지 않지만 역사적 용어로서 '사루가쿠猿楽'라는 말이 있고, 사루가쿠의 다른 표기로 '申楽'라는 말도 있다. 또한 현대에도 살아 있는 용어로 '요쿄쿠謡曲', '우타이謡い'라는 말이 있다. 이런 용어와 노는 어떤 관계에 있으며 어떤 차이가 있는 것일까? 이번 장에서는 노를 비롯해 이와 매우 가까운 관계에 있는 사루가쿠, 요쿄쿠, 우타이의 의미를 알아볼 것인데, 이는 단순한 용어 정리가 아니라 노가쿠의 역사와 깊이 연관된 작업이 될 것이다. 왜냐하면 이름이야말로 '근본'을 나타내는 것이며 이들 각각의 용어 안에는 노가쿠의 역사가 깃들어 있기 때문이다.

노의 어원은 재능, 능력

먼저 제일 궁금한 '노'라는 명칭부터 살펴보자. 어떤 단어의 의미를 살필 때 가장 손쉽고 빠른 수단은 사전이다. 『일본국어대사전』(小學館)의 '노' 항목을 보면 다음과 같은 여섯 가지 의미가 나타나 있다.

> ① 어떤 일을 잘 해내는 힘. 재능, 능력.
>
> ② 어떠한 일에 성과를 내는 사람. 재주 있는 사람.
>
> ③ 기예, 예능. 또는 예능이나 기예 중 내세울 만한 것.
>
> ④ 특히 자랑할 만하거나 내세울 만한 일.
>
> ⑤ 효과. 효능. 효험. 표시.
>
> ⑥ 일본 고전 예능의 한 종류. 원래 덴가쿠노田楽能, 고와카노幸若能, 사루가쿠노猿楽能 등이 있었으나 나머지는 쇠멸하고 사루가쿠만이 번성하여 후에 사루가쿠노의 약칭이 되었다.

이처럼 여섯 가지 의미를 제시하면서 맨 마지막에 연극을 의미하는 '노'를 들고 있다. 사전에 의하면 노의 원래 의미는 ①의 재능이나 능력이다. 사전에는 『헤이지모노가타리平治物語』[1] 본문에 나온 "문文도 아니고 무武도 아니고 재주能도 없고 기예芸도 없다"라는 문장을 예시로 들고 있다. 또 『쇼보겐조正法眼蔵』[2]에 있는 "황벽黃蘗 선사가 말하길 불감야不敢也라. 이 말은 송나라 사람들에게 너의 능력能이 무엇이냐고 물으면 자신의 능력에 대해 '감히 능력이라 할 만한 게 못 됩니다'라고 말한다" 등의

---

1   '헤이지의 난'(1159)의 전말을 그린 군담소설. 13세기 전반 성립 추정.

2   선승 도겐(道元)이 1231년에서 1253년에 걸쳐 집필한 87권짜리 불교 사상서.

문장을 예문으로 싣고 있다. 현재도 곧잘 사용되는 말 중 '능력能 있는 매는 발톱을 숨긴다'고 할 때의 그 '能'이다. 따라서 연극을 의미하는 노도 원래 그런 재능이나 능력을 의미하는 '能'에서 파생된 말이 된다. 즉, 노가 언어로서 어떤 의미인가를 묻는다면 우선은 본래 재능이나 능력을 의미하는 말이라고 답하면 좋을 것이다(55쪽 도판 참조).

일단 여기까지는 이야기가 아주 명쾌하다. 그런데 그 다음이 좀 애매하다. 왜냐하면, ①~④까지는 그 의미에 큰 차이가 없으나 ⑤의 효과, 효능, 효험, 표시와 ⑥의 '일본 고전 예능의 하나'라고 한 대목은 앞의 ①~④의 의미와 조금은 동떨어져 있기 때문이다. 그중 ⑤의 경우는 용례에 잣파이雜俳(대중화 된 하이카이俳諧[3])가 나오는 것으로 보아 근세 후기에 생겨난 의미인 것 같은데 굳이 따지자면 재능이나 능력의 뜻에 비교적 가깝다. 하지만 연극을 의미하는 ⑥은 ①~④와는 큰 차이가 있어 보인다. 물론 ①의 재능, 능력이라는 의미에서 '연극에 대한 재능이나 능력'의 의미가 생겨났다고 하면 그런대로 설명은 된다. 그런데 이게 왜 음악이나 문학, 그림 등 다른 분야에 대한 재능이 아니라 연극의 재능으로 한정되는 것일까? 다음엔 이 부분에 대해 생각해 보기로 한다.

노가 노로 불리기까지

『일본국어대사전』의 '노' 항목 ⑥에는 제아미의 『후시카덴風姿花伝』(15세기 초 성립)에 쓰인 용례가 실려 있다. 하지만 노가 명확하게 연극을 가

---

3 주로 에도시대에 꽃핀 일본의 운문 형식으로 5·7·5조의 정형시. 그 이전의 운문 형식에 비해 해학성과 유희성이 강조되었다.

리키는 의미로 사용된 가장 빠른 예는 그보다 훨씬 앞섰을 가능성이 있다. 예를 들어 오랫동안 규슈九州 탐제探題4의 요직에 있었던 가인 이마가와 료슌今川了俊의 가론서 『라쿠쇼로켄樂書露顕』을 보면, 분나文和 연간(1352~1355) 기온샤祇園社5의 권진勸進6 흥행 때 '사두팔족의 도깨비四頭八足の鬼라고 하는 노'라는 타이틀의 덴가쿠노田楽能가 연행된 기록이 보인다. 이는 그 2~3년 전에 무코 강武庫川7둑에서 전사한 고노 모로나오高師直(무로마치 막부의 초대 집사) 사건에서 취재한 노인듯한데, 『라쿠쇼로켄』에서는 이 퍼포먼스를 '노'라 부르고 있는 것이다. 또한 그에 관한 기사가 『라쿠쇼로켄』의 이본異本 『료슌잇시덴了俊一子伝』에도 보이는데, 여기에는 문제의 곡목이 '사두팔족의 도깨비라고 하는 사루가쿠'라고 되어 있고, '덴가쿠노'라고도 적혀 있다. 이 '덴가쿠노'의 '노'는 역시 명확하게 연극으로서의 '노'를 가리키고 있는 예라 할 수 있다.

물론 『라쿠쇼로켄』의 성립시기는 1412년 경이고, 『료슌잇시덴』 역시 1409년에 성립하였으므로 여기에 보이는 '노'라는 용어가 반드시 분나 연간(1352~1355)에 실제로 사용된 용례라고 단정지을 수는 없다. 그러나 지금으로서는 어쨌든 『라쿠쇼로켄』의 '사두팔족의 도깨비라고 하는 노'와 『료슌잇시덴』의 '덴가쿠노'를 '노'가 '노'로 불린 최고最古의 사례로 해 두고자 한다.

이에 이어서 제아미의 『후시카덴』에 '노'에 대한 다수의 용례가 보인

---

4 불교 사원에서 승려의 자격을 묻는 시험에 제출된 답을 판정하는 직책.

5 교토시에 있는 유서 깊은 신사. 7월에 행해지는 기온 마쓰리로도 유명하며, 현재는 야사카 신사(八坂神社)라는 명칭으로 불린다.

6 민중에게 불법·불경 등을 설파하여 불도에 귀의할 것을 권하는 행위 혹은 그것을 행하는 자. 중세 이후에는 사원, 불상 등의 신축, 신조(新造), 수복 재건을 위한 기부를 모집하는 행위, 혹은 그런 사람을 가리키는 용어로 일반화 되었다.

7 효고현 남동부를 흐르는 강.

다. 전체 7편으로 구성된 『후시카덴』은 제1편에서 제3편까지가 1400년에 성립되었는데, 예를 들어 제1편 「연령별 연습年来稽古条」 '7세'항에 다음과 같이 '노'라는 용어가 나온다.

　이 예능은 대개 7세 무렵부터 시작한다. 이 무렵부터 노를 배우기 시작하면 반드시 자연스럽게 풍체風體가 습득될 것이다. (중략) 너무 '좋고' '나쁨'을 가르치지 말아야 한다. 너무 엄하게 훈육하면 아이가 흥미를 잃고 노가 싫어지고 이윽고 노가 멈추게 된다.

　이는 노를 배우기 시작하는 7세 연령에 대한 훈육 방식과 마음가짐을 설명한 유명한 문구다. 여기서 제아미는 어린 배우를 너무 형식에 가두지 말라고 강조하고 있는데, 이때의 '노'는 분명 연극으로서의 '노'를 의미한다. 이와 같은 용례는 『후시카덴』의 다른 부분이나 이후 제아미의 다른 예능론에도 수차례 보이는데 「송풍촌우松風村雨의 노̇」, 「스미다가와隅田川의 노̇」, 「고이노오모니恋の重荷의 노̇」(『사루가쿠단기』[8])와 같이 구체적인 노 작품명으로 사용된 예도 적지 않다.

　이렇게 연극을 의미하는 '노'의 용례는 14세기 후반부터 보이기 시작한다. 물론 연극으로서의 노라는 용어가 생겨난 것은 그 이전일 것이다. 대개 13세기 후반에서 14세기 초엽, 가마쿠라시대 후기 정도로 추정되는 연극 '노'의 탄생과 궤를 같이 할 것이라 보아도 무방할 것이다.

　그런데 『후시카덴』에는 연극을 의미하는 '노'와는 별도로 기능을 의미하는 '노'의 용례가 살짝 포함되어 있다. 예를 들어 제3편의 「문답조問答條」에는 "기술能과 궁리를 지극한 경지에까지 달성한 배우는 만인 중

8　猿楽談義. 제아미의 예담을 차남 모토요시(元能)가 정리한 예론서. 1430년 성립.

에 단 한 사람도 없다"는 구절이 있다. 이때 '能'은 '기능'과 '기술'을 말하는 것으로 『일본국어대사전』 '노' 항목의 ③에 해당한다고 할 수 있는데, 사전에서는 ③의 용례로 가마쿠라시대의 『쓰레즈레쿠사徒然草』를 들고 있다. 이처럼 『후시카덴』의 '노'에는 '노라는 연극'의 의미와 '기능'의 의미가 혼재해 있다.

또한 노 상연 기록으로 가장 오래된 것으로 유명한 1349년의 『가스가와카미야 임시제례기春日若宮臨時祭記』에는 신관神官들이 덴가쿠 광대들의 예능을 모방하여 연희한 춤을 '노'라고 부른 사례가 있다.

> 덴가쿠카타의 노田楽方の能. 하지메노마이始め舞는 하루다다春忠가 추었는데, 그 형태는 다치아이立合의 사루가쿠猿楽였다. 네 명의 연기자 하루다다, 히사하루久春, 하루야스春康, 하루다미春民가 서로 어울려 다케노사루가쿠竹の猿楽를 연기했다.

여기서는 다치아이(여러 명이 추는 춤)인 '하지메노마이'와 '다케노사루가쿠' 두 종목의 춤을 '덴가쿠카타의 노'라고 하고 있다. 이 '노'라는 말이야말로 '예능'이라는 의미에 딱 맞아 떨어진다.

이상을 종합하면 '재능', '능력'의 의미를 가졌던 '노'라는 말이 가마쿠라시대에 '기예', '예능'이라는 의미(『일본국어대사전』의 ③)를 파생하고 이윽고 가마쿠라 후기 경에는 연극으로서의 '노'(『일본국어대사전』의 ⑥)를 지칭하는 말이 되었다고 추측할 수 있다. '재능', '능력'과 '연극'으로서의 '노' 사이에 '기능', '예능'이라는 의미를 개재시키면 노가 '노'로 불리게 된 경위를 그런대로 설명할 수 있지 않을까? 물론 '노'라는 말이 음악이나 회화의 명칭이 되지 않고 왜 연극의 명칭으로 정착되었는지에 대해서는 여전히 의문이 남지만 말이다.

'사루가쿠'라는 말

여기서 화제를 '사루가쿠猿楽'로 돌려 보자. '사루가쿠'라 하면 노나 교겐보다 오래된 예능을 생각하는 사람이 많은데, 사실 맞는 말이다. 사루가쿠는 노나 교겐의 모체, 혹은 원류라고 할 수 있다. 그 사루가쿠와 노·교겐과의 관계를 도식으로 그려 보면 다음과 같은 그림이 될 것이다.

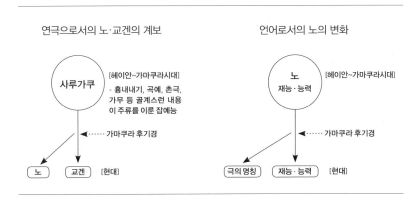

여기서 위의 도판을 자세히 들여다보았으면 한다. 먼저 이 도판에는 가마쿠라 후기의 사루가쿠를 '골계를 주체로 하는 잡예능'이라고 설명하고 있다. 사루가쿠가 본래 그런 예능이었다는 것은 『겐지모노가타리源氏物語』[9]나 『마쿠라노소시枕草紙』[10]에 골계를 나타내는 '사루고가마시さる

---

9 11세기 초 성립된 것으로 추정되는 일본 최초의 장편 소설. 작가는 궁정 여류문인 무라사키 시키부(紫式部). 주인공 히카루겐지(光源氏)와 그를 둘러싼 헤이안 귀족들의 사랑과 인생을 그린 작품으로 일본 고전산문의 최고봉으로 꼽힌다.

10 11세기 초엽 성립 추정. 작가는 궁중 여류 문인 세이쇼나곤(清少納言). 인생과 사물, 사계의 정취 등에 대한 수상(隨想)을 담은 일본 최고(最高)의 고전 수필.

がうがまし'나 '사루고고토さるがうごと'라는 말에서 알 수 있는데, 이 'さるがう'를 한자로 표기하면 '猿楽'이 되고 이것을 발음 법칙에 따라 발음하여 '사루고'가 된 것이다. 물론 '사루고가마시'라는 말이 생겨난 것은 사루가쿠가 골계적인 예능이었기 때문이다. 요컨대 헤이안시대에 생겨난 흉내내기, 곡예, 가무, 촌극 등 골계를 본질로 하는 여러 가지 잡스러운 기예의 명칭이 사루가쿠였고, 그것이 가마쿠라 후기 무렵 노와 교겐이라는 연극으로 발전해서 오늘날에 이른 것이다.

그런데 이 도판에서 주의할 것은 교겐이 헤이안시대와 가마쿠라시대를 누볐던 사루가쿠의 직계로 표시되어 있고, 노는 거기에서 파생된 형상으로 표시되어 있다는 점이다. 사루가쿠와 노와 교겐의 관계를 이렇게 표시한 것은 헤이안·가마쿠라시대 사루가쿠의 본질인 골계적 성격을 교겐이 전면적으로 계승하고 있다는 사실을 인정한 것이다. 주지하다시피 교겐은 소극笑劇이고, 노는 웃음의 요소가 지극히 적은 연극이다. 그러므로 이 둘의 원류가 되는 헤이안·가마쿠라기의 사루가쿠가 골계를 본질로 하는 예능이라면 그 적자를 교겐으로 삼는 것이 타당할 것이다. 그 결과 이러한 그림이 완성된 것인데, 바꾸어 말하면 노는 그 원류가 되는 사루가쿠와 먼, 이질적인 존재로 태어났다는 말이다. 즉, 노의 탄생은 그때까지의 예능과는 완전히 다른 새로운 예능의 탄생이라는 획기적인 사건이었던 것이다.

이처럼 사루가쿠는 노·교겐의 원류(혹은 모체)라 할 수 있는데, 이 '사루가쿠'라는 말은 연극을 의미하는 '노'라는 말이 생겨난 이후에도 무로마치시대에서 에도시대가 종언을 고할 때까지 '노'와 함께 연극을 의미하는 용어로 계속 사용되었으니, 참으로 숨길이 긴 말이었다. 사루가쿠가 노·교겐의 원류라면 '사루가쿠'라는 용어는 노·교겐의 성립과 동시에 사라지는 것이 자연스러운 수순이었을 터인데 그렇지 않았던 것이다. 예를 들어 도쿠가와 막부의 정사正史 『도쿠가와짓키德川実記』를 살펴보면 다음과 같은 기술이 보인다.

> 25일, 닛코日光의 주지門主 고벤 법친왕公弁法親王[11]이 왕림하셨다. 향연이 열렸는데 사루가쿠놀이猿楽の御遊가 연희되었다. 곡목은 《시라히게白髭》, 《에구치江口》, 《아타카安宅》였다. 그 외 분고豊後[12]의 태수 아베 마사타케阿部正武는 《아코기阿漕》를, 다지마但馬[13]의 태수 아키모토 다카토모秋元喬知는 《유미야와타弓矢幡》를 선보였다. (1691년 3월 25일조)

《시라히게》, 《에구치》, 《아타카》, 《아코기》, 《유미야와타》는 모두 노 작품명이고, 이 기사는 쇼군 쓰나요시綱吉를 위시해 막부의 각료들이 닛코 린노지輪王寺[14]의 주지를 향응하기 위하여 직접 노를 연기한 사실을 전하고 있다. 여기서 노를 '사루가쿠놀이'라고 부르고 있는데 이것은 극히 일부의 사례에 지나지 않는다. 역대의 쇼군들이 노가쿠를 애호한 탓에 『도쿠가와짓키』에는 수없이 많은 노가쿠 상연 기록이 있는데 이들 대부분을 '사루가쿠'로 기록하고 있다. 물론 이것은 에도시대만의 명칭은 아니다. 노는 그 이전의 무로마치시대에도 '사루가쿠'로 불렸으며 그것이 에도시대까지 답습되어 온 것이다.

이렇게 사루가쿠라는 용어는 에도시대가 끝날 때까지 '노'라는 명칭과 함께 사용되었다. 이 사루가쿠라는 용어의 긴 생명력에는 사루가쿠

---

11 에도시대 때 천태종의 승려로 고사이 천황(後西天皇)의 여섯째 황자. 출가 후 친왕(親王) 칭호를 하사 받아 법친왕이 되었다.

12 지금의 큐슈 오이타현(大分県)의 옛 지명.

13 지금의 효고현(兵庫県) 북부의 옛 지명.

14 도치기현(栃木県) 닛코시 산중에 있는 천태종 사원. 근세시대 도쿠가와 가문의 비호를 받아 번창하였다.

가 노·교겐의 원류라는 사실이 단적으로 반영되어 있다 해도 좋을 것이다. 왜냐하면 사루가쿠는 그 글자만 보아도 결코 좋은 이미지를 가진 명칭이라고는 할 수 없기 때문이다. 제아미 등은 이 '사루猿'[15]라는 말을 싫어해서 『후시카덴』에서 "세간에는 사루가쿠를 '猿楽'라고 쓰고 있지만 사루가쿠는 본래 '가구라神楽[16]'이므로 '神'의 방자傍字를 따서 '申楽'라 쓰는 것이 옳다."라고 주장하고 있다. 물론 사루가쿠의 표기는 '猿楽'가 맞는 것이다. 제아미의 이런 주장에는 노 종사자로서의 긍지와 함께 '사루가쿠'라는 말에 대한 그의 복잡한 심정이 나타나 있는 것처럼 보인다. 이 같은 용어가 '노'라는 명칭이 생겨난 이후에도 사라지지 않고 에도시대가 끝날 때까지 600여 년간이나 사용된 것은 오직 사루가쿠가 노의 원류였기 때문이다.

'사루가쿠'에서 '노가쿠'로

가마쿠라시대부터 에도시대까지 사용되었던 '사루가쿠'는 메이지유신明治維新(1868년) 이후 10여 년 정도까지 사용되다가 1881년에 그 오랜 역사에 종지부를 찍게 된다.

메이지유신 이후 노가쿠는 노가쿠 최대의 비호자였던 도쿠가와 막부를 정점으로 한 무가사회의 붕괴와 함께 지금껏 한 번도 겪어 보지 못한 시련에 직면한다. 그러다 유신 후 10년 정도가 지나 겨우 부흥의 징조를 보이기 시작하는데, 이를 상징하는 사건이 바로 이와쿠라 도모미岩倉具視

---

15 '사루'는 일본어로 원숭이라는 뜻.
16 일본 신도(神道)의 제례에서 신에게 봉납하기 위해 피로되는 가무(歌舞)의 총칭.

시바노가쿠도芝能楽堂의 편액(현재 야스쿠니신사로 이전됨)

등 화족華族들에 의한 '노가쿠샤能楽社'의 설립이다. 이 '노가쿠샤'의 설립을 기점으로 '사루가쿠'는 새롭게 태어난 '노가쿠'라는 명칭으로 대체되고 이후 일절 사용되지 않게 된다. 즉 현재 우리가 사용하는 '노가쿠'라는 명칭은 1881년 노가쿠샤의 설립과 함께 태어난 신조어인 셈이다.

'사루가쿠'에서 '노가쿠'로의 바통 터치에 관해서는 노가쿠샤의 설립 과정을 기록한 『노가쿠샤 설립 수속能楽社設立之手続』에 명쾌하게 기록되어 있다. 이에 따르면 노가쿠샤의 설립에 대한 얘기가 이와쿠라를 위시한 화족들간에 화제가 되기 시작한 것은 1879년 여름이었다. 많은 사람들이 쉽게 모일 수 있는 장소에 노 무대를 세우고 그 입장료는 노 연기자 보호를 위한 막대한 비용에 활용하기로 하였는데, 이때 '노가쿠샤'라는 명칭이 결정된 것이다. 그간의 경위에 대해서는 『노가쿠샤 설립 수속』에 "사루가쿠의 명칭과 글자가 온당하지 않으니 그 명칭을 '노가쿠'로

하자는 마에다 나리야스^{前田斎泰} 씨의 의견에 따랐으며, 이에 단체의 명칭을 '노가쿠샤'로 하였다."라고 기록되어 있다(이 기록은 이케노우치 노부요시^{池内信嘉}, 『노가쿠성쇠기^{能楽盛衰記}』下에 실려 있다). 그때까지의 사루가쿠를 온당하지 않다고 보고 새로이 노가쿠라는 용어를 제시한 마에다 나리야스는 노 애호가이자 전 가가^{加賀}현의 번주였다. 현재의 '노가쿠'라는 말은 이렇게 태어났다. 또한 노가쿠 연기자들을 보호하기 위한 조직은 '노가쿠샤'라고 이름 하였으며, 시바 공원^{芝公園17} 내에 노가쿠도^{能楽堂}가 세워졌는데, 그 노가쿠도에는 신시대의 도래를 예고하듯 마에다 나리야스의 휘호로 '能楽'라는 편액이 걸렸다. 오랜 역사를 지닌 '사루가쿠'라는 명칭은 이를 기점으로 완전히 사라졌다.

사루가쿠와 노가쿠는 메이지 초에 이러한 경위로 교체된 것인 만큼 용어의 범위가 상당히 유사하다. 현재의 노가쿠는 노와 교겐의 총칭이고 사루가쿠 역시 노와 교겐 양쪽을 포함하는 말이기 때문이다. 그러나 노가쿠가 노·교겐만을 의미하는 데 비해 사루가쿠는 그 밖에 연기자나 흥행을 의미하는 경우도 있었다는 점에서 노가쿠보다는 범위가 넓은 말이라 할 수 있다.

'노'와 '요쿄쿠'

노의 유의어 중에 또 하나 '요쿄쿠'(우타이^{謡い})라는 말이 있다. 우리 주변에도 요쿄쿠를 배우는 사람이 있으므로 요쿄쿠는 현재에도 살아 있는 말인데, '요쿄쿠'란 연극 노의 문장이나 대사를 의미한다. 즉, 노가 연극

---

17 도쿄 미나토구(港区)에 있는 공원.

『요쿄쿠대관謡曲大観』 속표지

전체를 의미하는 말이라면 '요쿄쿠'는 노라는 연극의 일부분인 셈이다. 노는 현대극과 달리 대사와 무용仕舞 그리고 음악으로 구성된 연극인데 그중 대사에 해당하는 것이 '요쿄쿠'다. 단, 이 대사에는 조루리浄瑠璃[18] 처럼 가락이 붙어 있다. 요쿄쿠를 배우는 사람은 조루리와 마찬가지로 이 가락이 붙은 문장을 익히고 배우는 것이다.

　이 요쿄쿠는 현대에 비교적 많이 쓰이는 용어이다. 앞서 소개한 요쿄쿠를 배우는 경우도 그러하지만 현재 여러 종류가 나와 있는 일본 고전문학의 주석서 시리즈 대부분이 '요쿄쿠집謡曲集'이라는 명칭을 쓰는 것을 보아도 알 수 있다. 예를 들어 아사히신문사의 일본고전전서『요쿄

18　주로 샤미센이라는 일본 고유의 현악기 반주에 맞추어 특수한 억양과 가락으로 이야기를 낭창하는 문예물.

쿠집謡曲集』 상·중·하, 이와나미서점 일본고전문학대계의 『요쿄쿠집』 상·하, 쇼가쿠칸小學館 일본고전문학전집의 『요쿄쿠집』 1·2, 신초사新潮社의 일본고전전서 『요쿄쿠집』 상·중·하가 그렇다. 이는 현재만 그런 게 아니다. 1871년에 간행된 국민문고의 『요쿄쿠집』 상·하(이 책은 본문만 있고 주석은 없다), 1929년의 유호도문고有朋堂文庫의 『요쿄쿠집』 상·하 등, 메이지시대부터 관습화된 현상이다. 또한 '요쿄쿠집'이 아니라 '요쿄쿠'를 이름으로 내세우는 것까지를 포함시키면 그 수는 엄청나게 불어난다. 그중에는 쇼와시대 초년에 간행되어 지금도 여전히 현역 주석서로서의 위치를 유지하고 있는 사나리 겐타로佐成謙太郎의 『요쿄쿠대관謡曲大観』(7권, 明治書院)이 있다. 또한 최신 주석서인 이와나미서점 신일본고전문학대계의 『요쿄쿠백곡謡曲百番』에도 '요쿄쿠'라는 말이 쓰이고 있다.

이렇게 고전 주석서에는 '요쿄쿠'라는 말이 많이 사용되는 반면 '노'라든지 '노가쿠'라는 용어는 거의 사용되지 않는다. 그것은 이들 주석서들이 오로지 사장詞章, 즉 요쿄쿠를 대상으로 하고 있기 때문이다. 이것은 말하자면 고전 주석서가 채용하고 있는 '요쿄쿠집'이 연극 노의 사장집詞章集이라는 의미를 가진다는 것이다. 아마도 많은 분들이 노를 관람하기 전에 미리 노 텍스트를 읽어 두려다가 어디에 두었는지 찾지 못한 경험이 있을 것이다. 그런데 바로 이 노의 텍스트는 '노가쿠집能楽集'이 아니라 '요쿄쿠집謡曲集'으로 간행되어 있는 것이다.

현재 요쿄쿠라는 말이 이렇게까지 널리 사용되고 있는 것은 요쿄쿠가 연극으로서의 노와는 별개로 오랜 역사 속에서 일본인들에게 사랑받아 온 데 기인한다. 노가쿠의 역사를 향수사적 측면에서 보면, 연극으로서의 노를 감상하는 것과 별개로 노의 일부인 요쿄쿠(우타이謡い)를 직접 부르고 즐기는 방식이 일찍이 제아미 시대부터 병행되어 왔다. 제아미의 예능론에 노뿐만 아니라 때때로 우타이에 대한 언급이 있다거나, 에도시대 판본으로 제작된 우타이본謠本[19](요쿄쿠 교습본)이 베스트셀러를 차지해 온 사례 등은 요쿄쿠(우타이)의 인기를 단적으로 말해준다. 즉, 노가쿠의 역사는 노라는 연극의 역사와 요쿄쿠(우타이)로 불리는 음곡音曲의 역사라는 두 개의 커다란 수맥을 가지고 있는 셈이다. 그중 요쿄쿠(우타이)는 일반적으로는 크게 주목을 받지 못했지만 사실은 노가쿠의 역사 저변을 유유히 흐르는 대하와 같은 존재이다. 이러한 요쿄쿠의 역사에 대해서는 오모테 아키라表章의 「'우타이'考-그 발달사를 중심으로謠考-その發達史を中心に-」(『能楽史新考』)에 자세히 설명되어 있는데, 선생은 여기서 요쿄쿠라는 용어는 에도시대 후반에 태어난 말로 그 이전에는(물론 제아미 시대부터) 우타이라 불렸다는 사실을 지적하고 있다.

'오노'라는 명칭의 역사

마지막으로 오늘날 흔히 듣는 '오노御能'라는 명칭에 대해 설명을 덧붙이고자 한다. 노에 대한 많은 저작을 남기고 2003년 타계한 시라스 마사코白州正子 씨도 『오노를 보는 법お能の見方』이라는 저서를 남겼는데, 여기서는 이 '오노'의 '오'라는 말에 대해 생각해 보고 싶다. 사실 여기에는 노가 걸어 온 역사가 각인되어 있기 때문이다.

오늘날 사람들은 '오노'라는 말을 '오차お茶'나 '오하나お花'와 같은 식으로 생각하고 있는 건 아닌지 모르겠다. 노나 차, 꽃꽂이는 모두가 중세 일본에서 태어난 예술인데, 이들이 한결같이 '오'라는 접두어를 쓰고

---

19 노의 사장(詞章) 옆에 음절을 나타내는 부호를 병기하여 요쿄쿠를 노래로 부를 수 있게 만든 텍스트.

있어 이 셋을 같은 성격의 어법으로 생각할 수가 있다. 그러나 결론부터 말하자면 '오노'의 '오'와 '오차', '오하나'의 '오'는 성격을 달리하는 어법이다. 왜냐하면 '오차'와 '오하나'는 미화어인데 비해 '오노'는 이전에는 오로지 존경어로만 사용되었기 때문이다.

'오노'가 존경어를 나타내는 사례는 풍부하다. 메이지유신 이전에는 '오노'의 용례가 방대했는데—그 발음은 '오노', '고노', '온노'로 다양하다—, 내가 접한 용례는 모두 존경어로 쓰인 것뿐이다. 이에 대해 나는 이전 「'오노'의 역사御能の歴史」(『かんのう』273호, 1988년 9월)라는 글을 쓴 적이 있다. 이 글에서는 '오노'의 명칭이 오닌応仁(1476년~) 무렵부터 무로마치 막부가 주최한 노에 사용되기 시작했다는 점, 이후 오다 노부나가·도요토미 히데요시 때부터 도쿠가와 시대까지 권력자 주변에서 열린 노를 '오노'라고 부른 점, 이들을 종합해 볼 때 '오노'라는 명칭은 궁극적으로는 주최자인 쇼군 등의 위정자, 혹은 다이묘大名 같은 권력자에 대한 존경의 뜻을 나타낸 것임을 지적했다. 또한 '오노'라는 명칭이 오닌 무렵부터 보이기 시작하는 것은 노가 막부 내의 행사로 정착해 온 사실과 관련이 있음을 논한 바 있다.

요컨대 '오노'라는 말은, 노가 무로마치시대부터 막부의 공식 의례악으로 활용되었고 막부의 상급무사들 역시 그를 모방해 노를 가문의 의례악으로 취해 온 역사에서 유래했을 것이라는 게 나의 생각이다. 바꾸어 말하면 같은 고전극 중에서도 노만이 '오노'라고 불리고 서민극인 가부키나 닌교조루리에 그런 호칭이 없는 것은 그들이 걸어 온 역사에 기인한다는 것이다. 말할 것도 없이 가부키나 닌교조루리는 권력자의 비호를 받은 역사가 존재하지 않는다.

'오노'가 존경어라는 것은 이런 근거에서 나온 말이지만 존경의 대상이 되는 쇼군이나 권력자들은 메이지유신에 의해 소멸해 버렸다. 그 때문에 근대에는 '오노'가 '오차'나 '오하나' 같은 미화어로 혼동된 것이리라. '오노'의 '오'는 단순한 접두어가 아니다. 거기에는 이처럼 노가 걸어 온 역사가 뚜렷이 각인되어 있다.

제3장

몽환노와 현재노

- 몽환노로 보는 노의 연극적 창조 -

몽환노와 현재노

　현재 노를 분류하는 방법으로는 첫 번째 노^{初番目物}, 두 번째 노^{二番目物}, 세 번째 노^{三番目物}, 네 번째 노^{四番目物}, 다섯 번째 노^{五番目物}라는 '고반다테^{五番立て} 분류[1]'를 사용하는 경우가 많고, 몽환노^{夢幻能}와 현재노^{現在能[2]}는 노를 크게 두 종류로 분류한 방식이다. 즉, 노라는 연극에는 크게 몽환노와 현재노라는 두 가지 유형이 존재하는데 이 책에서는 주로 몽환노를 중심으로 그 특색과 형성 과정, 형성 후의 변천사, 연극으로서의 창조 등에 관한 문제를 생각해 보기로 한다. 제목을 '몽환노와 현재노'라고 붙이면서 화제를 주로 몽환노로 한정한 것은 몽환노가 지극히 특수한 연극인데 비해 현재노는 특별한 설명이 필요 없을 만큼 극으로서 아주 평범한 형식을 가졌기 때문이다.

　그럼 먼저 몽환노와 현재노에 대해, 오늘날에도 가장 표준적인 해설로 평가받고 있는 일본고전문학대계『요쿄쿠집』(岩波書店)의 '해설'을 소개하기로 한다. 이 해설문은 바로 요코미치 마리오^{横道萬理雄}의 글인데, 다음은 선생의 글 중 「몽환노와 현재노」의 첫머리 부분이다.

1　고반다테는 다수의 노를 상연할 때 상연순서를 나타내는데, 작품의 주제나 주인공에 의해서 분류된다. 첫 번째 노 작품군은 와키노(脇能)라고도 불리며, 주로 신이나 신의 사자가 주인공으로 등장하여 국태민안과 오곡풍요를 축복하는 신성한 내용으로 전개된다. 두 번째 노 작품군은 수라노(修羅能)라고 한다. 주로 무사의 망령이 주인공으로 등장하여 생전의 전쟁담과 그로 인해 수라도에서 겪는 고통을 표현한다. 세 번째 노 작품군은 가즈라노(鬘能)라고도 부르는데, 아름다운 여인이나 천녀가 주인공으로 등장하여 우아한 춤을 선보인다. 네 번째 노 작품군은 자쓰노(雜能)라고도 하는데 여타의 범주에 속하지 않는 잡다한 작품들이 포함되며, 사랑하는 사람을 잃은 슬픔으로 광인이 된 인물들이 주인공으로 등장하는 경우가 많다. 다섯 번째 노는 기리노(切能)라고 하며 주인공은 주로 귀신, 요정, 도깨비 등 초자연적인 존재로, 화려하고 호쾌한 템포로 진행된다.

2　일본어 발음은 각각 무겐노, 겐자이노.

노를 몽환노와 현재노로 크게 대별하는 것은 잘 알려진 사실인데, 그 중 몽환노란 이런 노이다. 여행객이 명소를 방문한다. 거기에 마을 사람이 다가온다. 마을 사람은 여행객에게 그 지방에 전해 내려오는 이야기를 들려준다. 그리고 마지막 장면에 이르러서 마을 사람은 "사실은 내가 바로 그 이야기의 주인공 아무개다."라는 말을 남기고 사라진다. 이렇게 주인공이 무대에서 한 번 퇴장하는데 이것을 '나카이리中入'라 한다. 여행객이 기다리고 있는 곳에 아까 그 마을 사람이 이번에는 자신이 들려 준 이야기 속 주인공의 모습을 하고 나타난다. 그리고 옛일을 동작과 함께 들려주거나 춤으로 보여주다가 새벽 어스름과 함께 사라진다. 그런데 이것은 모두 여행객의 꿈이었다. 이게 바로 몽환노의 기본 구조다. 주인공은 때론 저 유명한 겐페이源平3의 무장이기도 하고 옛 이야기 속에 등장하는 유명한 미녀나 귀공자이기도 하며, 죄업으로 저승에서 고통받는 망자이기도 하다. 또한 신불神佛이나 도깨비, 초목의 정령 등 다종다양하다. 그들의 화신化身인 마을 사람도 경우에 따라 멀리서 온 조정의 신하나 신관의 신분으로 등장하기도 하지만 극의 기본 줄거리는 거의 비슷하다. 즉 몽환노 구성의 정점은 마을 사람(마에지테前ジテ), 혹은 아무개(노치지테後ジテ)4가 들려주는 이야기와 춤에 있다. 여행객은 주인공의 연기를 이끌어 내기 위한 상대역(와키ワキ라고 한다)에 불과하다. 따라서 와키는 연기의 계기만 만들어 주면 그걸로 역할이 끝나고 이

---

3 11세기 말 무사 계층의 동량으로 출현한 미나모토(源) 씨와 다이라(平) 씨 두 가문을 가리킨다. 이 두 집안이 천하의 패권을 다투다 미나모토 가문의 승리로 12세기 말경 가마쿠라 막부가 성립된다.

4 노의 구성형식은 크게 복식노(複式能)와 단식노(單式能)로 대별되는데, 복식노는 전장(前場)과 후장(後場) 2막으로 구성된다. 전장에 주인공으로 등장하는 인물을 마에지테(前ジテ), 후장의 주인공을 노치지테(後ジテ)라고 부른다. 몽환노에서는 마에지테가 와키에게 그 지역에 얽힌 이야기를 들려주고 자신의 정체를 암시하는 말을 흘린 후 일단 무대에서 퇴장하는데 이를 나카이리(中入)라고 하며, 여기까지가 전장이다.

후에는 무대 위 한쪽 구석에 단좌해 시테(주인공)의 연기를 그저 지켜보면 된다.

몽환노는 이렇게 주연 독연주의獨演主義로 일관한다. 이야기 안에는 전쟁도 있고 사랑도 있으며 수많은 우여곡절이 있으나 이 모든 것이 시테의 회고담의 형식을 취할 뿐이다. 이런 회고담 형식을 취하면 다른 연극이 많은 인물을 등장시켜야 묘사할 수 있는 장면을 그저 관객의 상상에 맡기면 되는 것이다. 또 영화의 회상수법처럼 계속해서 넘어가는 각 회상 장면을 용이하게 관객에게 인상지울 수 있는 이점이 있다.

이런 몽환노에 비해 《요시노시즈카吉野静》, 《지넨코지自然居士》, 《한조班女》, 《스미다가와隅田川》 같은 노는 살아 있는 현실 세계를 그리고 있다는 점에서 현재노라 부른다. 현재노 중에 《지넨코지》나 널리 알려진 《아타카安宅》처럼 등장인물 사이의 대립 속에 극의 주제를 담고 있는 작품이 있는 것은 당연한데, 같은 현재노라 하더라도 광인이 등장하는 광녀물狂女物 등은 몽환노와 마찬가지로 주인공 독연주의 입장을 견지한다. 이런 노는 오로지 여인의 고뇌에 차고 광기 어린 춤을 묘사하는 데 역점을 둔다. 이렇게 현재노의 구성은 몽환노만큼 획일적이지는 않으나 그래도 많은 경우 부분적으로 일정한 유형을 따르게 된다. 노 중에서도 가장 보통 연극에 가까운 《아타카》에서 요시쓰네義経[5] 일행이 등장하는 부분이라든지 벤케弁慶[6]의 춤 전후 부분은 다른 노와 공통된 일정 형식을 따르고 있으며 몽환노와 공통되는 부분도 많다.

이후 요코미치의 해설은 노를 '화자의 시점'이라는 측면에서 분석하

---

5 1159~1189년. 헤이안시대 말기의 무장. 형 요리토모(頼朝)를 도와 가마쿠라 막부 설립에 지대한 공을 세우고도 훗날 요리토모의 공격을 받아 자결한다.

6 요시쓰네의 부하 장수로 요시쓰네와 함께 최후를 같이 한 전설적인 무장.

여 몽환노가 1인칭 시점을 주체로 하는 연극이라면 현재노는 3인칭적인 연극이라는 점, 즉 몽환노가 희곡적인 데 비해 현재노가 소설적이라는 점을 지적하고 있다. 노의 두 가지 유형인 몽환노와 현재노가 가지는 각각의 특질이 적확하게 설명된 훌륭한 해설이다. 이로써 현재노에 대해서 특별히 설명할 필요가 없다고 한 이유가 어느 정도 이해되었을 것이라 생각한다. 현재노는 '살아 있는 현실 세계를 그린' 지극히 평범한 형식의 연극이기 때문이다. 이에 비해 사자死者의 망령이나 그 화신이 들려주는 회고담을 기본 구조로 하는 '주연 독연주의적' 몽환노는 분명 극의 형식으로는 특이한 연극이라 하지 않을 수 없다. 무엇보다 그러한 몽환노가 전체 노 작품 중 열 곡이나 스무 곡 정도의 적은 비중을 차지하는 정도라면 그리 대수로울 게 없다. 하지만 현재 상연되고 있는 약 240여 곡의 노 중에 거의 과반수가 몽환노라는 점을 감안하면 몽환노가 특정 작품의 개성을 나타내는 단계를 넘어 노라는 연극 자체의 특색을 드러낸다는 사실이 분명해진다.

또한 이것은 어디까지나 내 개인적 생각이기는 하나 현대인이나 외국인이 노에 대해 품고 있는 이미지는 아마도 현재노가 아니라 특이한 형태를 지닌 몽환노를 근거로 하고 있는 것 같다. 즉 오늘날 많은 사람이 '노'라고 하면 《이즈쓰井筒》 같은 몽환노를 연상하는 것은 아닐까? 이런 추측이 맞다면 몽환노가 그만큼 특이하고 인상적인 존재가 된다는 말이다. 이것은 동시에 노의 과반수를 점하는 《아타카》 같이 북국北國의 아타카 관문에서 벌어지는 요시쓰네 일행의 곤경과 탈출을 그린 현재노의 존재가 오늘날 잘 알려져 있지 않다는 것을 의미하기도 한다. 물론 이것은 편벽한 이해일 수 있다. 하지만 현재 상연되고 있는 노의 과반수 이상이 극으로서는 특이한 몽환노라는 사실을 떠올리면 '노=몽환노'라는 이해는 오히려 당연한 것이기도 하다.

몽환노라는 용어의 탄생

이렇게 몽환노는 특이한 성격의 연극이지만 실제 몽환노라는 이름을 가지게 된 것은 그리 오래된 일이 아니다. 다시로 게이치로田代慶一郎의 『몽환노夢幻能』(朝日新書, 1994년)에 의하면 몽환노라는 말이 처음 사용된 것은 1926년 「국문학 라디오 강좌」에서 라고 한다. 이 강좌의 강사가 훗날 『요쿄쿠대관謠曲大観』 전 7권(明治書院, 1931년)을 상재한 사나리 겐타로佐成謙太郎였다. 사나리는 여기서 제아미 작 《요리마사賴政》에 대해 "나는 이처럼 주인공이 와키의 꿈에 나타나는 노를 '몽환노'라 하고, 《요리마사》와 같은 각색을 '복식몽환노複式夢幻能'라고 부르면 어떨까 합니다." 라고 말했다고 한다. 이 밖에 다시로 씨의 『몽환노』에는 사나리 겐타로가 '몽환노'라는 말을 사용하기 이전에 잡지 『노가쿠能楽』의 주재자였던 이케노우치 노부요시池内信嘉가 1905년에 몽환노를 '몽환적인 노'라고 불렀다는 사실, 사나리 씨가 훗날 『요쿄쿠대관』의 노 작품 해설에서 '몽환노'와 '극노劇能'라는 분류법을 사용했다는 사실이 밝혀져 있다. 또 '몽환노'라는 용어가 당초에는 『요쿄쿠대관』 이외에 거의 사용되지 않다가 1960년 일본고전문학대계 『요쿄쿠집』의 해설(앞서 말한 요코미치 마리오의 해설)에 이르러 일반에 정착되었다는 내용이 실려 있다.

현재 곧잘 사용되는 몽환노라는 용어는 실은 이렇게 새로운 시대의 용어이다. 물론 이것은 몽환노라는 용어가 새롭다는 것이지 그 용어가 지칭하는 형태의 노가 그 무렵에야 생겨났다는 말은 아니다. 몽환노라는 용어의 유무에 관계없이 몽환노는 이미 600년 전쯤 제아미 시대부터 존재했었다. 아니 그보다는 제아미 시절에 몽환노라는 특이한 극 형식이 정리·연마되었는데, 그 후 다채로운 전개를 통해 '현재노'를 포함한 노 전체가 일거에 상징극으로서의 성격을 증폭시켰으며, 그것이 이후 무로마치와 에도시대를 거쳐 오늘날에 이른 것이라고 해야 할 것이다. 몽환노라는 말은 새로운 것일지언정 몽환노라 불리는 양식의 정비와 그 전개는 노가 연극으로서 세련되어져 온 과정 그 자체라 해도 좋을 것이다. 몽환노의 정비와 전개라는, 일본 연극사에서 가장 중요한 국면의 한가운데 있었던 이가 바로 제아미였다. 이에 대해서는 잠시 뒤에 이어지는 「몽환노의 형성」과 「몽환노의 전개」에서 살펴보기로 하자.

이렇게 몽환노라는 용어는 1960년 요코미치 마리오가 일본고전문학대계 『요쿄쿠집』에서 노 곡목을 분류하는 용어로 현재노와 함께 사용한 이후 일반화된 것이다. 이후 몽환노라는 말이 일반적인 용어로 널리 쓰이게 되었지만(나도 상용하고 있다) 이상하게도 노가쿠 사전이나 요쿄쿠 주석서 등에서는 이 용어를 거의 사용하지 않는다. 현재 노가쿠 사전 등에서 노의 분류 용어로 쓰고 있는 것은, 노를 첫 번째 노에서부터 다섯 번째 노로 분류하는 '고반다테 분류' 방식이다. 이는 몽환노와 현재노가 분류 기준으로서는 다소 광범위하고, 또 이 둘 중에 어디에 넣어야 할지 판단하기 어려운 작품이 다수 존재하기 때문이다. 즉 분류기준으로서의 유효성이 다소 불충분하다는 것이다. 그러나 현재 가장 널리 사용되는 '고반다테 분류' 역시 몽환노·현재노보다 분류기준으로서의 유효성이 높다는 것이지 반드시 완벽한 분류기준이라고 할 수는 없다. 분류라는 것이 원래 그렇기는 하지만, 몽환노라는 용어가 그것이 지시하는 일군의 노의 특질을 단적으로 보여주고 있는 것은 분명하다. 따라서 몽환노·현재노라는 분류는 앞으로도 하나의 분류 기준으로서 '고반다테 분류'와 함께 병용되어야 할 것이다.

몽환노의 연극적 특성

그렇다면 '몽환노'로 지칭되는 일군의 노의 특질은 어떠한 것인가? 이에 대해서는 앞서 소개한 요코미치 마리오 씨의 해설도 있고, 또 『노·교겐사전能·狂言事典』(平凡社) 등에도 상세히 설명되고 있지만 여기서는 이들을 참조해 가면서 필자가 파악한 특질을, 형태와 내용이라는 두 측면에서 소개하기로 한다. 먼저, 형태면에서는 다음과 같이 정리할 수 있을 것 같다.

① 많은 경우 마에지테前シテ는 주인공의 화신이다(마에지테가 제3자의 입장으로 자신의 사적事蹟을 이야기한 후 정체를 밝히는 형태로 되어 있다).

② 많은 경우 노치지테後シテ는 사후 망자의 모습이 아니라 생전의 모습을 하고 등장한다.

③ 후장에서는 주인공의 생전의 모습이 회상되고 현재의 심경이 토로되는데, 그 회상 방식에는 '재현적 회상'과 '비재현적 회상'의 두 종류가 있다.

④ 노치지테의 회상 장면에는 춤이 수반되는 경우와 수반되지 않는 경우 두 가지 형태가 있다.

⑤ 곡 전체 구조는 대부분 주인공이 집착에서 해방(=성불)으로 나아가는 구조로 되어 있다.

이상은 요코미치 마리오의 해설에서도 대개 언급된 내용이지만, 다양한 몽환노의 실태를 고려해서 되도록 모든 몽환노에 부합하도록 조금 더 자세한 정의를 덧붙여 보았다. 예를 들어, ②는 요코미치의 설명에서

《이즈쓰井筒》

는 노치지테가 생전의 모습으로 나타난다고 지적했는데, 그건 '많은 경우' 그렇다는 것이고 곡에 따라서는 노치지테가 사후 망자의 모습으로 나타나는 경우도 있음을 나타냈다. 노치지테가 생전의 모습으로 등장하는 작품은 예를 들어 《이즈쓰》가 있고, 사후 망자의 모습으로 등장하는 작품은 《가요이코마치通小町》가 있다. 또한 ③은 요코미치의 해설에서는 '옛일을 동작과 함께 이야기한다'고 표현하고 있다. 그가 상정하고 있는 것은 아마도 '재현적인 회상'이 아닐까 생각되는데, 나는 이를 '재

《가요이코마치通小町》

현적 회상'과 '비재현적 회상'으로 나누어 보았다. '재현적 회상'이란 예를 들어 《가요이코마치》에서의 회상을 말하고(생전에 자신을 사랑한 남자가 100일 밤을 찾아 온 사실을 재현했다), '비재현적 회상'이란 《이즈쓰》에서 보이는 회고적 회상을 말한다. 한편, ⑤의 '집착으로부터의 해방'이라는 표현은 요코미치의 해설에서는 따로 언급된 바가 없지만 몽환노에 대한 다른 설명에서는 곧잘 언급되는 내용이다. 집착으로부터의 해방을 결말로 하는 것을 '많은 경우'로 한정시킨 것은 이런 구조를 가지지 않는 몽환노의 존재를 고려한 것이다. '집착으로부터의 해방' 구조를 가지는 예로는 《가요이코마치》가 있으며 이 결말 구조가 희박한 것으로는 《이즈쓰》를 꼽을 수 있다. 각각의 종반부를 보면 《가요이코마치》에서는 "많은 죄가 소멸하고 오노노 고마치小野小町[7]도 쇼쇼少将[8]도 함께 불도에 들었노라, 함께 불도에 들었노라."라는 성불에 대한 언급이 있다. 이에 반해《이즈쓰》의 말미는 "종소리도 희미하게 날이 밝으면 낡은 절간엔 솔바람 소리, 파초 잎 흔들리는 소리만. 꿈도 깨어져 잠에서 깨네, 꿈은 깨지고 날이 밝았네."라고 되어 있다. 여기에는 주인공이 집착으로부터 해방되었음을 나타내는 문장이 없다.

다음으로 몽환노의 내용상의 특질을 보자.

① 주인공의 내면을 묘사하는 데에 중점을 두고 있는데, 그려진 내면이 주인공이라는 개성적 차원을 넘어 보편성을 드러내는 경우도 있다.

② 묘사된 주인공의 내면이 곡의 주제가 된다.

③ 곡의 주제, 사장, 취향, 연기에 상징성이 농후하며 전체적으로 시극詩劇에 걸맞다.

이상은 요코미치의 해설에는 언급되지 않았고 또한 다른 해설에서도 그다지 언급되지 않은 내용이다. 하지만 이러한 작업은 몽환노라는 독특한 형식이 어떠한 연극적 세계를 실현하고 있는가를 보기 위해서는 반드시 필요한 일이다. 또한 이상은 대부분 제아미 작품의 특색이기도 한데, 이는 제아미가 몽환노라는 형식을 효과적으로 활용했음을 의

---

7 헤이안시대 전기의 여류가인. 절세미인으로 알려져 많은 일화와 전설이 전하는 인물로, 그녀에 대한 일화가 노나 가부키로 각색되었다.

8 후카쿠사노 쇼쇼(深草少将). 전설에서는 끈질기게 구애하는 쇼쇼를 떼어 낼 마음으로 고마치가 100일 밤 동안 자신의 거처를 찾아오면 뜻대로 해주겠다고 약속하지만 100일째가 되는 마지막 밤 눈길에 동사한다. 제아미에 의해 노《가요이코마치》로 만들어졌다.

미한다. 어쨌든 이상 내가 파악한 내용을 정리해 보자면, 몽환노란 요컨대 '보편적 주제를 가진 시적 심리극'이 된다. 이토록 고도로 세련된 연극이 14세기에서 15세기 경 쇼군을 정점으로 한 무가사회 속에서 태어난 것이다(쇼군과 노가쿠의 관계에 대해서는 제5장, 제8장 참조).

몽환노의 형성 ─제아미까지의 도정─

앞에서는 필자가 이해하고 있는 몽환노의 특색을 '양식'과 '내용'이라는 두 개의 측면에서 소개해 보았다. 이렇게 몽환노에 대해 설명하고 보니 몽환노가 대단히 유형적이고 천편일률적인 작품군이라는 인상을 준 것 같다. 하지만 물론 그렇지는 않다. 앞서 제시한 내용은 어디까지나 몽환노의 공통적인 특색이며 그 총체적인 특색과는 별도로 몽환노 개별 작품의 주제나 취향은 다양한 개성을 지니고 있다. 이 같은 몽환노 개개의 개성은 아직 충분히 밝혀지지 않았는데, 이들 개별 작품의 개성을 밝히는 것은 실은 몽환노의 전개 과정을 설명하는 작업과 맞닿아 있으며 더 나아가서는 노라는 연극 자체의 예술적 달성을 밝히는 것이기도 하다. 따라서 이번에는 제아미에 의해 몽환노가 다듬어진 과정을 몽환노의 완성과정이라 보고 초기 몽환노가 제아미의 몽환노에 도달하는 과정과 이후 몽환노의 전개 과정을 개관해 보기로 한다.

먼저 몽환노라고 부를 만한 노가 언제쯤 생겨나고 그것이 어떠한 경과를 거쳐 제아미의 몽환노에 이르렀는지를 다시 한 번 《가요이코마치》와 《이즈쓰》를 예로 들어 살펴보기로 하자.

제아미의 『사루가쿠단기』에 의하면 《가요이코마치》의 원작은 히에

산比叡山[9] 엔랴쿠지延曆寺의 창도승唱導僧[10]이라는 정치적으로 유력한 계층에 의해 만들어진 곡으로, 이것을 제아미의 부친인 강아미觀阿弥가 개작한 것이다. 이렇게 볼 때《가요이코마치》의 원작은 가마쿠라시대까지 거슬러 올라갈 가능성이 있는 몽환노로(본래 곡명은《시이노쇼쇼四位の少将》), 당시 전설로 유포되어 있던 오노노 고마치와 후카쿠사노 쇼쇼의 이야기를 기반으로 한 작품이다. 전장에서는 히에산 기슭에 있는 야세八瀬라는 마을에서 수행중인 한 승려의 거처에 고마치의 망령이 나타나 히에산 기슭의 이치하라노市原野로 찾아줄 것을 부탁한다. 후장에서는 이치하라노에 쇼쇼와 고마치의 망령이 나타나 생전에 쇼쇼가 고마치에게 구애하던 모습('100일 밤의 전설'로 불린다)을 재현하고 승려에게 수계受戒를 청한다. 이 작품은 사나리 겐타로의『요쿄쿠대관』에서는 복식 몽환노라 되어 있는데, 오늘날에도 '복식 몽환노' 혹은 '몽환노'로 불리고 있다.

한편,《이즈쓰》는 널리 알려져 있는『이세모노가타리伊勢物語』제23단의「쓰쓰이즈쓰筒井筒」이야기를 모티프로 한 것이다. 제아미 만년의 걸작으로《가요이코마치》보다는 적어도 50년 이상 뒤에 나온 작품이다. 전장에서는 이소노가미石上 지방의 아리와라데라在原寺를 찾은 행각승 앞에 그 옛날 아리와라노 나리히라在原業平[11]의 부인이었던 기노아리쓰네紀有常 여식의 망령이 젊은 여인의 모습으로 나타난다. 후장에는 부인의 망령이 나타나 생전의 일을 회상하며 춤을 추고 회고의 상념에 젖는

---

9 교토 동북부와 시가(滋賀)현 경계에 있는 산. 천태종의 총본산인 엔랴쿠지(延曆寺)가 있으며, 예부터 일본 불교의 요람이자 영산(靈山)으로 칭송받았다.

10 창도(唱導)란, 불교의 교리를 설파하여 중생을 불도로 이끄는 것을 의미하는데, 창도승은 이를 전문으로 하는 승려 집단을 말한다. 일본에서는 설교문에 리듬과 멜로디를 달고 비유와 은유 표현이 발달해 일종의 문학화, 예능화가 진행되었다.

11 헤이안시대 초기(825~880)의 가인이자 왕족. 고대 왕조 소설『이세모노가타리(伊勢物語)』는 이 나리히라가 제국(諸國)을 편력하며 수많은 여성과 사랑을 나눈 연애담을 중심으로 한 125단의 일화로 이루어졌다.

다. 이 작품 역시 『요쿄쿠대관』 이래 복식 몽환노 혹은 몽환노로 언급되어 왔다.

이와 같이 두 작품 모두 현재에는 몽환노라고 인식되고 있으나 같은 몽환노라 하더라도 두 작품 사이에는 여러 가지 차이가 있다. 예를 들어 《가요이코마치》의 주인공인 쇼쇼의 망령은 야세오토코痩男[12]가면에 검은 머리를 산발한 죽은 망자의 형상으로 나타난다. 이에 비해 《이즈쓰》의 주인공인 나리히라 아내의 망령은 고오모테小面[13]가면에 남편 나리히라가 생전에 입던 의관을 걸친 모습, 즉 생전의 모습을 하고 나타난다. 또한 《가요이코마치》의 쇼쇼는 자신의 죄업을 참회하기 위해 백 일 밤 고마치의 거처를 찾아가던 생전의 모습을 다치마와리立回り[14]라고 하는 동작으로 재현하는 데 비해, 《이즈쓰》의 시테는 과거에 대한 회고의 정을 조노마이序ノ舞[15]에 의탁해 표현한다. 또한 《가요이코마치》가 일관되게 쇼쇼와 고마치의 '집착으로부터의 해방'을 그리고 있고 그것이 작품의 주제를 형성한다면, 《이즈쓰》에서는 '집착으로부터의 해방'이라는 요소가 작품의 외연을 형성하고는 있지만 그것을 작품의 주제라 할 수는 없을 것 같다. 그 대신 《이즈쓰》의 주제는 '회고의 정'이라는 대단히 보편적인 관념을 내세우고 있다. 한쪽은 구체적이고 즉물적이며, 다른 한쪽은 상징적이고 관념적인 것이다. 같은 몽환노라고는 하지만 《가요이코마치》와 《이즈쓰》 사이에는 이렇게 커다란 내지는 질적인 차이가 존재한다.

---

12 사후 지옥의 고통을 호소하는 남성의 얼굴을 형상화한 가면.

13 가련하고 아리따운 젊은 여성을 형상화한 가면.

14 노에서 조용히 무대를 돌며 극중 내용이나 인물의 심경을 표현하는 연출 방식.

15 노에서 매우 조용한 곡조로 추는 무용 동작으로, 주로 미녀의 영혼이나 천녀 혹은 초목의 정령이 추는 춤이다.

《가요이코마치》와《이즈쓰》의 이 같은 차이는 당연히 작가의 차이에서 기인하겠지만, 두 작품의 성립시기를 생각하면 이 차이는 기본적으로는 성립 연대의 차이에서 오는 것이라 해도 좋을 듯하다. 요컨대 처음에는《가요이코마치》같이 소박한 내용의 몽환노가 50년 가까운 세월이 흐르는 동안《이즈쓰》와 같이 세련된 연극으로 발전한 것이다.

물론 여기서 제아미 작품으로 소개한《이즈쓰》는 사실은 제아미의 몽환노 중에서도 특히나 세련된 작품이라 반드시 제아미 몽환노의 표준이라고는 할 수 없다. 제아미의 표준적 몽환노라고 하면《이즈쓰》이전에 성립한《히가키檜垣》,《다다노리忠度》,《기요쓰네清経》,《아쓰모리敦盛》,

《다다노리忠度》

《요리마사賴政》를 들어야 할 것이다. 이들 몽환노는 시테가 생전의 모습을 하고 등장한다는 점에서는 《이즈쓰》와 같지만, 참회를 위해 생전의 일을 재현적으로 이야기한다는 점이나 '집착으로부터의 해방'이라는 요소가 농후한 점에서 《이즈쓰》와 다르다. 즉, 이들은 《가요이코마치》와 《이즈쓰》 사이에 있으면서 여전히 《가요이코마치》 쪽 요소를 다분히 남기고 있다. 곡 수로 보더라도 이들 곡이 제아미가 남긴 몽환노의 표준형이라 할 만하고, 《이즈쓰》는 이들로부터 한 단계 더 비약한 작품이라 할 수 있다. 이들 제아미의 표준적 몽환노들이 작품마다 각각의 개성을 지니고 있음은 두 말할 필요도 없다. 또 거기에 《이즈쓰》를 더한 제아미의 몽환노를 보고 있노라면 《가요이코마치》에서 《이즈쓰》에 이르기까지 몽환노의 발전을 주도한 것은 확실히 제아미라고 봐도 좋을 듯하다.

몽환노의 전개－제아미 이후의 몽환노－

인과응보적 색채가 짙은 《가요이코마치》 같은 몽환노로부터, 제아미 작품에서 보듯 시적인 심리극으로 발전한 몽환노는 거기에서 더 나아가 새로운 전개를 보이게 된다. 그 시기는 제아미 만년에 해당하는 오에応永(1394~1428) 말년에서부터 에쿄永亨(1429~1441) 이후다. 물론 앞서 《이즈쓰》에서 본 것처럼 제아미 자신도 새로운 흐름을 보여준 장본인이기도 하였지만, 이 시기 몽환노의 새로운 개척자는 그의 사위 곤파루 젠치쿠金春禅竹 같은 제아미의 훈도를 받은 젊은 작가들이었다. 이 시기에 만들어진 몽환노는 《오바스테姨捨》, 《노노미야野宮》, 《데이카定家》, 《바쇼芭蕉》, 《호토케하라仏原》 등을 들 수 있다. 이 중 많은 작품이 젠치쿠의 작품으로 알려져 있다.

《오바스테姨捨》

　이들을 보면 《히가키》나 《다다노리》 같은 제아미의 표준적 몽환노와 언뜻 유사하게 보이면서도, 사실은 '집착으로부터의 해방'이나 '성불'이라는 측면에서 제아미의 표준적 몽환노와는 큰 차이를 보인다. 앞서 본 대로 '집착으로부터의 해방'이나 '성불'이라는 요소는 《가요이코마치》나 《후나바시船橋》 같은 오래된 몽환노에 현저하게 나타나는 요소이며 이는 《히가키》, 《다다노리》 같은 제아미의 몽환노에도 계승되고 있다. 《이즈쓰》에서는 그것이 희박해졌지만 그래도 전체적으로는 사후에 더욱 집착에 사로잡힌 주인공이 승려의 기도로 성불한다는 설정 안에서 창작되었다고 여겨진다. 그런데 몽환노의 새로운 전개를 보여주는 《오바스테》 등에서는 '집착으로부터의 해방'이나 '성불'이 애초에 문제시되지 않거나 '집착으로부터의 해방'이나 '성불'과는 반대의 결말을 암시하기도 한다.

예를 들어 '집착으로부터의 해방'이나 '성불'이라는 것을 문제삼지 않는 작품에는 《오바스테》,《바쇼》,《호토케하라》 등이 있다.

《오바스테》는 『곤자쿠모노가타리今昔物語』[16]나 『야마토모노가타리大和物語』[17]에 나오는 오바스테 산姨捨山의 전설[18]을 소재로 한 작품으로, 『사루가쿠단기』에도 언급된 제아미 만년의 작품이다. 오바스테 산에 버려진 주인공 노녀老女의 망령은 아예 '집착으로부터의 해방'이라든지 '성불'에 대한 소원을 가지고 있지 않다. 명월로 유명한 오바스테 산을 찾은 여행객(와키) 앞에 주인공 노녀가 모습을 드러낸 이유는 고독을 달래줄 명월을 함께 감상할 벗을 찾아서였다. 노녀는 깊은 고독을 달래기 위해 중추의 명월을 여행객과 함께 감상하지만 날이 새자 여행객은 서울로 돌아가고 노녀는 또 다시 깊은 고독 속에 혼자 남겨진다. "돌려다오 돌려 줘, 옛 가을을. 이리 생각하는 망집. 보내 줄 이도 없는 이 밤의 가을바람."에 나오는 '망집'이라는 말은 '고독을 몰랐던 생전에 대한 향수'와 같은 의미이지 '성불을 기원하는 마음'을 나타내는 것은 아니다(원래 《오바스테》의 와키는 다른 몽환노에서처럼 시테를 성불로 이끄는 승려가 아니라 도시에서 찾아 온 여행객인 것이다). 《오바스테》가 그리고자 한 것은 집착으로부터의 해방이나 성불을 기원하는 것이 아니라 이제까지 보아 오던 명월로도 위로 받지 못할 깊은 고독감이다. 원래 《이즈쓰》를 포함한 제아미까지의 몽환노에서는 극의 종반부에 가서 대개 성불이라는 구제가 명

---

16 헤이안시대 말기에 성립된 설화집. 인도, 중국, 일본의 설화 약 1,000여 편이 수록되어 있다.

17 헤이안시대 성립한 고소설. 300여 수의 와카(和歌)를 중심으로, 노래에 얽힌 전설이나 실존인물의 이야기를 옴니버스 식으로 구성했다.

18 나이 먹은 노인을 산에 내다버려야 하는 규정에 따라 자신을 길러 준 이모를 산에 버린 남자가 밝은 달을 보며 죄스러운 마음을 이기지 못하고 노인을 도로 업고 돌아왔다는 내용이다.

《바쇼芭蕉》

《데이카定家》

시되거나 암시되기 마련이다. 하지만 이 작품에서는 노녀의 고독이 영원히 계속될 것처럼 그려지고 있다.

이처럼 《오바스테》의 시테는 집착으로부터의 해방이나 성불에 대한 기원을 가지고 있지 않은데, 이러한 경향은 파초라는 식물의 정령을 주인공으로 오로지 제법실상諸法實相―세상의 모든 것에는 본디 불성이 존재한다―의 진리를 전개시킨 《바쇼芭蕉》나, 주인공 호토케고젠仏御前이 그 이름대로 이미 성불한 상태에서 행각승 앞에 등장하는 《호토케하라》에서도 볼 수 있는 특색이다.

한편, 집착으로부터의 해방이나 성불과는 반대 결말이 암시되어 있는 몽환노로는 《데이카》와 《노노미야》 등을 들 수 있다. 《데이카》에서는 사음邪淫의 죄로 덩굴에 주박되어 있던 쇼쿠시 내친왕式子內親王[19]의 망령이 승려가 왼 『법화경』 약초유품藥草喩品의 공덕으로 주박에서 풀려나지만 결국엔 다시 "원래대로 휘감기네, 데이카 덩굴."로 끝을 맺는다. 또 《노노미야》에서는 로쿠조미야슨도코로六条御息所[20]의 망령이 생전에 히카루겐지光源氏가 내방하던 노노미야궁[21]에 나타나, 겐지가 찾아주던 때의 고양된 분위기와는 전혀 다른 현재의 적막하고 고요한 심사를 늦가을 노노미야 궁의 풍경에 빗대어 묘사하고 있다. 그런 다음 "또다시 수레에 올라 번뇌의 불집火宅[22] 문을 나서는구나, 불집 문."이라는 구절로 끝 맺고 있다. 단, 위 예문에서처럼 '불집 문'으로 끝나는 것은 간제류와 호쇼류뿐이고, 곤고류에서는 '불집 문을'로, 곤파루류와 기타류에서는 '불

---

19 내친왕은 황녀(皇女)의 뜻.

20 《겐지모노가타리》에서 주인공 히카루 겐지를 연모한 나머지 악령으로 변하여 겐지의 여인들을 죽음에 이르게 하는 여성.

21 황녀나 여왕이 신을 모시는 사제에 취임하기 전 심신을 깨끗이 하기(潔齋) 위해 1년간 머무르는 궁전.

22 번뇌에 싸인 괴로움을 불길에 휩싸인 집에 비유한 불교 용어. 사바세계, 현세의 의미.

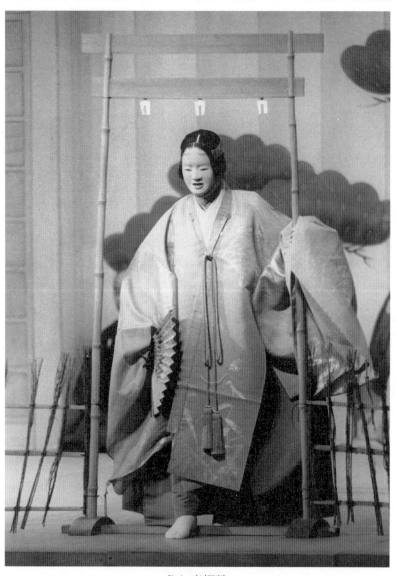

《노노미야野宮》

집'으로만 끝이 난다. 아마도 '불집'으로 끝나는 곤파루류와 기타류 쪽이 원형이 아닐까 싶지만, 어느 쪽이든 로쿠조미야슨도코로는 성불을 이루지 못하고 영원히 깊은 적막감 속에 남아 있음이 암시되어 있다.

《가요이코마치》로부터 출발한 몽환노는 제아미 시대에 심리극으로 세련되어졌고 제아미 이후 이 같은 전개를 보인 것이다. 제아미 이후 몽환노의 이러한 전개(혹은 세련)에 대해서는 야마키 유리 씨의 뛰어난 평론이 나와있다. 야마키 유리 씨는《오바스테》,《바쇼》,《데이카》등의 작품 분석을 통해 이들에 공통하는 희곡 구조를 끝이 없는 '환상環狀 구조'로 파악하고, 거기에 제시된 미의식을 '황폐한 아름다움'이라고 명명하면서, 이것이 젠치쿠의 연극적 창조라고 분석하였다(야마키 유리山木ゆり, 「'황폐한 아름다움'과 그 연극적 성립-《바쇼》,《데이카》,《오바스테》와 젠치쿠의 양식」,『日本文學』1977년 5월). 어쨌든 몽환노라는 형식을 통해서 보면 노의 연극적 창조력은 확실히 제아미 만년 이후에 정점을 맞이했다고 할 수 있다.

기노시타 준지의 몽환노론

앞서 「몽환노와 현재노」에서 현대인이나 외국인이 가지고 있는 노에 대한 이미지는 현재노가 아니라 몽환노를 근거로 한 것이라고 언급한 바 있다. 이제 마지막으로 기노시타 준지木下順二의 몽환노에 관한 기술을 소개하면서 몽환노란 무엇인가를 논해 온 제3장을 마무리할까 한다. 이것은 오늘날 연극인들이 몽환노로부터 어떠한 자극을 받고 있는지를 보여주는 사례인 동시에 '노=몽환노'라는 현대인의 통념을 보여주는 일례이기도 하다.

기노시타의 몽환노에 대한 이론은, 1979년 호세대학 노가쿠연구소 주최로 열린 국제심포지엄 「세계 속의 노」에서 「현대 연극과 노-창작자의 입장에서」라는 제목의 강연을 통해 나왔다. 이 강연 내용은 이 심포지엄을 기록한 저서 『세계 속의 노世界の中の能』(1982년, 法政大學 출판국)나 『기노시타준지 저작집』에 수록되어 있다. 기노시타는 이 강연 후반에서 "노 창시자 중 한 사람인 제아미가 가끔 이용한 방법에 복식몽환노라는 것이 있습니다."라고 말을 꺼내며 《이즈쓰》를 예로 들어 그 내용을 극작가다운 어조로 멋들어지게 소개하고 있다. 그는 아리와라노 나리히라 부인의 화신이 등장하는 전장을 '리얼리티 A'로 부르고 망령이 등장하는 후장을 '리얼리티 B'라고 설정한 후, 몽환노라는 형식이 가지고 있는 연극적 의미에 대해 다음과 같이 말하고 있다.

> 이걸 리얼리티 B라고 하고 전장적인 A, 후장적인 B라는 식으로 생각해 보면 A로부터 B를 도출해 내는, 혹은 A에서 B를 만들어 내는 구조가 노 속에 있는 게 아닌가 싶습니다. 여기서는 《이즈쓰》의 줄거리를 너무 간략하게 표시해 놓았기 때문에 이해하기가 어려울 거라 생각합니다만, 잘 설명하기는 어렵지만 그러한 리얼리티가 이 노 속에는 있다는 것입니다.
> 그것을 구체적으로 아주 멋지게 나타낸 작품이 복식몽환노라고 불리는 것들 중에 있습니다. 그런 리얼리티를, 시인이 시로 쓰는 것이 아니라 극이라는 하나의 구조 속에서 만들어 낼 수 있는 방법을 알아낼 수 있는 대단히 유효한 단서가 복식몽환노에는 있지 않나 생각합니다.

기노시타는 리얼리티라는 시점에서 복식몽환노를 논하고 있는데, 이런 논을 접하게 되면 필자를 포함한 노가쿠 관계자들이 얼마나 복식노라는 형식이 가지는 의미에 무관심했던가를 새삼 느끼게 된다. 우리 노가쿠 관계자들은 몽환노의 존재를 알고는 있었으나 그 존재에 너무 익숙해진 나머지 그 의미를 논리적으로 생각하는 데는 태만했다. 이 점에 대해서는 연기자나 연구자, 애호가가 모두 함께 생각해 보아야 할 문제이다.

제4장

노가 상연된 공간

- 진지노, 권진노, 사적 무대, 공연 -

노가 상연된 네 개의 공간

　현재의 노·교겐은 대부분이 노가쿠도能楽堂라고 불리는 노가쿠 전용 극장에서 상연되고 있다. 노가쿠도에는 하시가카리橋掛リ라고 불리는 공간을 가진, 객석으로 돌출된 형태로 설치된 사방 3간의 노 무대가 있다. 이 무대에서 노 한두 작품과 교겐, 그리고 시마이仕舞[1] 등을 감상하는 것이 현대인의 평균적인 노 감상 형태다. 물론 근년에는 다키기노라고 불리는 야외 상연이나 일반 극장 같은 노가쿠도 이외의 장소에서 상연하는 경우가 늘고 있지만 현대 노가쿠 상연의 기본은 역시 노가쿠도가 중심이라고 할 수 있다. 그러나 이러한 상연 형태는 어디까지나 현대적 상황을 말한 것일 뿐 오늘날에 이르기까지 노·교겐은 여러 공간에서 다양한 상연 형태를 가지고 있었다. 이번 제4장에서는 노와 교겐이 과거 700년이라는 시간 동안 어떤 공간에서 어떻게 상연되고 감상되어 왔는지에 대해 가능한 폭넓게 소개함으로써, 상연 환경이라는 측면에서 노가쿠라는 연극을 생각해 보기로 한다. 이는 동시에 현대의 노가쿠도를 중심으로 한 상연이나 감상 형태가 근대 이후에 새롭게 태어난 형태이자 관습이라는 것임을 재인식하는 계기가 될 것이다.

　실제로 이제까지 노와 교겐이 상연되었던 공간은 실로 다양하지만 내 생각에는 그것을 다음의 네 개의 공간(=상연 환경)으로 크게 분류할 수 있을 것 같다. 그것은 바로, 진지노神事能, 권진노勧進能, 사적私的 무대, 공연이다.

　각각에 대해 간단히 설명하자면, 진지노는 사원의 제례 때 딸려 개최

1　노에서 주인공의 중요한 춤 동작을 따로 떼어 감상할 수 있게 만든 무용 소품. 가면이나 무대 의상은 착용하지 않고 보통 4~5명의 코러스(지우타이)에 맞추어 상연한다.

되는 것, 권진노는 사원의 신축과 개수 비용의 조달을 목적으로 개최되는 것, 사적 무대란 지배계층이나 부유층이 개인적으로 개최하는 무대, 공연은 신분이나 시기에 관계없이 희망하는 사람이라면 누구라도 감상할 수 있는 열린 무대가 될 것이다. 물론 이러한 네 개의 공간이 700년 동안 언제나 존재했던 것은 아니며, 존재했다고 해도 시대에 따른 변화나 성쇠가 있었음을 미리 말해 둔다.

아래에 소개한 일람표는 그러한 상연 환경이 각 시대마다 어떤 상황에 있었는지를 간단히 표로 작성해 본 것이다. 시대 구분은 무로마치시대 이전, 에도시대, 근대의 세 구역으로 나누어 정리하였다. ○는 그러한 상연 환경이 존재했음을 나타내고, ×는 그러한 상연 환경이 대체로 소멸했음을, △는 그러한 상연 환경이 존재하기는 했지만 번성했던 시기에 비해 쇠퇴했거나 본래의 성격에서 변용되어 있음을 나타낸 것이다. 다음은 각 시대마다 네 개의 상연 공간(=상연 환경)이 어떻게 존재했었는지를 대략 알 수 있는 표가 되겠다.

노가 상연된 공간

	무로마치 이전	에도시대	근대	비고
진지노(무료)	○	○	×	고후쿠지興福寺 다키기노, 가스가 와카미야제春日若宮祭 등
권진노(유료)	○	△	×	에도시대 권진노는 실질적으로는 흥행으로 변질됨
사적 무대 (무료)	○	○	△→×	무가, 조정의 귀족, 근세 상공업자 등에 의한 사적인 개최
공연(유료)	×	×	○	노가쿠도에서의 공연

이 표를 보면 현대는 에도시대까지 존재했던 진지노, 권진노, 사적

무대 등이 거의 사라졌으며 오로지 공연이라는 형태로 노·교겐이 상연되고 감상되고 있음을 알 수 있다.

또한 이들 네 개의 공간을 공개와 비공개의 관점에서 보면 진지노와 권진노, 공연은 공개, 사적 무대는 비공개 형식을 띤다. 또 무료, 유료의 관점에서 보면 권진노와 공연이 유료, 진지노와 사적인 상연이 무료가 된다. 이렇게 비교해 보면 현대 공연이 가지는 공개와 유료적 속성은 역사적으로는 반드시 일반적인 형식이 아니었음을 알 수 있다. 다음은 이들 네 개의 환경마다 노가 상연되어 온 장소와 그 역사를 더듬어 보도록 하겠다.

고후쿠지 다키기노로 보는 진지노

사원 제례 시에 진지노 혹은 진지사루가쿠神事猿樂로서 노와 교겐이 상연된 것은 노가쿠 역사에서 극히 초기부터 보이는 현상이다. 애초에 노·교겐이 특히 그 초기에는 사원과의 긴밀한 관계를 기반으로 발전해 온 역사를 생각하면, 진지노는 노·교겐의 상연 형태로서는 가장 원초적인 형태가 될 것이다. 사실 제아미 시대의 유자키좌結崎座(간제좌의 모체)에서는 「고후쿠지 다키기 사루가쿠」와 「가스가 와카미야제(온마쓰리おん祭り)」2, 「도노미네 팔강多武峰八講3 사루가쿠」에 참가하는 것이 무엇보다 중

---

2 가스가타이샤(春日大社)[나라시(奈良市) 소재]는 이세신궁(伊勢神宮)[미에현(三重県) 소재], 교토의 가모신사(賀茂神社)와 더불어 일본 3대 신사로 꼽힌다. 와카미야(若宮)란 본궁 제신의 자손신을 모신 신사, 혹은 원래 있던 신사에서 신령(神靈)을 분리하여 다른 땅에 새로 모시기 위해 지은 신사를 말한다. '가스가 와카미야제'는 가스가타이샤 지주신의 자손신을 따로 모신 '가스가 와카미야'에서 870여 년 동안 이어져 온 전통의 제전(祭典)으로 '온마쓰리'라고도 불린다.

3 도노미네(多武峰)는 나라현 사쿠라이시(桜井市) 남부 일대의 산을 지칭한다. 이 도노미네 단잔신사(談山神社)에서 열린 팔강법회에서 에도 초기까지 사루가쿠가 개최되었는데, 제아미 시대 노가쿠 대성기 이전의 사루가쿠가 다양한 모습으로 펼쳐졌을 것으로 추측된다.

시되었고 이를 위반할 경우 벌칙이 따랐다(『사루가쿠단기』 부록 중 「結崎座規」). 이들 세 진지노에 대해서는 유자키좌뿐만 아니라 엔만이좌円満井座(곤파루좌의 모체), 사카도좌坂戸座(곤고좌의 모체), 도비좌外山座(호쇼좌의 모체) 등 세 좌도 함께 참가 의무를 지고 있었다. 남북조시대(1336~1392)에서 무로마치시대(1392~1573)에는 노가 당시 시대를 대표하던 연극이었던 만큼 기내畿內를 중심으로 한 많은 사원 제례에서 상연되었을 것으로 추측된다. 그러나 무로마치시대 이전, 노의 그러한 실태를 파악할 수 있는 진지노는 의외로 그 사례가 많지 않다. 기내에서는 유자키좌가 참가했던 고후쿠지 다키기노, 가스가 와카미야제, 도노미네 팔강 사루가쿠 이외에 다이고지醍醐寺4 청롱궁青瀧宮 제례, 가모신사加茂神社의 미토시로御戸代 제례, 스미요시타이샤住吉大社의 모내기제御田植神事5 등을 들 수 있을 정도다(스미요시타이샤에서는《오키나翁》나 교겐이 상연되었으나 노는 상연되지 않았다). 이 중 고후쿠지 다키기노나 가스가 와카미야제, 가모신사 미토시로 제례의 노·교겐 상연은 현대까지 계승되고 있으나 도노미네 팔강 사루가쿠와 스미요시타이샤 모내기제에서 상연되던 노·교겐은 모두 무로마치 말기 무렵 그 전승이 끊기고 말았다.

이들 진지노 중에서 유자키좌 등 야마토 사루가쿠의 네 좌四座6가 의무적으로 참가했던 고후쿠지 다키기노, 가스가 와카미야제, 도노미네 팔강 사루가쿠는 모두 그 역사도 오래고 노가쿠의 역사와도 깊은 관련을 맺고 있다. 이제 진지노의 대표적 사례로 현대까지 계승되고 있는 고

4　교토시 후시미구(伏見区)에 있으며 진언종 다이고파(醍醐派)의 총본산.

5　오사카 스미요시구에 있는 스미요시타이샤에서 해마다 논밭의 신에게 오곡풍요를 기원하며 지내는 제례로, 모내기 행사와 함께 가장행렬과 민속춤 등을 선보였다. 이 모내기 의례는 천 수백 년 전에 시작되었다고 한다.

6　야마토 지역에서 활약했던 네 개의 사루가쿠 집단. 유자키좌(結崎座), 엔만이좌(円満井座), 사카도좌(坂戸座), 도비좌(外山座)를 말한다.

고후쿠지 남대문 앞에서 벌어진 다키기 사루가쿠薪猿楽

후쿠지 다키기노의 내력을 소개하기로 한다.

　고후쿠지의 다키기노는 현재 5월 11일과 12일 양일에 걸쳐 개최된다.
'다키기노 보존회'가 주최하며 첫날은 오전 11시부터 가스가신사 배전
拜殿에서 《오키나》(《슈시바시리呪師走り》로도 불린다)가, 3시부터는 고후쿠지
남대문 터 잔디밭에서 간제·호쇼·곤파루·곤고 네 유파에 의한 노와 교
겐이 상연된다. 이튿날은 오전 11시부터 가스카 와카미야사의 제신 앞
에서 곤파루류에 의한 노 1곡(현재 이를 '고샤노보리御社上り'로 부르는데 '미야
시로아가리'라 발음하는 것이 옳다)과 남대문터에서 노가 상연되는 구성으로
진행된다. 개최 시기가 신록의 계절이니만큼 신문이나 텔레비전 등에서
는 '고도 나라, 초여름의 풍물시'라는 이름으로 많이 보도되고 있는 것
같다. 하지만 이것은 어디까지나 현대 다키기노의 상연 방식일 뿐, 본래
의 다키기노와는 그 규모나 개최시기, 또 주최자의 성격 면에서 많이 다

르다. 그렇다면 본래 고후쿠지 다키기노는 어떤 행사였을까?

기록상의 고후쿠지 다키기노는 가마쿠라 후기 1255년에 개최 사실이 확인되는 유서 깊은 행사로, 야마토 사루가쿠 4좌(유자키좌, 엔만이좌, 사카도좌, 도비좌)가 의무적으로 참가했다. 본래는 고후쿠지의 수이회修二숲(2월 1일부터 14일까지 열린 참회 법회) 때 개최되었는데 이 수이회를 관할하던 고후쿠지의 승려들이 법회가 끝난 후 거기서 사용되고 남은 장작을 이용하여 여흥과 위로의 의미로 치른 행사에서 유래한 것으로 추정된다(그것이 다키기노, 다키기 사루가쿠라는 명칭의 유래인 것 같다)7. 그런데 이 수이회는 재정 문제로 연기되는 경우가 많았는데 이 경우 다키기노도 함께 연기되었다. 그러다 남북조시기 강아미 시대부터 참가가 결정된 연기자들이나 사루가쿠 구경을 기대했던 사람들을 위로하는 차원에서 수이회가 연기되어도 다키기노만은 2월에 고정적으로 열리게 된다(『사루가쿠단기』). 그 후 고후쿠지의 수이회가 점점 쇠퇴하면서 에도시대 이후에는 수이회와는 거의 별도로 개최되었으며, 메이지유신 때 다키기노를 관할하던 승도들이 소멸함으로써 1870년의 행사를 끝으로 일단 중단되었다. 그 후 1880년에서부터 1886년까지는 고후쿠지 남쪽에 인접에 있던 나라초奈良町의 유흥가 경영자들에 의해 3일간의 행사로 복구되었다가 이후 다시 중단, 거의 반세기가 지난 1946년부터 하루짜리 행사로, 다시 1951년부터는 이틀간의 행사로 부활되었다. 두 번째 부활을 이끌어 낸 장본인은 나라 출신의 고법식古法式 연구가였던 다다 가시치多田嘉七(다다 유시多田侑史라고도 함. 다인茶人. 후에 우라센케裏千家 동경출장소 소장 역임) 등이었다. 1959년까지는 개최 시기도 9월, 10월, 3월, 4월 등 정착되지 않다가 1960년부터 다키기노 보존회 주최로 5월 개최가 정례

---

7 다키기(薪)는 일본어로 장작, 땔나무라는 뜻이다.

화 되었다.

고후쿠지의 다키기노는 애초부터 야마토 사루가쿠의 4좌가 의무적으로 참가해 왔으며 오늘날에도 그 후예인 간제·호쇼·곤고·곤파루의 네 유파가 노를 상연하고 있다. 현재 다섯 유파 중 기타류喜多流만 출연을 하지 않는데 이는 기타류의 모체가 되는 기타좌가 에도시대 초기 곤고좌로부터 분리 독립하여 만들어진 신흥 좌로, 원래부터 고후쿠지 다키기노에는 참가하지 않았기 때문이다.

이상이 가마쿠라시대로부터 현대에 이르기까지 고후쿠지 다키기노의 역사를 개관한 것이다. 오랜 역사 속에 고후쿠지의 다키기노는 그 규모나 개최 시기, 혹은 성격상에서 많은 변화를 겪어 왔는데 이러한 변화를 알기 쉽게 정리한 것이 다음의 일람이다. 참고로 「슈시바시리呪師走り」는 가스가궁 앞, 「몬노 노門の能」는 고후쿠지 남대문 앞 잔디밭, 「미야시로아가리御社上り」는 가스가 와카미야 배전 앞에서 행해졌다.

① 남북조시대~무로마치 중기

2월 4일: 슈시바시리 [四座]-이때는 동서 양쪽의 금당金堂에서 상연.

2월 5일: 몬노 노 [四座]

2월 6일: 몬노 노 [三座]·미야시로아가리 [곤파루좌]

2월 7일: 몬노 노 [三座]·미야시로아가리 [곤고좌]

2월 8일: 몬노 노 [三座]·미야시로아가리 [간제좌]

2월 9일: 몬노 노 [三座]·미야시로아가리 [호쇼좌]

2월 10일: 몬노 노 [四座]

※ 우천 시는 순연順延. 단, 14일에는 종연. 그 사이 별당 승도들의 거처에서 노 상연(정해진 일시는 없음).

② 무로마치 중기(1430)〜에도 전기

2월 5일: 슈시바시리 [四座]

2월 6일: 몬노 노 [四座]

2월 7일: 몬노 노 [四座]

2월 8일: 몬노 노 [三座]·미야시로아가리 [곤파루좌]

2월 9일: 몬노 노 [三座]·미야시로아가리 [곤고좌]

2월 10일: 몬노 노 [三座]·미야시로아가리 [간제좌]

2월 11일: 몬노 노 [三座]·미야시로아가리 [호쇼좌]

2월 12일: 몬노 노 [四座]

※ 우천 시 순연. 단, 14일에는 종연. 그 사이 별당 승도들의 거처에서 사루가쿠 상연.

③ 1663〜1866년 (간제좌를 뺀 세 좌에서 두 좌씩 교대로 상연)

2월 5일: 슈시바시리 [四座 (이때는 넨요^{年予}라 불린 《오키나》 전문 배우가 상연)]

2월 7일: 몬노 노 [二座]

2월 8일: 몬노 노 [二座]

2월 9일: 몬노 노 [一座]·미야시로아가리 [一座]

2월 10일: 몬노 노 [一座]·미야시로아가리 [一座]

2월 11일: 몬노 노 [二座]

2월 12일: 몬노 노 [二座]

2월 13일: 몬노 노 [二座]

※ 우천 시 순연. 14일로 종연.

④ 현재

5월 11일: 슈시바시리 [곤파루좌], 남대문 앞에서 노 상연[기타류를 제외한 四流]

5월 12일: 슈시바시리 [곤파루좌], 남대문 앞에서 노 상연[기타류를 제외한 四流]

이상을 보면 에도시대까지 다키기노는 개최 일수도 7일에서 8일까지로 길었고, 노나 교겐이 상연된 장소도 고후쿠지 남대문 앞, 와마키야 앞, 가스가 신사 배전 등 세 곳이었다(무로마치시대에는 여기에 더해 고후쿠지 별당 승도들의 거처에서도 노·교겐이 상연되었다). 이들 장소에서 상연된 노나 교겐은 각각 30곡 정도였으니 일찍이 고후쿠지 다키기노는 지금과는 비교가 안 될 정도로 대규모였음을 알 수 있다.

그것은 물론 그만큼 많은 사람들이 다키기노의 노·교겐을 구경했다는 이야기가 된다. 그 실태를 구체적으로 알려주는 자료가 그리 많이 남아 있지는 않지만, 예를 들어 『가스가와카미야 제례 에마키春日若宮祭礼絵巻』(春日大社 소장) 중의 「다키기사루가쿠도薪猿楽図」 등을 보면 에도시대 이전 다키기노의 상황을 엿볼 수 있다. 이 그림은 에도시대 때 7일간(5일의 슈시바시리는 제외)에 걸쳐 열린 남대문 앞 다키기노의 상황을 그린 것으로, 객석 맨 뒤쪽에 한 단 높게 마련된 좌석이 구라카케鞍掛로 불린 좌석이다. 또한 1559년에서 1718년까지 나라 관아에서 집성한 『다키기노 상연목록薪能番組』이나, 막부 말 나라 관아 관직에 있던 가와지 도시아키라川路聖謨가 지은 『네후키지寧府記事』 등도 다키기노의 실태를 알 수 있는 귀한 자료이다.

고후쿠지 다키기노를 소개한 김에 현재 전국에서 연간 200회 이상 개최되고 있는 야외 다키기노와 고후쿠지 다키기노와의 관계에 대해서

오사카성 다키기노

도 한마디 덧붙여 두고 싶다. 왜냐하면, 오늘날 '다키기노'라는 말에서 고후쿠지의 다키기노를 떠올리는 사람은 극히 드물기 때문이다.

앞에서도 말했다시피 고후쿠지의 다키기노는 가마쿠라시대 이래 지속되어 온 행사로, 다키기노로서는 가장 오랜 역사를 가지고 있다. 그 뒤를 이어 오랜 역사를 가진 다키기노를 꼽으라면 1950년에 시작된 헤이안신궁의 교토 타키기노이다. 즉, 현재 전국적으로 200건이 넘는 다키기노는 고후쿠지의 다키기노를 제외하고는 전부 1950년 이후에 생긴 것이고 또 그 대부분은 최근 20년 사이에 시작된 것이다. 요컨대 가마쿠라시대 이후 1950년까지 다키기노는 곧 고후쿠지의 다키키기노였던 것이다. 문제는 오늘날 그러한 경위가 잘 알려지지 않은 채 고후쿠지의 다키기노를 그저 여러 다키기노의 하나로 생각한다는 점이다. 단지 오래된 것이 위대하다고 말할 생각은 추호도 없다. 하지만 그 유서나 성격을 비교해 보면 고후쿠지의 다키기노는 여타의 다키기노와는 비교 자체가 우스울 정도로 격을 달리하는 것이다. 그렇게 이질적인 두 개가 '다키기노'라고 하는 명칭으로 같이 취급되고 있는 것이 현대 일본의 문화적 상황이다. 이 점에 대해서는 목소리를 좀 높여 강조해 두고 싶다.

한편, 진지노로서 고후쿠지의 다키기노와 비견되는 것이 전통의 '가스가 와카미야제'이다. 이 행사는 고후쿠지 다키기노와 마찬가지로 야마토 사루가쿠 4좌가 참가 의무를 지고 있었던 의례로, 고후쿠지 다키기노와 달리 중도에 중단된 적도 없고 또 다키기노처럼 큰 변화도 겪지 않은 채 현대에 이르고 있다. 제례 자체는 헤이안시대 1136년에 시행되었는데, 덴가쿠田楽나 노의 전신인 사루가쿠의 놀이패들이 시행 초기부터 참여해 덴가쿠놀이 및 사루가쿠놀이(연극으로서의 '노'가 아닌 가무나 곡예)를 선보였다. 그런데 이 와카미야제의 주요 예능은 덴가쿠놀이였다. '노'라는 연극이 태어난 이후에도 제례 전날 도야방頭屋坊[8]에서 거행되는 「쇼조쿠다바리[9]노 노装束賜りの能」나, 다음 날 연회 때 보여주는 노가 모두 덴가쿠에 의한 덴가쿠노田楽能(사루가쿠노와 같은 것)였다. 이 중 「쇼조쿠다바리노 노」는 메이지유신을 맞이하기까지 덴가쿠 놀이패가 연기했는데, 「고엔노 노後宴の能」는 무로마치시대 초기부터 제아미 등의 사루가쿠 배우들에 의한 사루가쿠노로 교체되었다. 메이지유신 이후에는 「쇼조쿠다바리노 노」가 중단되었으나 전체적으로는 다키기노에 비견될 정도의 큰 변화 없이 현재에 이르고 있다. 오늘날까지의 변천사를 정리해 보면 다음과 같다.

8　도야(頭屋)란 신사 등에서 행하는 제례 혹은 의례 행사에서 중심적인 역할을 담당하는 사람 혹은 집안을 뜻한다.

9　제례에 참가하는 사람들에게 의상과 임명서 등을 수여하는 의식.

① 헤이안시대(1136)~남북조시대

9월 16일: 쇼조쿠다바리노 노 (덴가쿠)

9월 17일: 마쓰노 시타松の下[10], 오타비쇼お旅所[11] 앞에서 예능 상연

9월 18일: 고지쓰노 노後日の能 (덴가쿠)

② 무로마치시대~에도시대

11월 26일: 쇼조쿠다바리노 노 (덴가쿠)

11월 27일: 마쓰노 시타, 오타비쇼 앞에서 예능 상연

11월 28일: 고지쓰노 노 (덴가쿠→ 사루가쿠)

③ 메이지시대~현재

12월 17일: 마쓰노 시타, 오타비쇼 앞에서 예능 상연

12월 18일: 고엔노 노後宴の能[12]

중세의 권진노

'권진勸進'이란 말은 신불에 대한 결연을 목적으로 하는 종교적 기부 행위를 의미하는 용어로, 신사 불각의 건설 혹은 수복에 드는 비용을 희사喜捨하는 것을 말한다. 거기에는 순수한 기부 형태가 있는가 하면 노나

---

10 '마쓰노 시타(松の下)'는 와카미야제에서 거행되는 의례의 하나로 '영향송(影向の松)' 아래에서 다양한 예능이 펼쳐진 탓에 붙여진 이름. 이 '영향송'은 가스가대명신(春日大明神)이 이곳에 강림하여 할아버지 신(翁)의 형상을 하고 춤을 추었다는 전설이 전하는 유서 깊은 소나무로, 일설에는 노가쿠도 정면에 그려진 소나무의 모델이 바로 이곳 소나무라고 전한다.

11 신사 제례 때 신이 머문 가마(神輿)가 본궁을 나와 임시로 머무는 거처.

12 '고지쓰노 노'와 같음. '고엔노 노'라는 용어는 메이지시대 이후 생겼다.

스모처럼 인기 있는—많은 관중을 모을 수 있는— 예능을 흥행시키고 그 입장료를 정재淨財로서 기부하는 형태가 있다. 이러한 권진 행위로서 노나 교겐을 상연하는 것이 바로 '권진노'이다.

권진노는 1339년 기슈紀州[13]의 젠린지禪林寺에서 거행된 것이 가장 오래되었고, 이후 무로마치시대부터 에도 말기까지 오랜 세월에 걸쳐 존속했던 흥행 시스템이다. 그 사이 교토, 오사카, 에도(동경)를 비롯한 각지에서 수많은 권진노가 개최되었는데 그 실태에 대해서는 아직까지 충분히 밝혀지지 않았다. 그중 에도 막부 개설 이전의 중세 권진노의 모습은 노세 아사지能勢朝次의 『노가쿠원류고能楽源流考』(1938년, 岩波書店)에 의해 전체적인 조망이 가능해졌다. 이하 교토에서 개최된 권진노를 통해 중세 권진노의 실태를 살펴보도록 하자.

아래에 기재한 사항은 권진노가 열린 장소와 배우들을 기본으로 하고 행사의 목적을 알 수 있는 경우는 【시조교四条橋 권진】, 【기온사祇園社 권진】과 같이 병기해 두었다. 【3일】, 【4일】이라고 표시한 것은 행사 개최 일수인데, 아래 일람을 보면 15세기 말을 경계로 권진노의 개최 일수가 3일에서 5일로 늘어난 것을 알 수 있다.

1339년   기슈의 젠린지, 참가 좌 불명.

1349년   시조 가와라四条河原[14], 덴가쿠 신좌新座·본좌本座 【시조교 권진】

1352~55년   장소 불명, 덴가쿠 좌 【기온사 권진】

1364년   야쿠오지薬王寺, 야마토大和 사루가쿠 【2일?】

---

13 지금의 와카야마현(和歌山県) 일대와 미에현(三重県) 일부 지역.

14 가와라(河原)는 강가에 면한 평지라는 의미인데 일본의 중·근세 시대에는 이러한 강변 공터가 다양한 예능의 흥행 장소로 활용되었다.

1380년	아야노코지 가와라綾小路河原, 오미近江 사루가쿠[15] 히에 좌比叡座의 이누오犬王(도아미道阿弥)
1383년	다카쿠라 지장당高倉地藏堂, 참가 좌 불명
1399년	이치조다케가하나一条竹ヶ鼻, 제아미 【3일】
1412년	레이제 가와라冷泉河原, 덴가쿠 신좌의 조아미增阿弥
1413년	오이노미카도 가와라大炊御門河原, 덴가쿠 신좌의 조아미 【기다린祈陀林 권진】【3일】
1414년	장소 불명, 덴가쿠 신좌의 조아미 【3일】
1415년	가모가와 가와라加茂川河原, 덴가쿠 신좌의 조아미 【3일】
1416년	장소 불명, 덴가쿠 신좌의 조아미 【3일】
1417년	장소 불명, 덴가쿠 신좌의 조아미 【3일】
1418년	장소 불명, 덴가쿠 신좌의 조아미 【홋쇼지法勝寺 오대당五大堂 권진】【3일】
1419년	장소 불명, 덴가쿠 신좌의 조아미 【육각당六角堂 권진】【3일】
1420년	장소 불명, 덴가쿠 신좌의 조아미 【가와라인河原院 권진】【3일】
1421년	가모가와 가와라, 덴가쿠 신좌의 조아미【기온사 대정소大政所 권진】【3일】
1422년	오이노미카도 가와라, 참가 좌 불명
1424년	로쿠조六条 거리, 오쿠라 다유大藏大夫[16]
1424년	하치조보몬호리카와八条坊門堀川 강변, 곤파루 다유 야

---

15 오미 지역을 기반으로 한 사루가쿠 집단. 오미는 지금의 시가현(滋賀県) 비와호수 주변의 지역.

16 다유(大夫)란 한 좌를 인솔하는 동량이좌 가독.

사부로弥三郎【3일】

1427년 이나리稲荷 근방, 간제 사부로 모토시게観世三郎 元重 (옹
아미音阿弥)

1432년 도바鳥羽, 시코쿠西国의 여사루가쿠女猿楽【2일?】

1433년 다다스 가와라糺河原, 간제 사부로 모토시게 (옹아미)
【기온사 권진】【3일】

1436년 가쓰라 가와라桂河原, 여사루가쿠

1443년 데이지노인亭子院, 간제 다유 마사모리政盛【3일】

1443년 산조 가와라三条河原, 셋쓰摂津[17] 사루가쿠 이쿠마生熊 다유

1443년 쓰치미카도 가와라土御門河原, 간제 다유 마사모리【3일】

1444년 산조 가와라, 간제 다유 마사모리【3일】

1450년 로쿠도친노지六道珍皇寺, 쇼몬지唱聞師[18] 고이누子犬 다유

1458년 사가嵯峨, 곤파루 다유 우지노부氏信 (젠치쿠禅竹)

1458년 사가 석가당釋迦堂, 간제 다유 모토시게 (옹아미)【4일】

1464년 다다스 가와라, 간제 다유 마사모리【구라마데라鞍馬寺
권진】【3일】

1466년 하치조호리카와八条堀川, 에치젠越前의 여사루가쿠

1466년 도조 가와라道場河原, 단바丹波[19]의 야쓰코八子 다유

1466년 장소 불명, 곤파루 다유 모토우지元氏 (소인宗筠)

1466년 가쓰라桂, 곤파루 다유 모토우지 (소인)

1474년 하치만八幡, 참가 좌 불명

---

17 지금의 오사카 일부와 효고현(兵庫県)의 일부 지역.

18 일본 중세시대(12~16세기 경)에 존재했던 예능인 집단으로, 음양사(陰陽師) 문화를 원류로 하는 독
경, 점복, 가무 등의 주술적 예능 및 예축(予祝) 예능을 행했다.

19 지금의 교토 일부와 효고현(兵庫県)의 일부 지역.

1475년	가모賀茂, 호쇼 다유 【4일】
1478년	기요미즈데라清水寺, 간제 다유 유키시게之重
1478년	세간지誓願寺, 간제 다유 유키시게 【3일】
1480년	고도키타革堂北, 슌니치春日 다유
1480년	시모교下京, 참가 좌 불명
1483년	장소 불명, 참가 좌 불명
1485년	고조 보몬히가시토인五条坊門東洞院, 오미 모리야마近江守山의 소년 사루가쿠
1485년	미부壬生, 참가 좌 불명
1489년	고조 히가시토인五条東洞院, 데사루가쿠手猿楽[20] 나카니시 로쿠로中西六郎
1489년	고조 히가시토인, 셋쓰 사루가쿠의 슌도春藤 다유
1490년	센본 염라당千本 閻羅堂, 셋쓰 사루가쿠의 슌도 다유
1490년	시조 아부라코지四条油小路, 곤고 다유
1493년	시모교, 간제 다유 유키시게 【아타고사愛宕社 권진】
1494년	장소 불명, 곤파루 다유 모토야스元安 (젠포禪鳳) 【우지뵤도인宇治平等院 권진】
1494년	장소 불명, 셋쓰 사루가쿠의 슌도 다유
1494년	장소 불명, 셋쓰 사루가쿠의 스이타吹田 다유
1495년	구루스노栗栖野, 곤파루 다유 모토야스 (젠포)
1495년	장소 불명, 참가 좌 불명
1496년	고하타木幡, 오쿠라 다유
1496년	장소 불명, 간제 다유 유키시게 【센뉴지泉涌寺 권진】

---

20 아마추어, 혹은 타 예능 출신이 연기하는 노, 혹은 그러한 집단.

1496년	장소 불명, 간제 다유 유키시게 【이치조도조一条道場 권진】
1496년	니시시치조西七条, 여사루가쿠
1497년	홋쇼지法性寺, 곤파루 다유 모토야스 (젠포)
1497년	시모코마下狛, 여사루가쿠
1497년	장소 불명, 참가 좌 불명
1498년	장소 불명, 간제 다유 유키시게【고도革堂 권진】
1498년	장소 불명, 참가 좌 불명
1500년	장소 불명, 참가 좌 불명
1501년	이마구마노今熊野, 곤파루 다유 모토야스 (젠포) 【4일】
1502년	하나야마花山 주변, 참가 좌 불명
1505년	시조 쿠시게四条クシゲ, 곤파루 다유 모토야스 (젠포)
1505년	기온, 곤파루 다유 모토야스 (젠포)
1505년	아와타구치粟田口, 곤파루 다유 모토야스 (젠포) 【4일】
1508년	장소 불명, 간제 다유 모토히로元広 (도켄道見)
1510년	시모교, 간제 다유 모토히로 (도켄) 【4일】
1514년	신쿠로다니新黒谷, 간제 다유 모토히로 (도켄)
1517년	가스가도리春日通, 셋쓰 사루가쿠의 슌도 다유
1517년	장소 불명, 데사루가쿠 미야 치요宮千代
1517년	가미교上京, 소년 사루가쿠
1518년	홋케지法華寺, 여사루가쿠
1519년	시조 가라스마루四条烏丸 주변, 간제 다유 모토히로 (도켄)
1519년	기온린祇園林, 간제 다유 모토히로 (도켄) 【기온사 회랑 권진】
1521년	야사카八坂, 단바丹波 사루가쿠의 메이오命王 다유
1522년	고노에자카近衛坂, 간제 다유 모토히로 (도켄)
1522년	히가시토인, 곤파루 다유 우지아키氏照 (소즈이宗瑞)

1523년	요시다야마吉田山 주변, 곤고 다유【신뇨도真如堂 권진】
1526년	지온지니시知恩寺西, 데사루가쿠 시부야渋屋 다유
1529년	오미야大宮, 단바 사루가쿠의 메이오 다유
1530년	쇼쇼노이니시少将井西, 데사루가쿠 야나기모토柳本 다유
1530년	고조 다마즈쿠리五条玉造, 간제 다유 모토타다元忠 (소세쓰宗節)【5일】
1530년	니시시치조西七条, 여사루가쿠
1530년	산조三条 주변, 참가 좌 불명
1532년	니조도노二条殿, 단바 사루가쿠의 우메와카梅若 다유
1534년	시조 히가시토인, 오미近江의 소년 사루가쿠
1536년	장소 불명, 참가 좌 불명
1538년	시조 히가시토인, 단바 사루가쿠의 우메와카 다유
1540년	니시진시바후西陳芝 야쿠시薬師 주변, 간제 다유 모토타다 (소세쓰)【4일】
1545년	고료샤御霊社 오타비쇼御旅所, 소년 사루가쿠
1545년	쇼코쿠지相国寺 이시바시하치만石橋八幡, 간제 다유 모토타다 (소세쓰)【4일】
1545년	장소 불명, 참가 좌 불명【이마미야샤今宮社 권진】
1550년	장소 불명, 참가 좌 불명,【기온사 권진】
1552년	이세가미바바伊勢守馬場, 간제 다유 모토타다 (소세쓰)
1553년	니조 가라스마루, 요도淀의 소년 사루가쿠
1554년	니조, 참가 좌 불명
1559년	장소 불명, 곤파루 다유 요시카쓰喜勝 (규렌発蓮)
1560년	육각당六角堂, 참가 좌 불명
1564년	쇼코쿠지, 간제 다유 모토나오元尚, 모토타다 (소세쓰)

부자 【4일】

1580년	장소 불명, 데사루가쿠 호리케 야지로堀池弥二郎
1583년	가미고료샤上御霊社 오타비쇼. 단바 사루가쿠의 우메와카 다유
1590년	호코지方広寺, 단바 사루가쿠의 우메와카 다유
1590년	시모고료샤下御霊社, 여사루가쿠

　이상의 권진노 일람은 교토 상연에 한정한 것이지만 이 밖에도 교토 주변의 오미近江, 오사카大坂, 사카이堺, 나라 등에서 개최된 권진노가 30건 정도 알려져 있다. 물론 이것들은 어쩌다 기록에 남겨진 것일 뿐이고 권진노 상연 수는 이 수배에 달할 것이라 추정된다. 게다가 권진노는 '권진' 이라는 상연 목적으로 볼 때 광대한 장소에 많은 관객을 동원할 필요가 있었다. 중세 권진노의 경우 하나의 상연 장소에 얼마만큼의 관객이 모였는지를 구체적으로 보여주는 자료는 없으나, 에도시대에는 하루 3,000명에서 7,000명 정도의 관객이 동원된 사실이 알려져 있다. 권진노의 규모에 따라 관객 수가 달라지겠지만 중세 권진노도 이에 준하는 관객을 동원했을 것이라 봐도 좋을 것이다. 1349년 시조 가와라에서 덴가쿠 본좌와 신좌에 의해 개최된 권진노는 3~4층 높이의 83간間 짜리 객석(상등석)이 마련된 가운데 당대의 최고 권력자 아시카가 다카우지足利尊氏나 니조 요시모토二条良基가 관람한 대규모 행사였는데, 이날 수많은 관객이 흥분한 나머지 객석이 붕괴되어 100여 명에 이르는 사망자를 냈다고 전한다(『다이헤키太平記』, 『모로모리키師守記』[21]). 물론 이것은 규

21　일본 남북조시대의 귀족 나카하라 모로모리(中原師守)가 남긴 일기. 현재 전 64권, 1339~1374년의 기록이 남아 있음.

모가 가장 큰 권진노의 사례이긴 하다. 하지만 현재 노가쿠도의 수용 인원이 500명 정도인 것과 비교하면, 같은 노 공연이라도 현대와 에도시대 이전과는 흥행의 형태나 규모 면에서 이렇게 큰 차이가 있었다는 데에 놀라지 않을 수 없다. 그것은 당연히 현대와 에도시대 이전 간에 노의 감상 형태나 연극으로서의 질에 차이가 있었던 것과 관련이 있을 터이다.

어쨌든 이렇게 보면 권진노는 흥행의 규모 면에서 필자가 분류한 네 개의 공간―진지노, 권진노, 사적 무대, 공연―중에서도 단연 여타의 흥행 공간을 압도한다. 중세 권진노에 대해서는 이외에도 무로마치 초기까지는 덴가쿠좌에 의한 흥행이 많았다는 것, 야마토 사루가쿠에서는 간제좌와 곤파루좌가 많았고 곤고좌와 호쇼좌 흥행이 거의 없었다는 것, 또 야마토 사루가쿠 이외에도 단바 사루가쿠나 셋쓰 사루가쿠에 의한 흥행이 있었고, 데사루가쿠라 불리던 아마추어 출신의 전업 연기자 집단, 그리고 여자 배우들에 의한 흥행도 꽤 많았다는 사실 등 지적해 두어야 할 사항이 적지 않다. 이들에 대해서는 다른 지면을 빌어 이야기하기로 하고 여기서는 일단 흥행의 규모만을 강조해 두기로 한다.

에도시대의 권진노

에도시대 권진노의 전체상에 대해서는 아직 충분히 파악되지 않았다. 그것은 중세 권진노 대부분이 기내畿內에서 이루어진 것에 비해, 근세에는 에도는 물론 지방 도시까지 권진노가 확대되었기 때문이다. 교토, 오사카, 에도 3대 도시의 권진노에 대해서는 그 실태가 어느 정도 파악되어 있으나 그 이외 도시에 대해서는 거의 손이 닿지 않은 것이 현재의 연구 현황이다. 에도시대 권진노가 여러 지방 도시로 퍼져나간 것은 무엇보다 그때까지 기내를 중심으로 이루어졌던 노가쿠 애호가 전국적 현상으로 확산되었음을 의미하기도 한다. 여기서 에도시대 권진노 전체를 소개하는 것은 무리이므로 두세 가지 사례만을 들어 소개해 보기로 한다.

우선 도쿠가와 막부의 본거지였던 에도 권진노의 흥행 상황을 소개하겠다. 막부 개설 당시 에도에서는 『게이초 견문집慶長見聞集』에 "에도가 번성하자 권진노가 매월 매일 거르는 법이 없다."라고 나와 있는 것처럼 권진노가 빈번하게 열린 것 같다. 그 구체적 상황에 대해서는 더 이상 명확한 기술이 없으나, 이후 에도 권진노의 자유로운 흥행에 커다란 제약이 가해지기 시작한 것으로 추정된다. 현재 알려져 있는 에도 흥행은 다음과 같이 모두 에도막부가 고용하고 있는 다섯 좌(간제, 호쇼, 곤파루, 곤고, 기타)의 다유가 주도한 것으로, 평균 잡아 15년에 1회 간격으로 개최되고 있기 때문이다(다음 내용은 『이와나미 강좌 노·교겐 I -노가쿠의 역사』에 소개된 내용을 정리한 것으로, 기술 방식은 앞의 중세 교토에서의 권진노 흥행과 같다).

1607년	에도 성내, 간제 다유 다다치카身愛, 곤파루 다유 야스테루安照【4일】
1620년	오나리하시 문御成橋門 밖, 기타 시치喜多七 다유 오사요시長能【4일】
1621년	오나리하시 문 밖, 간제 다유 시게나리重成【4일】
1628년	아사쿠사浅草, 곤파루 다유 시치로 시게카쓰七郎重勝【4일】
1629년	아사쿠사, 기타 시치 다유 오사요시【5일】
1630년	아사쿠사, 곤고 다유 우쿄 요리카쓰右京頼勝【4일】
1631년	아사쿠사, 호쇼 다유 구로 시게후사九郎重房【4일】

　　　　　　　※ 적자嫡子 시게토모重友의 대리 출연

1656년　　　간다바시神田橋 문 밖, 간제 다유 시게키요重淸 【4일】

1663년　　　핫초보리八丁堀, 호쇼 다유 구로 시게토모九郞重友 【4일】

1665년　　　혼조本所, 곤파루 다유 하치로 모토노부八朗元信 【4일】

1667년　　　혼조, 곤고 다유 우쿄 요리스케右京頼祐 【4일】

1676년　　　뎃포즈鉄砲州, 호쇼 다유 쇼겐将監 【4일】

1687년　　　혼조, 호쇼 다유 구로 도모하루九郞友春 【4일】

1750년　　　스지카이바시筋違橋 문 밖, 간제 다유 모토아키라元章
　　　　　　　【15일】

1816년　　　사이와이바시幸橋 문 밖, 간제 다유 기요모토淸賜 【15일】
　　　　　　　※ 1817년에 종료

1831년　　　사이와이바시 문 밖, 간제 다유 기요나가淸長 【25일】

1848년　　　스지카이바시 문 밖, 호쇼다유 도모유키友于 【15일】

　이상으로, 무로마치 전기에 3일이었던 흥행 일수가 무로마치 후기 무렵부터 4일로 늘어나고 에도 후기가 되면 15일이나 25일까지 흥행된 경우도 있었음을 확인할 수 있을 것이다. 이를 보면 흥행 일수가 4일에서 갑자기 15일로 늘어난 것처럼 보이지만, 이것은 에도의 경우가 그렇다는 것이고 뒤에 소개할 오사카의 경우는 4일 → 5일 → 6일로 단계적으로 늘어난 것을 알 수 있다(에도 이외의 도시에서는 최대 흥행 일수가 6일이었다).

　위 일람에서도 알 수 있듯이 현재 알려져 있는 에도의 권진노는 모두 다섯 좌의 다유가 주최한 것이고, 게다가 한 사람이 두 번 이상 참여한 예가 없다는 두드러진 경향이 보인다. 즉, 에도에서의 권진노는 막부가 고용하고 있는 배우 집단에만 허용된 특권적 흥행이라는 것인데, 여기에는 에도라고 하는 도시의 성격이 분명하게 나타나 있다고 볼 수 있

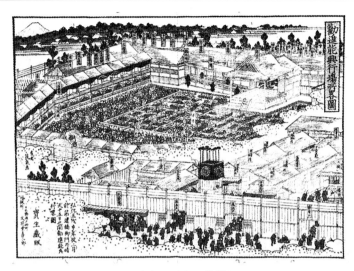

고카弘化22 권진노도勧進能図

다. 이에 비해 에도시대 교토나 오사카에서 권진노를 주최한 연기자 집
단은 다채롭고 그 숫자도 훨씬 많다. 예를 들어 오사카에서는 1674년에
서부터 에도막부 말까지 막부 고용 연기자 중 5좌의 다유 이외에도 와
키카타, 교겐카타, 하야시카타 연기자들이 정기적으로 오사카에 내려가
오사카와 교토 연기자들의 후원을 받으며 시중에서 5~6일 동안의 권진
노를 개최하고 있다. 그 횟수는 170여 년 동안 70회를 상회한다. 연기자
들에게는 오사카 권진노 흥행이 커다란 수입원으로 작용하였을 것인데,
이 역시 막부가 5좌의 다유 이외의 연기자들에게 부여한 특권이라 사료
된다. 이상이 에도시대 권진노의 개략적 상황이다.

---

22 연호. 1844~1847년.

한편, 같은 권진노라 하더라도 에도시대 권진노는 중세의 그것과는 근본적으로 성격이 다르다는 사실을 언급해 두고 싶다. 앞서 보인 에도의 권진노 일람표를 다시 한 번 보자. 이 일람표와 앞서 소개한 중세 교토의 권진노 일람표 사이에 커다란 차이를 발견할 수 있는데, 그것은 다름 아닌 중세 권진노 일람에는 【기온사 권진】이라든지 【구라마데라 권진】 같이 그 흥행 목적이 표시되어 있다는 점이다. 흥행 목적이 표시되지 않은 사례도 많지만 그것은 목적이 판명되지 않아서일 뿐 거의 대부분의 경우에는 흥행 목적이 있었을 것이고, 권진노를 표방하는 이상 그것은 당연한 일이다.

그에 비해 에도시대 에도의 권진 흥행 일람에는 그 목적이 표시되어 있는 경우가 하나도 없다. 이것은 그 목적, 즉 권진의 목적이 판명되지 않아서가 아니라 권진이라는 간판을 내세우면서도 애초에 흥행 목적이 권진(기부, 희사)이 아니었기 때문이다. 그렇다면 무엇이 목적이었는가 하면 요컨대 수익을 목적으로 한 흥행이었다. 신불에 대한 결연이라는, 신앙을 기반으로 한 권진노는 이렇게 에도시대가 되면서 그 성격이 근본적으로 변화하게 된다. 이 시기 오사카에서 5좌의 다유 이외에 막부 고용 연기자들에 의한 권진노가 70회 이상이나 개최되었다는 것은 권진노의 변질을 상징하는 사건일 터이다. 그러한 흥행은 입장료를 지불하면 누구나 감상할 수 있다는 점에서 현대의 '공연'과 아무런 차이가 없었다. 이러한 점에 착안하면 '공연'이라는 현대 노가쿠의 흥행 형태는 메이지유신 이후에 갑자기 생겨난 것이 아니라 실질적으로는 에도시대 때 시작된 것이라 할 수 있다.

마지막으로 에도 권진노에 있어서 노와 교겐이 어떻게 감상되고 있었는지 간단히 소개하고자 한다. 여기에 소개하는 자료는 1848년 호쇼 다유가 에도 성의 스지카이바시 문 밖에서 개최한 15일간의 권진노로,

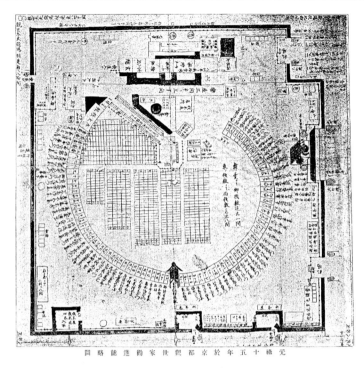

圖 略 能 進 勸 家 世 興 都 京 於 年 五 十 祿 元

1702년 기타노北野 권진노도

이틀째 공연을 실제로 구경한 히라노 도모사다平野知貞라는 오와리尾張 지
역의 무사가 『권진노 견문기勸進能見聞記』에 기록한 내용이다(이 책은 와세
다대학 연극박물관이 소장하고 있는 것으로, 『노가쿠能楽』 1908년 1월호에 전문이
게재되었다).

  히라노가 구경한 둘째 날의 권진노에는 4,800명 정도의 입장객이 들
었는데 이러한 대규모 관중을 수용한 장내는 노를 여유롭게 감상할 수
있는 분위기와는 사뭇 거리가 멀었던 모양이다. "장내의 소란스런 분위
기는 말할 것도 없고 한결같이 왁자지껄 떠드는 통에 무대 위에서 무엇

을 말하는지 알아들을 수가 없었다. 무대 위 다유를 위시해 험담을 하고 잡담을 늘어놓는 등 관리인과 구경꾼들이 말도 안 되는 소리를 떠들어 댄다. 저마다 대혼잡을 이루는 것은 물론이고 서로 욕하고 비난하는 말"로 인해 시종일관 소란스러운 분위기에서 노·교겐이 상연된 것을 알 수 있다. 여기서 말한 '험담과 잡담'의 극히 일부 내용을 소개하면 다음과 같다.

옷차림 등에 대해 손가락질을 하며 험담하기

"이봐 줄무늬 입은 사무라이, 거 머리 크네.", "승마 바지馬乘袴 입은 양반, 상투가 너무 커.", "모직 하오리²³ 걸친 영감님, 머리가 너무 커요. 옷을 좀 작게 맞추면 좋았을 걸." (중략) "곤색 무지 옷 입은 형씨 뭘 그리 허둥대요?", "스님, 화상和尚님 옷도 같이 맞춰 입으셨네. 어라, 미치유키道行²⁴ 같은데!" "모모히키股引²⁵ 입은 오야붕 어서 앉지 못해?", "뱀눈 아저씨 머리 때문에 안 보여. 어서 납작 엎드려." (하략)

여자들 놀리기

부인들이 출입하거나 할 때에는 아무리 재미있는 노·교겐을 하더라도 무대는 볼 생각도 않고 마구 소리를 질러댄다. 때로는 처음 몇 사람이 소란을 피우다가 그대로 잠잠해지는 때도 있다. 또 반대로 점점 소란스러워지는 경우도 있는데, 하여간 여자들이 지나다니기가 심히 어렵다. 뛰어 나가면 일부러 그런다고 놀려대고 또 조용히 걸으면 얌전떤다고 놀려댄다.

---

23 일본 옷 위에 걸치는 짧은 겉옷.
24 일본 전통 복장 중 외투의 일종.
25 일본 옷의 바지. 에도시대 때 수공업, 농사일 등에 입는 작업복으로 널리 쓰였다.

상궁마님 험담하기

"얼굴에 떡칠한 여자", "환쟁이가 울고 가겠네.", "지갑 든 아줌마 이
와후지岩藤26 님이신가요? 처음 뵙겠습니다.", "하품하다 분칠 벗겨지
니 얼굴이 금 간 도자기 같다.", "삶은 표고버섯", "키 큰 언니 궁뎅이가
커요."

기타 험담

"어이 야한 언니.", "검정 망둥이", "할머니 기생", "젊은 아줌마", "주
름 자글자글한 아가씨", "이빨 누런 선생님", "뒷골목 창녀", "눈 쳐진
사모님", "돈 주고 옷 빌려 입은 놈", "폭삭 삭은 누나"

이런 식이었다. 관객석은 무대와 가장 가까운 곳이 중등석, 그 뒤쪽
이 하등석, 그리고 그 뒤쪽이 상등석(사지키栈敷)으로 나뉘어져 있는데,
이런 상태로 노·교겐의 감상이 제대로 이루어지기나 했을까? 다음 소개
하는 내용도 같은 책에 실린 내용의 일부이다.

구경꾼들의 감상

목　　　수: 어라 어라 그림에 나오던 게 저거야? (오키나마이翁舞를
　　　　　　 보고)
젊　은　이: 노, 노 하도 그래서 한번 보자고 와 봤는데 재미고 뭐고 없
　　　　　　 잖아.
집　주　인: 노라는 게 어차피 옛날에 만든 거라.
시골 부자: 그렇지요. 영주님들이란 느긋한 분들이라 저런 걸 좋다고

---

26 조루리(浄瑠璃) 《가가미야마코쿄노니시키에(加賀見山旧錦絵)》에 나오는 악녀.

보고 계셨던 모양인데, 어이구 영주님 되고 싶은 마음은 없네요.

도　비[27]: 에이 사람을 바보로 아나. 나무 인형 던져 둔 것같이 멀뚱히 앉아만 있네. 또 멀뚱히 서서 허리도 안 구부리고 머리도 안 숙이고.

도　비: 어 저거 봐 뭔가 받잖아. 저 봐, 받고도 아무 인사도 않고. 멍청한 중놈에다 생각 없는 놈이야.

도　비: 저 놈 머리가 안 굽혀지나? 왜 몸부터 돌아가?

　이것은 이튿날 첫머리에 상연된 《오키나翁》와 《유미야와타弓矢幡》를 본 객석의 반응이다. '뭔가 받는다'는 것은 《유미야와타》 전장前場에서 고라 신高良神(이시기요미즈신사石清水神社의 말사末社)의 화신인 시테가 와키 역인 고우다後宇多 천황의 신하에게 주머니에 든 활과 화살(천하태평의 상징)을 건네며 태평성대를 축복하는 장면이다. 이 시점에서 시테는 평범한 노인으로 설정되어 있기 때문에 천황의 신하가 예를 표하지 않은 것이다. "받고도 아무 인사도 않네."라고 하는 건 바로 이 장면을 두고 한 말이다.

　막부 말 권진노에 대한 관객의 이런 반응을 접하고 생각나는 것은, 그것이 현대 일반인들이 노를 보고 보이는 반응과 별반 다르지 않다는 점이다. 노라는 존재는 알고 있으나 그것을 볼 기회는 거의 없었던, 또 어쩌다 볼 기회가 생겨도 그것을 어떻게 이해해야 할지 곤혹스러워하는 사람들. 한마디로 노를 보며 지루해 죽을 것 같던 경험 말이다. 게다가

---

27 에도시대 높은 곳에서 일하는 인부. 현대에는 고층빌딩의 유리창 청소를 하는 사람을 가리키는 용어로도 쓰임.

'저런 걸 좋다고 보고 계시는' 사람들은 현대에도 있다. 아는 사람은 안다. 그러나 일반성이란 측면에서 전혀 말이 되지 않는 것이 현대의 노라고 한다면, 그러한 상황은 이미 에도시대 때부터 있었던 것이다. 그렇다면 이러한 상황이 언제 생겨났을까? 그것은 현대극이었던 노가쿠가 언제부터 고전극이 되었는가를 가늠하는 지표가 될 것이다. 유감스럽게도 이 같은 관객의 반응을 극명하게 전하고 있는 자료는 에도시대 이전에는 거의 알려진 바가 없다. 그러나 가부키나 닌교조루리가 출현한 에도시대 초기에 노는 이미 현대극의 자리에서 내려와 있었고 '저런 걸 좋다고 보고 계시는' 일부 사람들을 제외하면 고가弘化의 권진노를 구경하던 시골 부자나 인부들과 똑같은 반응을 보이는 사람들이 대다수를 차지했을 것이다.

이상은 어디까지나 막부 말의 권진노를 보던 객석의 광경을 살펴본 것이다. 그런데 여기에 소개한 그 소란스런 분위기는 이 시기 권진노에서만 볼 수 있는 것이 아니라, 아마도 그 이전의 무로마치시대를 포함한 모든 권진노에 공통하는 현상이었을 것이라 짐작된다. 또 한마디 덧붙이자면 그것은 권진노뿐만이 아니라 이제부터 소개할 에도시대까지의 사적인 무대에도 해당된다. 눈도 깜짝하지 않고 숨죽이며 무대를 응시하는 오늘날의 노 감상법은 아마도 근대라는 시대의 산물이라 보아도 좋을 것이다.

노 상연 공간의 주류, 사적 무대

진지노와 권진노가 일반 서민을 포함한 많은 관객을 대상으로 하는 공개된 흥행인데 비해 이번에 소개할 '사적 무대'는 귀인이나 지인을 위

한 향응과 접대, 혹은 유력자가 스스로를 위안하기 위해 소수의 친한 사람들을 대상으로 마련한 폐쇄적인 흥행 공간이다. 따라서 관객 동원 면에서는 진지노나 권진노에 한참 못 미치지만 일상적으로 빈번하게 개최되었으므로 흥행 수 면에서는 앞의 두 경우를 압도한다. 그런 점에서 노와 교겐의 상연 공간으로서는 주류라 할 수도 있다. 이 사적 무대는 성격상 그 실태를 전하는 자료가 그다지 많지 않다. 필자는 이전에 도요토미 히데요시가 노가쿠를 애호한 이야기를 한 권의 책으로 정리한 적이 있는데(『노에 홀린 권력자-히데요시 노가쿠 애호기-能に憑かれた権力者—秀吉能楽愛好記—』, 講談社選書, 1997년), 거기에 소개한 히데요시와 노가쿠의 관계는 대부분이 사적인 무대와 관련된 내용이다. 그러나 자료가 전하는 것은 이들 사적 무대의 극히 일부에 지나지 않고 전체를 볼 수 있는 자료는 거의 없었다. 이처럼 사적인 무대는 노가 상연되어 온 장소 중에서도 그 실태를 파악하기 가장 힘든 공간인데, 여기서는 비교적 용이하게 그 전체상을 파악할 수 있는 근대 사례를 통해서 에도시대 이전의 사적 무대의 모습과 분위기를 상상해 보도록 하겠다.

다음에 소개하는 자료는 노무라野村 재벌의 창시자 노무라 도쿠시치野村德七(도쿠안德庵)가 1935년 교토 난젠지南禪寺 별채에서 개최한 노이다.

노무라 도쿠안은 1878년 오사카에서 태어났다. 메이지 말년부터 증권업계의 리더로 성장했고 다이쇼大正시대에는 노무라 재벌을 형성하였으며, 귀족원의 칙선 의원도 역임한 재계의 거목으로, 1945년 향년 68세의 일기로 타계했다. 도쿠안은 1933년 무렵부터 간제 사콘左近(24대, 1939년 몰), 간제 데쓰노조 가세쓰鉄之丞華雪(1959년 몰), 가타야마 히로미치片山博通(1963년 몰)에 사사하며 노와 우타이를 즐겨 온 애호가였다. 만년에는 1935년부터 1942년까지 교토와 오사카의 노가쿠도 등지에서 《오키나》와 노 14작품에서 시테를 연기했다. 그가 연기한 마지막 무대는

1942년 5월 17일, 오사카 노가쿠전能楽殿의 무대였다. 이때 노《유야熊野》와 전시하의 신작 노《충령忠霊》두 곡이 예정되어 있었는데,《유야》를 연기하던 중에 뇌경색으로 쓰러졌다. 비록 이 무대는 미완성으로 끝이 났지만 누구도 흉내 낼 수 없는 당당한 풍격을 보여준 무대였다고 한다. 여기에 소개할 내용은 노무라 도쿠안이 1935년 난젠지의 별장 벽운장壁雲莊에서 개최한 성대하고도 세심하게 공을 들인 개막무대의 정경이다.

이 무대는 원래 1928년 쇼와 천황의 즉위식 대례 때 구니노미야 구니히코久邇宮邦彦 왕 부처를 위한 숙사의 일부로 건설된 것이다. 1935년에 이 무대에서 노가 상연된 것은 토쿠안이 자신의 노를 이 무대에서 선보이고 싶었기 때문인데, 이것이 그에게는 첫 무대였다. 그때 상연된 작품은《오키나》,《쓰루가메鶴亀》,《하고로모羽衣》,《미다레乱》등의 노 4곡과 교겐《스에히로가리末広がり》였다. 도쿠안 자신은 이 중《오키나》와《쓰루가메》를 연기했다.

노무라 별저 벽운장의 무대도(노무라 도쿠안의《오키나》)

이런 무대는 대개 작품명 정도만 남아 있고 그 이상 자세한 내용은 알려져 있지 않은 경우가 많다. 하지만 이때는 다행히 도쿠안의 지인 이자 서양화가인 오타 키지로太田喜二郎가 당시의 상황을 방대한 에마키絵巻로 제작해 노무라 미술관에 남긴 덕에 상세한 내용을 알 수 있게 되었다. 에마키의 그림은 노무라 저택 불로문不老門에 설치된 접수처 주변의 광경에서 시작해 배가 떠 있는 연못 풍경을 지나 도쿠안이 연기하는 《오키나》무대로 이어지고 있다. 그림에 나타난 객석은 초대 손님으로 꽉 차 있다. 의자는 무대가 잘 보이도록, 또한 지면에 발이 닿지 않게 설치되었고 좌석 위에는 이미 기념품으로 나누어줄 쥘부채가 남녀별로 놓여 있어 무대 준비의 세심함이 엿보인다. 또한, 그날 상연되는 노 대본이 특별히 제작되어 접수처에서 참석자들에게 배포되었다. 에마키에는 도쿠안이 연기하는 《오키나》와 《오키나》의 일부인 《삼바소三番叟》, 《쓰루가메》, 그 뒤의 교겐 《스에히로가리》의 무대 정경이 담겨 있고, 교토 요리집에서 공수해 온 도시락도 보인다. 점심 식사가 시작된 모양인지 따로 마련된 텐트 아래에서 사람들이 식사를 하고 있다. 이런 온화한 풍경들이 그림 속에 담겨져 있는데, 그 다음 그림에는 이런 문장이 적혀 있다.

양산을 쓴다면 히가시야마東山, 꽃의 도읍 난젠지, 아름다운 양산을 부르네. 경치는 아름답고 사람도 아름답고 양산도 아름다워라. 도저히 그림에는 다 못 담겠네.

깊은 산 정취 어린 녹음 속에서 점심을 들고, 밖에서는 초여름 창공에 떠 있는 히가시야마의 그윽한 경치를 감상하며 산책을 하네.

노무라 별저 벽운장의 무대도(점심식사 풍경)

그 후 에마키는 점심 식사 후 상연된 노와 무용 등을 그리며 끝이 난다. 이때의 참가자는 약 400명 정도로 추정된다.

이상은 근대에 있었던 사적 무대를 일례로 든 것이지만 이런 취향과 분위기는 아마 무로마치시대나 에도시대가 거의 비슷하지 않았을까 추측된다. 여기서 또 한 사례, 에도시대 사적 무대의 일례를 소개해 보자.

다음은 오쿠라 도라아키라大藏虎明라는 교겐 연기자가 1660년에 저술한 『와란베쿠사わらんべ草』에 보이는 기록으로, 교겐《스미누리墨塗》와 관련해 도쿠가와 이에야스, 히데타다秀忠, 이에미쓰家光 쇼군 3대에 걸쳐 일어났던 유쾌한 일화이다. 원문을 소개하면 다음과 같다.

곤겐權現[28] 전하 시절 스루가駿河[29]에서 《스미누리》를 상연할 적에 하야시카타, 지우타이, 구경하는 사람들에게까지 먹물을 묻힌 적이 있었다. 다이도쿠인台德院[30] 전하 시절에도 쇼군님 어전에서 시치 다유七大夫

---

28 도쿠가와 이에야스에 대한 사후(死後) 존칭.
29 현재 시즈오카현의 중앙부.
30 2대 쇼군 도쿠가와 히데타다.

오이娚에게 내가 먹물을 묻힌 적이 있다. 다이유인大猷院[31] 전하가 천연 두를 앓으실 때 때때로 교겐을 감상하셨는데 내게 《스미누리》를 시키 시며 그 자리에 있던 대감들과 야규柳生[32] 님에게도 '먹물을 묻히라'고 하셨다. 이때 여인 역을 맡은 기사에몬喜佐衛門이 대감들에게 먹물을 묻 혔다.

여기서 잠깐 교겐《스미누리》의 내용을 소개하면 다음과 같다. 고향 으로 돌아가는 영주와 이별을 하게 된 교토의 애인이 연적에 담긴 물을 얼굴에 묻혀 거짓으로 우는 척을 하는데, 하인 다로카자太郎冠者가 이를 눈치채고 물과 먹물을 바꿔치기 해 놓는 바람에 거짓 연기가 들통이 난 다. 연극은 화가 난 여인이 영주와 다로카자에게 달려들어 먹물을 묻히 는 소동으로 끝이 난다. 위의 예문은 이 《스미누리》가 이에야스, 히데타 다, 이에미쓰 시절 쇼군 어전에서 상연되었을 때의 에피소드를 기록한 것인데, 여인 역의 배우가 다로카자와 영주에게 먹물을 묻힌 후 하야시 나 지우타이는 물론 구경중인 막부 각료들에게까지 먹물을 묻히고 다닌 일화를 전하는 내용이다. 참으로 유쾌하고 느긋한 분위기라 하지 않을 수 없는데, 아마도 사적 무대에서 상연된 《스미누리》의 경우 이런 일이 적지 않았을 것이다.

또한 사적 무대는 그것이 음식과 함께하는 모임이었다는 사실에도 주 의를 기울일 필요가 있다. 물론 앞서 소개한 진지노나 권진노도 음식이 나오고, 음식을 먹으면서 노를 감상하는 형태는 에도시대 이전 노 흥행 에 있어 다반사였다. 하지만 향응이나 접대를 목적으로 하는 사적 무대

---

31 3대 쇼군 도쿠가와 이에미쓰.

32 야규 무네노리(柳生宗矩)(1571~1646). 에도 초기 검객으로, 신음류(新陰流)의 달인이다.

는 애초에 식사가 주가 되고 노·교겐은 부수적인 경우도 있어 진지노나 권진노에 비해 음식의 비중이 훨씬 높았던 것이다. 무로마치 쇼군이나 도쿠가와 쇼군이 휘하 장수의 사저에 나가 향응을 받는 '오나리御成り' 등이 그 좋은 예라 할 수 있다. 제아미 예론서藝論書인『후시카덴風姿花伝』이나『가쿄花鏡』등에는 이 같은 연회석상에서 노를 연기할 때의 마음가짐과 쇼군으로부터 언제 우타이를 요청 받더라도 즉석에서 대응할 수 있는 준비자세가 연기자의 중요한 자질로 기록되어 있다.

이 같은 사적 무대에서는 노나 교겐의 감상이 항상 중심이 되지는 않았다. 그러나 그런 성격을 지닌 사적 무대가 무로마치시대와 에도시대까지 항례적으로 열리고 있었고 개최 수로는 진지노나 권진노를 압도했던 것이다.

공연의 특이성

제4장의 첫머리에서도 언급했지만 이제까지 소개해 온 진지노, 권진노, 사적 무대는 현대에는 거의 계승되지 못했다. 이것들을 대신해 등장한 것이 현대의 공연시스템이다. 이 공연시스템이 어떠한 성격의 것인지는 지금까지 설명한 진지노 등에 대한 내용을 통해 저절로 밝혀지지 않았나 싶지만, 여기서 다시 한 번 현대 공연의 특색을 정리해 보면 그것은 아마도 '평등성'과 '순수성'이 될 것이다.

먼저 평등성은 누구든 원한다면 그 행사에 참가할 수 있다는 것을 의미한다. 거기에는 신분이나 성별, 빈부의 제약이 없다. 이는 진지노나 권진노도 마찬가지였지만, 흥행장의 주류였던 사적 무대는 그러지 못했다. 1935년에 노무라 도쿠안이 개최한 노에는 400여 명의 사람들이 모였으나 그것은 모두 주최자로부터 초대받은 사람들이었다. 이에야스나 히데타다, 이에미쓰 쇼군의 어전에서 《스미누리》 상연 후 흥겨운 분위기를 누렸던 사람들도 마찬가지였다. 진지노나 권진노는 일상적으로 열린 흥행이 아니었으므로 에도시대 이전에는 원한다면 누구나 참가할 수 있는 흥행이 일상에서는 거의 없었다. 그에 비해 공연밖에 없는 현대에는 거의 대부분의 흥행이 누구나 참가할 수 있는 장이 된 것이다.

또 순수성이란 공연의 목적이 순수하게 노나 교겐의 감상에 있다는 것을 뜻한다. 사람들은 노가쿠도에 노나 교겐을 보러 가는 것이지 그 외 다른 목적이나 기대가 있는 게 아니다. 음식을 즐기면서 감상할 수 있는 공간은 전전까지는 있었으나 전후에는 사라져 버렸다. 식당을 갖춘 노가쿠도가 적지는 않으나 상연 시간이 짧아진 탓인지 이용도는 낮은 편이다. 덧붙여 말하자면 국립노가쿠도에도 훌륭한 식당이 있지만 현재 운영시간이나 메뉴가 극단적으로 한정되어 있는데다 음식 맛도 마치 학생식당 같다. 노를 관람한 후에 식사를 즐길 수 있는 환경이 갖춰져 있지 않은 것은 아쉬운 일이다. 또 순수성이라고 하면 물건 부딪치는 소리 하나 없이 무대를 응시하는 현대의 노 감상법을 언급하지 않을 수 없다. 거기에는 일찍이 진지노나 권진노, 사적 무대가 보여주었던 혼잡한 분위기도 없지만, 거기에 있던 느긋함 역시 사라졌다.

현재 노와 교겐이 상연되는 유일한 공간인 공연은 이처럼 평등성과 순수성이라는 두 개의 특징을 가지고 있다. 이 두 요소는 모두 에도시대 이전의 노·교겐의 감상 형태에는 희박했던 요소였다. 덧붙이자면 이 두 가지는 노·교겐의 감상뿐만 아니라 음악, 미술, 연극 등 현대 예술 전체가 공유하고 있는 성격이기도 하다. 음악 작품이나 미술 작품은 예술로서 그것만이 순수하게 독립되어 감상되고 있는데, 노나 교겐의 감상도 그 한 예가 되고 있는 것이다. 그 결과 특히 노는 다른 연극에서는 볼 수 없는 이상할 정도의 긴장감이 무대와 객석을 메우고 있다. 또 그로부터 다른 연극에서는 체험하기 힘든 독특한 감동이 생겨나기도 한다. 이 같이 노 고유의 것이라 여기기 쉬운 긴장된 분위기는 실은 노 고유의 것이 아닌 근대라는 시대의 산물인 것이다.

한편, 현대의 노 공연은 기본적으로 노가쿠도라는 노·교겐 전용 극장에서 상연되고 있는데, 이 노가쿠도 역시 근대의 산물이다. 이는 제2장에서 '노가쿠'라는 용어의 출현에 대해 기술할 때 잠시 언급한 내용이지만, 제7장 「노 무대의 변천」에서 다시 한 번 다룰 예정이다.

제5장

노를 연기해 온
조직과 그 변천

- 좌, 유파, 가문의 시점에서 -

'좌'의 행방

이번 제5장에서는 노와 교겐이 어떠한 조직에 의해 연행되었는지, 현재는 어떻게 상연되고 있는지에 대해 설명하기로 한다.

노를 상연하는 조직이라고 하면 많은 사람들이 간제좌, 곤파루좌 등 '좌'를 연상할 것이다. 강아미, 제아미의 간제좌, 혹은 곤파루 젠치쿠의 곤파루좌처럼 말이다. 그러나 다시금 우리의 일상생활을 돌아보면 간제좌나 곤파루좌라는 말을 접하는 경우는 없다. 그 대신 듣는 말이 간제류^{觀世流}나 곤파루류와 같은 단어이다. 이 간제류, 곤파루류는 간제좌, 곤파루좌와 같은 말일까? 아니면 다른 말일까? 같다면 문제될 게 없지만 만약 다른 말이라면 간제좌와 간제류는 어떻게 다른 것일까? 또 간제좌의 '좌'라는 말은 어떻게 된 것일까? 이런 것들이 문제시 되어야 할 것이다.

이 '좌'의 행방에 대해 결론부터 말하자면 현재 간제좌는 존재하지 않는다. 마찬가지로 곤파루좌도 존재하지 않는다. 덧붙이자면 일찍이 간제좌나 곤파루좌와 함께 존재했던 호쇼좌, 곤고좌, 기타좌도 현대에는 없다. 이들은 모두 에도시대 이전에는 존재했으나 도쿠가와 막부의 붕괴와 함께 소멸해 버렸다. 우리가 그런 말을 들을 수 없었던 것은 이들 좌가 존재하지 않기 때문이다. 그 대신 현대에는 간제류, 곤파루류가 존재하고 호쇼류, 곤고류, 기타류라는 '유파^{流儀}'가 존재한다. 즉 노를 연기하는 조직이라는 점에서 보면, 현대에는 '좌'의 시대가 아니라 '유파'의 시대가 된 것이다.

이 유파는 나중에 이야기하겠지만 노를 연기하는 조직이라기보다는 연기자의 적^籍에 따른 직능집단이라고 해야 할 것이다. 상연 조직이었던 좌가 소멸해 버린 결과 현대의 노와 교겐의 상연은 '유파'에 의해 유지되고 있는 측면이 크다.

또한 이 유파 이외에 현대 노·교겐의 상연을 떠받치고 있는 조직으로 가문이 있다. 가문이란 혈연을 기반으로 한 연기자 집단으로 유파 안에 포함되어 있는, 유파보다는 규모가 작은 집단이다. 이 가문도 유파와 마찬가지로 엄밀하게 말하면 노나 교겐을 상연하기 위한 조직은 아니지만, 현대 노·교겐의 상연 기구를 생각할 때 무시할 수 없는 단위이다. 이렇게 보면 노의 연희집단으로 일찍이 좌가 있었고, 그에 준하는 유파나 가문이 있다는 것인데, 이번 제5장에서는 이 좌, 유파, 가문의 시점에서 노·교겐을 상연해 온 조직의 실태와 변천을 정리해 보기로 한다. 그것은 자연스럽게 좌나 유파, 가문의 일원이었던 각 시대의 연기자를 소개하는 일이 되기도 할 것이다.

좌, 유파, 가문의 개관

우선 무로마치시대부터 현대까지 각 시대별 '좌', '유파', '가문'이 각각 어떠한 상황에 있었는지에 대해 개관해 보겠다. 여기서도 제4장과 마찬가지로 무로마치시대, 에도시대, 근대의 세 시대로 상황을 정리해 보면 다음과 같은 표가 될 것이다.

노를 연기한 조직의 변천

	무로마치시대	에도시대	근대
좌座	○	○	×
유파流儀	×	○	○
가문家	×	○	○

이를 보면 무로마치시대 노의 조직은 '좌'밖에 없었다. 그것이 에도시대가 되면 좌 이외에도 유파와 가문이라는 조직이 탄생하고, 근대가 되면 그중에서 좌가 소멸하면서 노는 유파와 가문이라는 두 개의 조직에 의해 상연된다. 앞서 언급했던 현대적 상황도 이 표에 나타나 있다. 물론 이것은 어디까지나 대략적인 상황을 정리한 것으로 좀 더 깊이 들어가면 실제 사정은 조금 더 복잡하다. 예를 들어 유파나 가문은 실제로는 무로마치시대 후기(16세기 후반) 경에는 이미 어느 정도 성립되어 있었던 것으로 추정되고, 또 같은 좌라도 무로마치의 좌와 에도시대의 좌는 막부와의 관계나 규모 면에서 차이가 난다(이에 대해서는 나중에 설명할 것이다). 그러나 노 상연 조직의 추이는 대체로 이 표에 정리된 내용대로 이해해도 무방하겠다. 그럼 이제 각 시대별 실태를 추적해 보기로 하자.

근·현대의 유파와 가문

먼저 우리들의 시대인 근대로부터 출발해 보자. 앞의 표에서 본 대로 근대 상연 조직에는 유파와 가문만이 있고 에도시대까지 존재했던 좌가 없다. 좌가 소멸한 것은 좌를 고용하고 있던 도쿠가와 막부가 붕괴했기 때문이다. 여기서는 근대의, 즉 현대의 유파나 가문의 실태에 대해, 또 일찍이 존재했었던 좌의 소멸이 근·현대 노에 어떤 영향을 미쳤는지에 대해 살펴보기로 한다.

현대 노가쿠계에는 스물네 개의 유파가 존재한다. 그에 대해서는 제1장에서 노 연기자를 소개한 일람표에서 언급한 적이 있는데, 여기서 다시 24개의 유파를 전부 들어 보면 다음과 같다.

① 시테카타(주연 배우): 간제류観世流, 호쇼류宝生流, 곤파루류金春流, 곤고류金剛流, 기타류喜多流

② 와키카타(상대역 배우): 다카야스류高安流, 후쿠오류福王流, 호쇼류宝生流, (슌도류春藤流), (신도류進藤流)

③ 후에카타(피리 연주자): 잇소류一嘈流, 모리타류森田流, 후지타류藤田流, (슌니치류春日流), (히라이와류平岩流)

④ 고쓰즈미카타(고쓰즈미 연주자): 고류幸流, 고세류幸清流, 오쿠라류大倉流, 간제류

⑤ 오쓰즈미카타(오쓰즈미 연주자): 가도노류葛野流, 다카야스류류, 이시이류石井流, 오쿠라류大倉流, 간제류

⑥ 다이코카타(다이코 연주자): 간제류, 곤파루류

⑦ 교겐카타(교겐 배우): 오쿠라류大蔵流, 이즈미류和泉流, (사기류鷺流)

여기서 괄호 안에 표시한 곳은 메이지시대 들어 폐절된 유파이다. 이상 스물네 개 유파 중에 근대 들어서 생겨난 유파는 한 곳도 없고 모두가 에도시대 이전에 성립된 곳으로 오랜 역사를 지니고 있다. 또 제1장에서 언급했듯이 이 스물넷의 유파 각각에 이에모토家元[1]가 존재한다.

이중 가장 오래된 곳은 시테카타(주연 배우 집단)의 간제류·호쇼류·곤파루류·곤고류의 네 유파이다. 이 유파들은 적어도 남북조시대에 결성되어 있던 야마토 사루가쿠 4좌(간제좌, 호쇼좌, 곤파루좌, 곤고좌)의 직계에 해당하는 유파이다. 현재 이 네 유파의 이에모토는 일찍이 있었던 4좌의 다유大夫의 직계에 해당한다. 야마토 사루가쿠 4좌 중에 현재 기타류와 연결된 좌가 보이지 않는 것은 현 기타류의 원류가 에도시대 초기에

---

1   일본의 전통예능계에서 대대로 한 유파의 최고 권위를 전승하는 가계 혹은 그 가계의 당주.

수립된 기타좌이며, 그 역사가 무로마치시대까지 거슬러 올라가지 않기 때문이다. 현재 간제류의 이에모토('宗家'라고도 함)는 26대 간제 기요카즈清和, 호쇼류의 이에모토는 19대 호쇼 후사테루英照, 곤파루류는 79대(이 대수는 해당 가문의 계보에 의함) 곤파루 노부타카信高, 곤고류는 26대 곤고 히사노리永勤, 기타류는 16대 기타 롯페타喜多六平太이다.

시테카타 이외에 각각의 유파 역시 유서 깊은 역사를 지니고 있다. 예를 들어 오쓰즈미의 경우 가장 오랜 역사를 지닌 곳이 오쿠라류와 다카야스류이다. 오쿠라류의 실질적 원조는 1544년에 타계한 곤파루좌(후에 간제좌로 이적) 소속의 오쿠라 구로 요시우지九郎能氏, 다카야스류의 원조는 1557년에 타계한 간제좌 소속의 다카야스 도젠道禅이다. 에도시대에 오쿠라류는 곤파루좌, 다카야스류는 곤고좌에 속해 있었다. 가도노류와 이시이류의 초대 이에모토는 모두 아즈치·모모야마시대安土桃山時代[2]에 활약했던 아마추어 출신 연기자였는데, 에도시대 때 가도노류는 간제좌에 소속되어 있었고, 이시이류는 막부에 고용되지 않고(따라서 어느 좌에도 소속되어 있지 않았다) 오와리 도쿠가와가尾張徳川家[3]와 가가 마에다가加賀前田家[4]에 고용되어 있었다. 또 나머지 간제류는 1694년에 새로 생겨난 좌인데, 오쓰즈미 간제류에 대해서는 다소 흥미로운 역사가 있어 좀 더 자세히 설명해 두고자 한다.

현재 노가쿠협회 회원으로 등록되어 있는 오쓰즈미 간제류 연주자는 단 한 명으로, 1959년생인 모리야 요시노리守家由訓가 이에모토 대리를

2 일본 역사에서 오다 노부나가와 도요토미 히데요시가 정권을 잡고 있던 시기(1573~1598).

3 오와리번(尾張藩)을 다스렸던 도쿠가와 이에야스의 근친 가문. 오와리번은 나고야성을 거점으로 한 에도시대 최대의 번이었다.

4 가가번(加賀藩)을 다스렸던 가문. 도쿠가와 가문과 긴밀한 인척관계로 맺어져 세력을 떨쳤다. 거점은 가나자와성(金沢城).

역임하고 있다. 현재 유파 중에는 가장 작은 규모라 할 수 있는데, 이 오쓰즈미 간제류가 유파로 인정받게 된 것이 1986년의 일이다. 동 유파의 초대 이에모토는 고쓰즈미 간제 가문의 간제 야사부로弥三郎(1718년 몰)로, 오쓰즈미의 예통藝統은 역시 같은 간제류였다. 그러던 것이 쇼군 쓰나요시綱吉 시절 1694년에 호쇼좌의 오쓰즈미 연주자로 입적하라는 명령을 받게 된다. 이로써 오쓰즈미 간제류가 탄생한 것인데, 초대 때는 호쇼좌 가입과 동시에 쓰나요시의 명령에 의해 성을 간제에서 호쇼로 개명하였다. 이는 말할 것도 없이 쓰나요시가 호쇼좌를 편애했기 때문이다. 이 가문은 7대까지 명맥을 이어 오다 막부 말 유신기에 단절되었다. 근대에 이르러서는 그 예통을 잇는 연주자들이 오카야마岡山 지역을 중심으로 활동했으나, '호쇼 렌자부로파宝生錬三郎派'로 불리며(7대 이에모토의 통칭이 렌자부로였기 때문) 유파로는 인정받지 못하였다. 호쇼 렌자부로파 연주자들은 자신들의 유파가 간제류라고 주장했지만 노가쿠계에서는 그 사실이 전혀 알려지지 않았다. 그러던 것이 1986년 호세대학 노가쿠연구소장이었던 오모테 아키라表章 씨의 조사에 의해 동 유파의 계보가 간제류임이 밝혀짐으로써 노가쿠협회에서도 이 유파를 간제류로 인정하게 된 것이다. 정상을 벗어난 노가쿠 애호자였던 쇼군 쓰나요시 시절에 예통이 애매해졌던 오쓰즈미 간제류가 200년 만에 본래의 유파를 공인받게 된 것이다. 현재 동 유파의 종가 대리를 맡고 있는 모리야 요시노리는 오카야마에서 간제류 오쓰즈미의 보루를 지키던 모리야 긴주로守家金十郎(1995년 몰)의 손자로 오사카대학 공학부 출신이다.

어찌 되었든 현재의 노나 교겐은 이와 같이 유파에 소속되어 있는 연기자들에 의해 상연되고 있다. 그렇다면, 현대의 노가쿠 가문은 어떤 상황에 있는지 그 일단을 시테 간제류와 교겐 오쿠라류를 통해 살펴보자.

현재 시테카타 간제류에 속해 있는 배우들은 230명 정도다. 이들 시테카타 간제류 중에는 스무 개 정도의 가문이 있는데, 그 중핵에 위치하는 집안이 강아미를 선조로 둔 간제 종가(간제 본가)이다. 당주當主는 근년에 경지에 도달한 무대를 선보이고 있는 실력파 배우 간제 기요카즈清和이다. 같은 간제 성을 가진 가문에 간제 데쓰노조가鉄之丞家와 간제 요시유키가善之家가 있는데 데쓰노조가는 1752년에 도쿠가와 막부로부터 인정을 받은 이래 분가(1978년에 타계한 명배우 간제 히사오寿夫는 데쓰노조 가문의 배우이다)했고, 요시유키 가문은 1868년에 태어난 분가分家이다. 또한 무로마치시대 단바 사루가쿠의 우메와카좌梅若座를 계승한 우메와카 집안에는 로쿠로가六郎家와 만자부로가万三郎家 양가가 존재하는데, 로쿠로가의 당주인 우메와카 로쿠로는 현재 노가쿠계 제1인자로 인정받고 있다. 교토를 본거지로 하는 가타야마가片山家(현재 당주는 가타야마 구로에몬九郎右衛門)도 에도시대 중기 이래의 역사를 지닌 가문이다. 이 밖에 시테카타 간제류에는 도쿄에 아사미가浅見家, 다케다가武田家, 하시오카가橋岡家, 후지나미가藤波家 등이 있으며 관서지역에는 이노우에가井上家, 우라타가浦田家, 오에가大江家, 오쓰키가大槻家, 오니시가大西家, 가와무라가河村家, 쇼이치가生一家, 하야시가林家, 야마모토가山本家 등이 있다. 이 중에 오쓰키가의 당주 오쓰키 분조文蔵는 우메와카 로쿠로 등과 함께 현대 노의 나아갈 길을 개척하는 기수로 평가받고 있다.

다음 교겐카타 오쿠라류의 가문으로 화제를 돌려 보자. 우선 이에모토인 오쿠라가大蔵家(당주 오쿠라 야에몬弥右衛門은 24대. 2003년 1월 타계)가 있고, 그 밖에 시게야마 센사쿠茂山千作(당주 센사쿠는 4대), 시게야마 추자부로가忠三郎家(당주 추자부로는 4대), 젠치쿠가善竹家(현당주 추이치로忠一郎는 3대), 야마모토가山本家(현당주 도지로東次郎는 4대)가 있다. 시게야마 센사쿠는 누구나 다 아는 인간국보의 명수로 일가의 활약상은 굳이 설명하지 않아도 될 것이다.

이상이 근대 유파와 가문의 구체적인 일면이다.

리더 부재의 현대 노

근대의 노와 교겐은 이상과 같이 유파와 가문을 기반으로 상연되어왔다. 그런데 여기서 주의할 것은 예를 들어 시테카타의 간제류만으로노를 상연할 수 없듯이, 유파든 가문이든 그것만으로는 노가 성립할 수없다는 점이다. 노가 상연되는 경우 이들 유파나 가문에 속하는 연기자들이 그때그때 모여서 노를 상연하고, 또 공연이 끝나면 해산한다. 이것이 근대의 노 상연 방식이다. 즉, 근대의 노가쿠계에는 항시적인 상연조직인 극단이 없고 상연일정에 따라 그때그때 연기자들이 모여 무대를만들어 나가는 것이다. 이를 연극 용어로 말하면 프로듀서 시스템이 되는데, 프로듀서 시스템은 그 용어가 말해 주듯 그 중심에 프로듀서라는리더가 존재한다. 그러나 노의 경우 형태는 프로듀서 시스템이지만 실상은 다양한 유파와 가문에 속한 사람들의 모임일 뿐 거기에는 한 좌를통솔하는 좌장이랄까 연출가에 해당하는 인물이 없다.

물론 노의 주최자는 대개가 시테카타이고 또 노 한 곡에서 차지하는비중도 시테가 가장 높은 탓에 실제로는 시테카타가 이럭저럭 좌장이나연출가 같은 역할을 맡게 된다. 하지만 작품에 출연하는 연기자들은 각각이 앞서 본 유파나 가문에 소속된 사람들이고 그런 점에서는 주역을맡은 시테카타와 일단은 대등한 관계라는 점에서 좌장으로서의 강력한리더십을 발휘하기는 쉽지 않다. 게다가 경우에 따라 함께 출연하는 하야시카타나 교겐카타에 인간국보나 이에모토 같은 유력자가 참가하는경우도 드물지 않으니, 이 경우는 시테카타의 발언이 더욱 제약을 받을 수밖에 없다. 다시 말해 현대의 노는 좀 과장해서 말하자면 리더 부재, 혹은 연출가 부재의 형태로 상연되고 있는 셈이다.

이런 말을 하면 독자들은 그러면 노가 제대로 상연될 수 있을지 의문을 품을 것이다. 그런 의문은 당연한 것인데, 왜냐하면 현대 연극에서 연출가 없는 연극은 생각하기 어렵기 때문이다. 그러나 메이지유신 이후 노는 리더 부재, 연출가 부재의 형태로 쭉 상연되어 왔고, 별 문제 없이 훌륭한 무대를 만들어 왔다. 그것을 가능하게 한 것은 고전극으로서 오랜 역사를 지닌 노의 연기와 연출이 어느 정도는 정형화되어 있어 특별히 리더나 연출가를 필요로 하지 않기 때문이다. 현재의 노는 보통 무대에 오르기 전 출연자 전원이 모이는 '모시아와세申し合わせ'라고 불리는 단 한 번의 리허설을 갖는다. 그것만으로도 공연이 가능하다는 것인데 이 역시 노의 연기나 연출이 정형화되어 있기 때문이며, 또한 리더나 연출가 부재가 거의 문제가 되지 않는 것은 그 때문이다.

그러나 그것은 오랜 역사를 지닌 노이기 때문에 가능한 현상이지 리더나 연출가가 없다는 것이 결코 칭찬받을 일은 아니다. 무엇보다 무로마치시대나 에도시대에는 '좌'라는 상연 조직이 있었고 특히나 무로마치시대에는 그 좌의 대표가 노 한 곡 한 곡의 리더이자 연출가였다. 그런 역사를 생각할 때 리더도 연출가도 없이 단 한 번의 회합으로 공연을 맞이하는 현재의 모습은 노의 위대함으로 칭찬할 일이 아니라, 선인들이 이루어 낸 유산 위에 안주하는 일종의 타성에 젖은 모습이라 할 수 있다. 현실에서 리더와 연출가 부재의 상황은 목적도 감동도 없는 무대가 되어 나타나기도 하는데, 한편에선 유파나 가문에 얽매이지 않는 '하시노카이橋の会'나 '노가쿠좌能楽座' 같은 상연단체가 생겨나기도 한다.

좌가 없는 근대의 노는 이러한 문제를 안고 있다. 아마도 이와 무관하지 않은 것이 근년 들어 빈번하게 이루어지는 폐절곡의 부활 상연(복원곡)이나 신작 상연일 것이다. 최근의 복원곡 상연이나 신작 상연 활동에 대해서는 제1장에서 대략적인 개요를 소개했는데, 복원곡이나 신작의 경우 당연히 강력한 리더와 연출가를 필요로 한다. 이들 복원곡이나 신작 공연은 그 자체의 의의와 함께 리더 부재라는 전통적 상연 방식에 대해 재고를 촉구한다는 점에서도 커다란 의의를 가지고 있는 셈이다.

에도시대 '좌'의 실태

다음 에도시대로 이야기를 옮겨 보자. 에도시대는 앞의 표에서도 보았듯이 좌가 존재하던 시기였다. 또한 무로마치시대에는 아직 정비되지 않았던 유파나 가문이 확고한 형태로 존재했던 시대이기도 하다. 에도시대의 유파나 가문의 형태는 기본적으로 근대의 그것과 같다고 할수 있다. 따라서 여기에서는 '좌'를 중심으로 그 실태를 들여다보기로 한다.

에도시대에는 간제·호쇼·곤파루·곤고·기타의 다섯 좌가 존재했다. 전술한 대로, 이 중 기타좌를 뺀 네 개 좌는 무로마치시대의 야마토 사루가쿠의 계보를 잇고 있다. 그에 비해 기타좌는 곤고좌의 일원으로 활동했던 기타 시치 다유喜多七大夫 오사요시長能(1653년 몰)가 쇼군 히데타다의 후원을 받아 곤고좌로부터 분리 독립하는 형태로 겐나元和 연간(1615~1623)에 수립되었다. 기타 시치 다유에 의한 기타좌의 수립 경위에 대해서는 오모테 아키라의 『기타류의 성립과 전개喜多流の成立と 展開』(1994, 平凡社)에 상세하게 밝혀져 있지만, 이 기타좌의 수립은 쇼군의 후광을 입은 것이라고는 하나 당시 노가쿠계가 새로운 좌의 출현을 허용할 만큼 유연성을 가지고 있었다는 사실, 다시 말해 노가 현

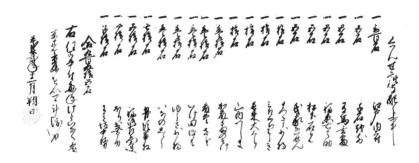

간제좌 지배지사觀世座支配之事

대극으로서 살아 있었음을 말해 주는 것이다.

에도시대 좌는 도쿠가와 막부의 지배 기구 안에 위치하던 조직이었다. 그것은 구체적으로 막부가 다섯 좌에 배당미를 지급한 사실에서 상징적으로 나타난다. 도쿠가와 막부의 사루가쿠 배당미 지급 제도는 도요토미 히데요시가 1597년 야마토 사루가쿠 4좌를 대상으로 정비한 제도를 계승한 것인데, 에도시대 후기를 예로 들면 간제좌에는 연간 1,500석, 곤파루좌에는 750석, 호쇼좌에는 550석, 곤고좌에는 370석, 기타좌에는 230석 정도로 모두 3,500석 가까운 배당미가 지급되었다. 당시 배당미를 지급받은 각 좌의 소속 연기자 수를 살펴보면, 간제좌가 100명, 곤파루좌 70명, 호쇼좌 60명, 곤고좌 50명, 가타좌 30명 정도로 모두 300명 정도가 있었다. 이는 에도시대 후기의 사례이지만 이들 숫자는 에도시대 내내 큰 변화가 없었다. 즉, 이들 300명 정도의 구성원이 이른바 막부의 어용 연기자로서 연간 3,500석 가까운 배당미를 지급받았던 것인데, 이러한 고용제도의 기반이 된 것이 바로 '좌'였다.

이와 같이 막부 지배기구 안에 존재했던 좌는 어떠한 구성과 기능을 가지고 있었던 것일까? 우선 그 구성에 대해 호세대학 노가쿠연구소(간제 신쿠로가 문고観世新九郎家文庫)가 소장하고 있는 『메이레키3년 노야쿠샤즈키明暦三年能役者付』(1657년의 것으로 추정)를 통해 보기로 한다(이 책의 전체 내용은 『이와나미 강좌 노·교겐 I -노가쿠의 역사』에 소개되어 있다).

다유大夫	간제 다유(10대 시게나리重成)
쓰레ツレ	간제 산사에몬観世三左衛門, 우메와카 구로에몬梅若九郎右衛門 등 4인
와키脇	신도 곤주로進藤権十郎, 후쿠오 모헤福王茂兵衛 등 6인(그 외 와키쓰레脇ツレ 2인)
피리笛	슌니치 마타사부로春日又三郎, 모리타 아쓰베森田庄兵衛 등 6인
고쓰즈미小鼓	간제 신쿠로新九郎, 고세 지로幸清二郎 등 7인(그 외 와키쓰즈미 6인)
오쓰즈미大鼓	가도노 구로베葛野九郎兵衛 등 10인(그 외 오쓰즈미 후견後見5 1인)
다이코太鼓	간제 요사에몬与佐衛門 등 7인(그 외 다이코 후견 1인)
교겐狂言	사기 니에몬鷺仁右衛門 등 18인
지우타이地謡6	우메와카 로쿠베梅若六兵衛 등 58인
아역子方	1인

---

5 무대 위에서 연기를 뒷받침해 주는 역할. 주로 배우의 의상을 바로잡아주거나 소도구를 챙겨주는 일을 한다.

6 지문의 문장을 노래로 들려주는 일종의 코러스. 대개 극의 상황 설명이나 정경 묘사에 이용된다.

의상^{物着}7 ──────── 2인

소도구제작^{作物師} ──────── 1인

이상에 따르면 메이레키^{明曆} 연간 간제좌에는 130명 정도의 연기자가 있었던 것이 된다(앞서 소개한 막부 말의 구성원 수보다는 조금 많다). 여기서 주목할 것은 노 상연에 필요한 구성원이 전부 갖추어져 있다는 것이다. 또한 흥미로운 것은 현대에는 시테카타의 역할이 돼 버린 지우타이(합창)나 의상보조, 소도구 담당자가 독립된 역을 맡고 있다는 점이다. 물론 여기에는 좌의 통솔자도 있다. 바로 '다유'다. 다유는 좌의 통솔자인 동시에 무대 위에서는 오로지 주역(시테)만을 담당하는 배우다. 이렇게 에도시대의 좌는 노를 연기하는 데 필요한 모든 구성원을 갖추고 있었는데, 말하자면 극단과 똑같은 조직이었던 것이다.

이처럼 에도시대의 좌는 막부가 노 연기자들을 지배하기 위한 조직이었던 동시에 노의 상연 조직이라는 복합적인 성격을 겸비하고 있었다. 그렇다면 에도시대 좌는 실제 어떻게 기능하고 있었을까?

에도시대 좌의 활동

이번에는 도쿠가와 막부의 지배 기구에 편입되어 있던 좌가 막부 내에서 어떻게 활동하고 있었는지 소개하기로 한다. 이는 다름 아닌 에도시대 노 종사자들이 막부의 어용예능인으로서 어떻게 활동했는지 그 실태를 소개하는 일이기도 하다. 에도의 노 연기자들이 막부의 어용예

7　배우의 의상을 챙기고 입혀 주는 역할.

능인이었다는 사실은 현대에는 막연한 상식으로 통하는 것 같지만, 그 실태에 대해서는 일반적으로 거의 알려져 있지 않다. 그러한 어용의 실태에 대해서는 이하 좌의 활동상을 통해 어느 정도는 이해될 수 있을 것이다.

막부가 고용한 연기자들은 빡빡하게 정해진 당번과 비번의 로테이션 일정에 따른 공연 의무를 지고 있었다. 공연은 주로 에도성에서 열린 막부 공식행사나 쇼군가와 관련된 승진, 혼인, 탄생 같은 경사시에 노와 교겐을 연기하는 것이었다. 로테이션 근무란 반년 근무 → 반년 휴무 → 1년 근무 → 1년 휴무 → 반년 근무 식으로 당번과 비번을 일 년 혹은 반년마다 반복하는 것이다. 원래 이것은 간제좌와 기타좌를 뺀 곤파루, 곤고, 호쇼 3좌에 적용된 로테이션이었다. 간제와 기타좌가 이 로테이션 근무에서 제외된 것은 이 두 좌가 에도시대를 통틀어 다른 세 좌에 비해 막부 안에서 중용되었기 때문이라 생각할 수 있다. 어쨌든 막부 어용 연기자들은 이런 식으로 에도성과 쇼군의 주변에서 노와 교겐을 연기하고 있었던 것이다.

예를 들어 새로이 쇼군이 탄생하면 새 쇼군은 조정으로부터 쇼군의 선지를 받게 되는데, 이때가 쇼군가 최대의 경사이므로 당연히 어용 연기자들에 의한 노가 피로된다. 이름하여 '쇼군 선지 노将軍宣下能'가 바로 이것이다. 이 '쇼군 선지 노'는 15대 쇼군 요시노부慶喜 때를 제외하고 전부 개최되었다. 이를 일람 형태로 소개하면 다음과 같다.

1603년   이에야스家康 쇼군 선지 노 [니조성, 3일]

1605년   히데타다秀忠 쇼군 선지 노 [후시미성, 3일]

1623년   이에미쓰家光 쇼군 선지 노 [니조성, 2일]

1651년   이에쓰나家綱 쇼군 선지 노 [에도성, 3일]

1680년	쓰나요시綱吉 쇼군 선지 노 [에도성, 4일]
1709년	이에노부家宣 쇼군 선지 노 [에도성, 5일]
1713년	이에쓰구家継 쇼군 선지 노 [에도성, 5일]
1716년	요시무네吉宗 쇼군 선지 노 [에도성, 5일]
1745년	이에시게家重 쇼군 선지 노 [에도성, 5일]
1760년	이에하루家治 쇼군 선지 노 [에도성, 5일]
1787년	이에나리家斉 쇼군 선지 노 [에도성, 5일]
1837년	이에요시家慶 쇼군 선지 노 [에도성, 5일]
1853년	이에사다家定 쇼군 선지 노 [에도성, 5일]
1858년	이에모치家茂 쇼군 선지 노 [에도성, 5일]

이 쇼군 선지 노는 히데타다 시대까지는 4좌, 이에미쓰 시대부터는 기타좌가 합류하여 5좌 배우들에 의해 개최되었다. 첫날의 와키노脇能(《오키나》에 이어 상연되는 첫 번째 상연물)는 5좌의 최고 통솔자인 간제좌의 다유가 담당하게 되어 있었다. 간제, 곤파루, 호쇼, 곤고, 기타좌순이 에도시대 막부 내내 유지되어 온 서열이었다. 상연 작품 수는 시작 부분의 《오키나》와 마지막의 축언노祝言能를 제외하면 이에미쓰 시대까지 하루 6~10곡을 상연하였고, 이에쓰구 쇼군 때부터는 하루 4곡 상연이 보통이었다. 간제좌의 노는 당연히 간제좌의 다유가 시테를 담당하고 쓰레나 지우타이도 간제좌 소속 연기자가 담당했는데, 와키카타나 하야시카타, 교겐 등은 꼭 간제좌 소속 배우가 아닐 때도 있었다. 이는 에도시대의 좌가 독립성이 강한 조직이 아니라 막부가 배우들을 지배하기 위한 조직으로서의 성격이 강했다는 사실을 말해주는 것이다. 물론 융통성이라고 할 만한 좌의 이런 측면은 무로마치시대의 좌에서도 찾아볼 수 있었으니 에도시대 특유의 것이라고는 할 수 없다. 이렇게 보면 현재와 같

이 각 유파가 모여 노를 공연하는 형태는 나름대로 '전통적'인 것이기도 하다.

이상 살펴본 쇼군 선지 노는 쇼군 1대에 단 한 번밖에 없는 성대한 의식이었는데, 이번에는 좀 더 일상적인 좌의 활동을 소개해 보겠다. 다음의 기록은 쇼군 요시미쓰 시대인 1635년에 1년간 에도성에서 개최된 노를 『도쿠가와짓키德川実記』에서 발췌한 것이다.

1월 28일	니노마루二の丸[8]. 다테 마사무네伊達正宗 다회茶會 노
3월 19일	귀족관료, 문적門跡[9] 등의 향응을 위한 노
3월 30일	니노마루. 다회 노
6월 25일	혼마루本丸[10] 니시 무대西舞台에서 노 상연
7월 22일	니노마루. 오와리尾張 다이나곤大納言 요시나오義直 다회 노
7월 25일	니노마루. 기이紀伊 다이나곤 요리노부頼宣 다회 노
8월 18일	니노마루. 미토水戸 추나곤中納言 요리후사頼房 다회 노
8월 20일	니노마루. 이이井伊 나오타카直孝 다회 노
10월 28일	니노마루. 미토 추나곤 요리후사 다회 노

이상은 도쿠가와 막부의 정사 기록인 『도쿠가와짓키』에 게재되어 있는 기록으로 모두 쇼군이 임석한 공적인 자리이다. 5좌의 배우들은 이런 자리에 출연하고 있었던 것이다. 물론 위 일람표에서 전문 배우가 출

---

8 에도성의 본성 바깥쪽을 둘러싼 성곽.

9 원래는 일문(一門)의 창시자의 법맥(法脈)을 잇는 사원을 가리키는 용어였으나 헤이안시대 후기부터는 황족이나 귀족 출신 인물이 대대로 출가 입문하는 절, 혹은 그 절의 주지를 일컫는 말로 정착되었다. 문적(門跡)들은 출신 성분상 천황 어소의 각종 의례나 모임에 초대되어 향응을 받는 일이 빈번했다.

10 에도성의 가장 중심이 되는 건물. 에도성에는 혼마루, 니노마루 등에 노 무대가 설치되어 있었다.

연한 것은 3월 19일과 6월의 에도성 혼마루 니시무대에서 개최된 노뿐이고 그 외에는 휘하 무사들과 아마추어가 함께 어울린 자리였다. 이 중 10월에 열린 미토 추나곤 다회 노는 고위 무사들의 연기만으로 이루어졌는데, 아마 이런 경우에도 5좌의 고용 배우들이 지우타이(합창)나 반주를 담당했을 것이라 추측된다.

또 한 가지 이것은 반드시 좌의 활동과 관련된 사항이라고는 할 수 없으나, 도쿠가와 막부와 노의 관계를 이야기할 때 빼 놓을 수 없는 것이 바로 쇼군 요시쓰나의 과도한 노 애호 취미다. 요시쓰나의 일탈된 노 애호 취미─스스로 시테를 연기하고 그를 위해 노 연기자들의 신분을 무사 계급으로 격상시켰으며, 전승이 단절된 노를 단시일 내에 부활 상연시키는 등─는 노가쿠 연구자들에게는 이미 상식이 돼 버린 이야기지만, 일본사를 비롯한 타 분야 연구나 일반인들에게는 잘 알려지지 않은 모양이다. 그러므로 요시쓰나 주변의 노가 어떠했는지 그 실태를 1697년 1월에서 6월 사이에 일어난 일화를 예로 소개해 보겠다[※ 표시는 요시쓰나 자신이 직접 노나 하야시(연기 동작을 동반하지 않는 연주곡)를 담당했다고 추측되는 것].

1월 3일	에도성에서 우타이조메謠初[11]
2월 1일	에도성에서 닛코日光 주지 등이 배알할 때 춤舞[12] ※
2월 3일	야나기사와柳沢 데와出羽 지방 수령 저택에 행차, 하야시
2월 10일	에도성에서 조조지增上寺 방장方丈에게 『역경易經』을 강

---

11 신년을 맞아 처음 요쿄쿠를 부르는 의식.

12 노에서 반주에 맞추어 추는 춤.

석講釋한 후 고자노마御座の間[13]에서 하야시 ※

2월 12일　에도성에서 닛코 주지 향응, 노 상연 ※

2월 15일　에도성에서 경서經書 강설 후 춤을 춤 ※

2월 18일　에도성 쇼군 처소御休息所[14]에 딸린 무대에서 조조지 방
　　　　　장들에게 노를 선보임 ※

2월 25일　에도성에서 영주들과 함께 노 상연 ※

윤2월 5일　에도성 고자노마 무대에서 노 ※

윤2월 6일　에도성 고자노마 무대에서 노 ※

윤2월 14일　에도성에서 노 상연 ※

3월 9일　에도성에서 조정 관료 접대를 위한 노 상연

3월 11일　마쓰히라松平 이세伊勢 지방 수령과 야나기사와 데와 지
　　　　　방 수령 저택에 행차하여 각각 하야시와 노 상연 ※

3월 12일　에도성 구로키서원黒木書院에서 경서 강독, 춤을 선보임 ※

3월 26일　에도성에서 노 상연, 노 3곡 연기 ※

4월 9일　닛코 주지에게 향응을 베풀고 하야시 ※

4월 11일　기이 다이나곤 저택에 행차, 노를 관람한 후 자신도 춤 ※

4월 21일　에도성에서 조조지 방장에게 『역경』 강석 후, 하야시 ※

5월 9일　지요千代 공주를 위로하기 위한 노 상연, 여기서 노 3곡을
　　　　　연기함 ※

5월 13일　야에八重 공주 결혼 축하 노

5월 23일　에도성에서 하야시 ※

---

13 에도시대 쇼군이 외부 인사를 응접하거나 집무실로 사용하던 공간.

14 쇼군 개인의 사적 공간.

5월 27일　　에도성 오히로마^{大広間}15에서 노 관람
6월 18일　　에도성 니노마루에서 노 ※

　이상의 대부분은 쓰나요시 자신이나 휘하 무장들이 직접 연기한 것이므로 반드시 좌 소속의 고용 배우가 활동한 사례가 되지는 못할 것이다. 그러나 쇼군 요시쓰나를 비롯한 막부의 각료들이 이처럼 스스로 노를 연기하며 빈번하게 노를 즐길 수 있었던 것은 노가쿠의 5좌가 막부의 지배기구 안에 편입되어 300여 명의 '근속 배우들'이 이들 가까이 있었기에 가능한 일이었다. 그런데 이처럼 쇼군 스스로가 노의 주역을 연기하는 일은 에도시대 중에서도 요시쓰나와 그 다음 쇼군인 이에노부 시대에 특히 빈번했던 현상으로, 요시무네가 8대 쇼군에 취임하고부터는 거의 자취를 감추고 만다. 노 연기자들을 무사계급으로 등용하거나 폐절곡을 부활 상연한 일도 마찬가지이다. 굳이 말하자면, 좌나 고용 배우가 쇼군의 마음에 따라 혼란을 겪은 시대가 바로 요시쓰나나 이에노부 시대였던 것이다.

　이상 에도시대 막부에 고용된 좌의 실태를 대략 살펴보았다. 에도시대 노가쿠좌와 고용 배우들은 '고용제도' 아래 보호를 받는 한편 막부의 엄격한 통제 하에 놓여 있었다. 예를 들어 덴포개혁^{天保改革}(1841~1843) 시에 5좌의 다유들에게 내린 명령서에 다음과 같은 내용이 있다.

　　노를 연기하는 자들 혹은 좌 소속 배우들은 원래 천한 광대^{河原者} 출
　　신들로, 덴가쿠^{田楽}보다 한 단계 아래였다. 노의 시테카타는 대·소교겐
　　^{大小狂言}을 연기하는 가부키 배우 같은 천한 신분인데도 오늘날에 이르

러서는 각각이 일가를 이루어 교만하니 이는 몹시 사리에 맞지 않다. 차후에는 각자 가업의 근본을 분별하여 귀인들에 대해서는 겸손하고 사양하는 마음가짐을 가져야 할 것이다.

위 명령서에서는 이렇게 좌 소속 연기자들이 원래 비천한 출신임을 강조한 후(대소교겐大小狂言은 가부키 작품을 가리킴), 영주나 고위 무사 집안에서 노를 상연할 경우 비싼 출연료를 요구하지 말 것, 막부나 상류 무사가문에서 보통은 잘 하지 않는 특수 연출의 노를 연기할 때 이것저것 성가신 요구를 하지 말 것, 새 의상 마련을 자제할 것 등 사치 억제를 목적으로 한 명령이 이어지고 있다(이 내용은 이케노우치 노부요시池內信嘉의『노가쿠성쇠기能樂盛衰記』에 수록되어 있는 것으로 여기서는 원문을 알기 쉽게 고쳤다). 이 명령서에는 예능 자체에 대한 직접적인 언급은 없다. 그러나 1647년 이에미쓰 시대에 내려진 명령서에는 예도에 정진할 것을 강하게 주문하는 내용이 담기기도 했다. 이처럼 에도시대 노가쿠 좌의 고용 연기자들은 막부로부터 보호와 통제를 동시에 받고 있었던 것이다.

좌에 속하지 않은 배우들의 활약

이상 에도시대 좌의 실태를 개관해 보았다. 그러나 에도시대 노와 교겐을 연기하던 배우들이 모두 좌 소속 배우, 즉 막부 고용 배우였던 것은 아니다. 자칫 에도시대 노 연기자들이 전부 막부에 고용되어 있었던 것처럼 생각하기 쉽지만 사실은 그렇지가 않다는 것이다. 또한, 에도시대 노가쿠의 특징은 막부와 관련된 노가쿠보다는 오히려 이들 좌에 소속되지 않은 배우들의 활약에서 찾을 수가 있다. 그들은 주로 에도 이외의 교토와 오사카, 그 밖의 도시에서 활동했다. 다음은 이들 좌에 소속되지 않은 배우들의 활동상에 대해 간단한 소개를 덧붙이기로 한다.

에도시대 전기 1687년에 간행된 노가쿠 가이드북이라고 할 만한 것으로 『노훈몽도휘能之訓蒙図彙』라는 책이 있다. 이 자료는 호세대학 노가쿠연구소에서 펴낸 노가쿠 자료집성 중 제1책으로 출간되어 손쉽게 접할 수 있는데, 권말에 막부에 고용된 5좌의 연기자 일람이 실려 있다. 이 책에 의하면 5좌 소속의 연기자 총수는 107명(주요 연기자들만 기록한 것 같다)이고, 교토 거주 연기자들의 수는 253명으로 되어 있다. 또한 이후 1760년에 간행된 『개정노훈몽도휘改訂能之訓蒙図彙』에는 5좌의 연기자 수가 114명으로 기록되어 있고(이 역시 주요 연기자만을 기록한 것), 이 밖에도 남도南都[16] 거주 연기자가 41명, 오와리尾張 거주 29명, 기이紀伊[17] 지방 거주자가 43명, 가가河賀[18] 지방 거주자가 14명, 센다이仙台 지역이 27명, 아와阿波[19] 지방이 13명 등 여러 도시의 연기자 수가 실려 있다. 또 여기에 교토 거주 배우가 168명, 오사카 거주자가 96명으로 기록되어 있다. 이들 에도 이외의 땅에 거주하는 연기자 수는 합계 419명에 이른다. 이 중 극히 일부가 5좌 소속 배우들이고 나머지 대부분은 5좌에 소속되지 않았다. 즉, 에도시대 후기에는 300여 명 정도가 5좌에 소속되어 있었고 그 외의 연기자가 적어도 400명 이상 존재했던 것이다.

물론 그들은 좌에 소속되지 않았을 뿐 대부분이 각 번藩에 고용된 배우들이었다. 즉, 여기에 표시된 오와리 지방의 배우들은 대개가 오와리번의, 기이 지방 배우들은 기이번의, 센다이 지방 배우들은 센다이번의

---

16 지금의 나라(奈良) 지방.

17 주로 지금의 와카야마(和歌山)현 지역.

18 지금의 이시카와(石川)현 남부 지역.

19 지금의 도쿠시마(德島)현.

고용 연기자들이었고, 교토와 오사카에 거주한 연기자들도 각 번에 고용된 경우가 적지 않았다. 각 번에 고용된 이들 연기자들은 해당 지역, 또는 에도성에 있는 번주의 저택에서 열리는 상연회에 출근하는 것이 주요 업무였다. 또한 교토와 오사카의 배우들은 이 외에도 궁궐 안에서 열리는 노나 권진노(오사카 권진노에 대해서는 제4장에서 설명하였다)에 출연하였으며, 그밖에 일반 시민을 대상으로 하는 무대(그 실태에 대해서는 아직 확실하게 밝혀지지 않았으나 꽤 많았던 것으로 추측된다) 등에 출연했다.

그런데 여기서 주의할 것은 이들 연기자들이 좌에는 소속되지 않았을지언정 특정 유파에는 소속되어 있었다는 점이다. 예를 들어 『개정노훈몽도휘』에 실린 교토 거주 연기자의 「다유」(시테카타)항에는 간제류 연기자로 가타야마 구로에몬片山九郎右衛門, 가타야마 덴시치伝七가, 오사카 거주 연기자로는 아자이 오리노조浅井織之丞, 아자이 린노조浅井林之允 등의 이름이 보이는데 그들은 간제좌 소속은 아니었어도 간제류의 연기자들이다. 다른 시테카타나 시테카타 이외의 연기자들에게도 같은 이야기가 적용되는데, 이들 에도시대 후기에 활약했던 400여 명의 배우들은 좌에는 소속되지 않았지만 모두가 유파에는 소속되어 있었던 것이다.

한편, 좌 소속 연기자들은 모두가 각각의 유파에 소속되어 있었다. 예를 들어 간제좌 소속의 시테카타나 지우타이는 간제좌 소속이면서 간제류에도 속해 있었다. 또 다유의 경우를 예로 들자면 간제좌의 다유는 간제좌의 통솔자이면서 간제류라는 유파의 이에모토이기도 했다. 즉, 에도시대의 좌는 일부 연기자가 소속하는 조직이고 유파는 모든 연기자들이 소속하는 조직이었던 것이다. 이처럼 좌와 유파라는 두 개의 조직이 존재했고, 양쪽 모두에 소속해 있는 연기자와 유파에만 소속되어 있던 연기자가 혼재해 있었던 것이 에도시대의 노가쿠계였다. 그리고 막부의 붕괴와 함께 좌가 소멸하고 유파만 남게 되었는데,

이것이 바로 현대 우리가 접하고 있는 근대 노가쿠계의 모습이다. 그 결과 근대 노가쿠계에는 '다유'라는 좌의 통솔자가 사라지고 다유가 겸하고 있던 유파의 '이에모토' 직능만이 남아 있는 것이다.

한편 에도시대에는 5좌는 물론 어떤 유파에도 속하지 않은 '쓰지 노辻能'라 불린 '좌'가 교토와 오사카를 중심으로 활동하고 있었다. 그들의 활동상은 겐로쿠(1688~1703) 무렵부터 알려져 있는데, 이 좌의 핵심세력이라고 할 만한 존재가 오사카를 거점으로 활동했던 호리이 센스케堀井仙助를 리더로 한 '센스케 노仙助能'였다. 호리이 센스케는 교호享保 연간(1716~1736)부터 활동한 듯한데, 1903년 9대 센스케가 오사카에서 타계한 이래 센스케 노의 명맥이 끊겼다. 센스케 노는 오사카, 교토, 가나자와金沢, 나고야, 마쓰야마松山, 히라도平戸, 구마모토 등지의 도시에서 상연된 사실이 알려져 있다. 정확한 유파는 알려져 있지 않으나 간제류, 호쇼류, 기타류가 혼재해 있었던 것으로 추정되며 또한 그 실력과 인기가 상당했던 모양이다. 1846년에 6대 센스케가 오사카 난바의 유곽촌에서 노를 흥행시킨 이후 그 인기에 위기감을 느낀 5좌의 다유들이 두 차례에 걸쳐 연판장을 돌리고 센스케의 활동을 정지시켜 줄 것을 막부에 탄원하기도 했다. 에도시대 노가쿠계에는 이같이 5좌에도, 어느 유파에도 속하지 않은 배우와 좌가 활동하고 있었다.

무로마치시대의 좌

무로마치시대(1336~1573)는 기본적으로 '좌'의 시대이다(136쪽 표 참조). 한마디로 무로마치시대라 하지만 넓게는 남북조시대에서 무로마치 막부 멸망까지 200여 년에 이르는데, 이 시기 좌는 앞서 소개한 에도시대 좌와는 비교가 안 될 정도로 작은 규모였던 듯하다. 이 시기의 좌에 대해서는 관련 자료가 너무 부족하여 그 실태를 상세하게 파악하는 게 쉽지 않은데, 무로마치 말기의 『덴몬일기天文日記』나 『다몬인일기多門院日記』에 곤고좌와 간제좌, 곤파루좌의 규모를 추정할 수 있는 기사가 조금 실려 있다.

『덴몬일기』는 이시야마 혼간지石山 本願寺의 주지였던 쇼조証如가 덴몬 연간(1532~1554)에 기록한 일기이다. 이 시기 혼간지에는 호쇼좌 이외에 야마토의 사루가쿠좌들이 때때로 찾아와 노를 상연하였는데, 예를 들어 1537년 2월에는 곤고좌가, 1539년 9월에는 곤파루좌가, 1540년에는 간제좌가 각각 찾아와 노를 선보였다. 이때 찾아온 곤고좌는 '다유를 포함하여 24명'이었고, 곤파루좌는 곤파루 다유 우지테루氏照 부자 외에 16인의 연기자로 이루어졌으며, 간제좌는 '좌중이 전부 왔는데 17~18인이었다'는 식의 기록이 남아 있다.

또한 『다몬인일기』는 고후쿠지興福寺의 별방別坊인 다몬인多門院의 주지 에슌英俊의 일기로, 1543년 2월에 열린 다키기노에 간제 다유 일행 80여 명이 나라奈良로 내려온 기록이 보인다.

필자가 본 바에 의하면 무로마치시대 좌의 모습을 전하는 자료는 이 정도 뿐이다. 이들을 종합해 보면 무로마치 후기 좌의 구성원은 20여 명 전후였던 것으로 추정된다(『다몬인일기』가 전하는 80명에는 연기자 이외의 사람들도 포함되어 있었을 것이다). 이는 앞에서 소개한 에도시대 좌에 비해 그 차가 너무 커서 혹은 믿기 어려운 측면도 있겠으나, 아무래도 이 정도가 당시 좌의 평균적 규모였던 것 같다. 애초에 생각해 보면 노 1곡을 상연하는 데에는 12~13인의 연기자만 있으면 충분하다. 게다가 무로마치시대 노 1회 상연에 10곡 전후의 작품이 올려졌는데, 이는 보통 동일 연기자에 의해 상연되는 게 상례였다(일찍이 노는 그 정도로 가벼운 예능이었다). 따라서 20명 정도의 연기자만 있으면 교겐을 포함한 모든 곡을 소화할 수 있었던 것이다.

흔히 '야마토 사루가쿠 4좌四座'라고 하면 많은 좌중을 거느린 조직—예를 들면 에도시대 좌와 같은 조직—을 떠올리기 쉬운데, 사실 무로마치시대의 좌는 규모 면에서 정말 작은 조직이었던 것이다.

그러한 규모를 반영한 결과인지 사실 무로마치시대에는 간제좌, 곧 파루좌와 같은 표현이 극히 적었다. 예를 들어 간제좌의 노라 하더라도 거기에 '간제좌'라고 기록되는 일은 거의 없었고, 그 대신 '간제' 등 다유 개인의 이름으로 기록되는 것이 보통이었다. 이들을 종합해 보면 무로마치시대 '좌'는 '좌'라는 단어에서 연상되는 규모가 큰 조직이라기보다는, 스타 연기자인 다유를 중심으로 한 작은 연예집단처럼 생각하는 편이 좋을 듯싶다. 또한 이러한 현상은 앞에서 본 무로마치시대 후기에 국한되는 것이 아니라 그보다 한 세기 정도 앞선 제아미 시대도 마찬가지였을 것이다.

이렇게 말하면 독자들은 무로마치시대의 좌야말로 '극단'이라는 표현에 걸맞는 조직이라고 여길 게 분명하다. 그렇다면 예를 들어 간제좌라면 간제좌가 상연하는 노는 전부 좌의 통솔자인 간제 다유를 시테로 하고 간제 다유의 연출 의도에 따라 상연하였을 것으로 추측된다. 즉, 거기에는 다유라고 하는 노 상연시의 리더 혹은 연출가가 존재했던 것이다. 그에 비하면 에도시대의 좌는 특정 예술 이념을 공유하는 극단으로서는 규모가 지나치게 방대하고 또 실제로도 막부가 연기자 집단을 지배하기 위해 조직한 집단이라는 성격이 농후했다. 또한 '좌' 단위가 아니라 '유파'를 기반으로 상연된 에도 이외 지역의 노에서는 그 지역의 유력한 연기자가 작품의 시테를 맡았으므로 그 경우 좌의 다유가 리더나 연출가 역할을 한 게 아니었다. 리더 부재, 연출가 부재의 형태로 노가 상연되는 오늘날의 상황은 이미 에도시대에 생겨난 관습으로, 우리가 지극히 당연하다고 생각하는 연극의 상연 과정, 그러니까 한 작품이 항상 통솔자를 중심으로 이루어지는 형태는 무로마치시대까지 거슬러 올라가서야 비로소 발견하게 되는 것이다.

한편 지금까지는 야마토 사루가쿠의 좌에 대해서만 살펴보았는데 무로마치의 좌는 이들 야먀토 좌만 있었던 게 아니다. 무로마치시대에는 야마토 사루가쿠뿐만 아니라 오미近江 사루가쿠, 단바丹波 사루가쿠, 우지宇治 사루가쿠, 이세伊勢 사루가쿠 등의 좌와 덴가쿠 좌가 있었다. 또 교토에는 상인 출신의 아마추어 연기자가 전업한 '호리케堀池', '시부야渋屋' 등의 데사루가쿠手猿楽 좌가 각각 활동하고 있었다. 이들 좌 역시 다유를 중심으로 한 '극단劇團'적인 집단이었을 것으로 추측된다.

유자키좌와 간제좌 ─오키나좌와 노좌─

무로마치시대 좌에 대해 한 가지 더 설명해 두고 싶은 것이 있다. 그것은 유자키좌結崎座와 간제좌, 엔만이좌円満井座와 곤파루좌, 사카도좌坂戸座와 곤고좌, 도비좌外山座와 호쇼좌의 관계이다.

현재 노가쿠 오류五流의 원류인 야마토 사루가쿠의 네 개 좌, 즉 유자키좌, 엔만이좌, 사카도좌, 도비좌는 간제좌, 곤파루좌, 곤고좌, 호쇼좌로도 불린다는 것이 오랫동안 노가쿠계의 상식이었다. 즉, 양자(예를 들면 유자키좌와 간제좌)는 완전히 같은 조직이며 왠지 모르게 전자(유자키좌)가 원래 이름이고 후자(간제좌)는 별명처럼 여겨져 왔다. 아마도 노가쿠 연구자를 제외하면 오늘날 거의 대부분의 사람들이 그렇게 알고 있을 것이다. 그러나 예를 들어 유자키좌와 간제좌는 실은 같은 조직이 아니다. 간제좌는 유자키좌라는 좌 속에 포함되어 있던 예능집단이 성장한 것으로 보는 것이 요 근래 20년 동안 이루어진 노가쿠 연구의 정설이다.

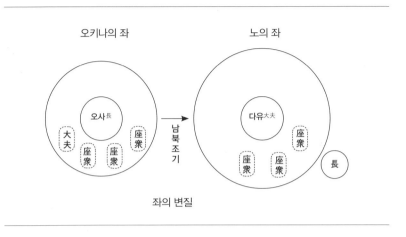

좌의 변질

유자키좌와 간제좌와의 관계를 이렇게 생각하게 된 것은 1983년 『문학文學』 7월호에 실린 오모테 아키라의 글 「강아미 기요쓰구와 유자키좌観阿弥清次と結崎座」 이후의 일이다. 이 글의 골자는 유자키좌나 엔만이좌 등은 본래 사원 제례에서 《오키나》《시키삼반式三番》를 상연하기 위한 '오키나좌翁座'로 불러야 할 조직이었는데, 가마쿠라 후기 이후 예능이 발전함에 따라 이 오키나좌에서 노나 교겐 연기를 담당하던 일부 그룹이 성장하여 간제좌, 곤파루좌 같은 '노좌能座'를 형성하였다는 것이다. 오모테 아키라의 논은, 유자키좌, 엔만이좌 등의 '오키나좌'의 리더는 '오사長'로 불리는 장로역이었는데, 강아미·제아미를 위시한 역대 간제 다유가 유자키좌의 '오사'가 아니었다는 점('오사'가 따로 있었다는 점), 에도시대 다키기노나 가스가와카미야제례 때 연행된 《오키나》를 4좌와 계통을 달리하는 '넨요(年預)'라 불린 연기자가 담당했다는 사실(이 넨요가 바로 '오키나좌' 오사의 후예라고 추정된다)을 기반으로 한 것으로 현재 노가쿠 연구 분야에서는 통설로 굳어져 있다.

이와 같은 연구 성과에 의해 현재는 유자키좌와 간제좌는 동일 조직이 아니라 '유자키좌'라는 '오키나좌'에서 파생한 것이 '간제좌'라는 '노좌'라는 게 정설로 되어 있다. 여기서 다시 한 번 확인해 두자면, 이 책제5장에서 시대를 거슬러 논한 '좌'는 유자키좌와 같은 오키나좌가 아니라 늦어도 남북조시대에는 그 윤곽이 선명하게 드러나 있던 '노좌'에관한 것이다.

제6장

시극으로서의 노

- 노의 독법을 생각하다 -

노는 '시극'이다

지금 내 앞에 있는 헤이본샤平凡社의 『대백과사전』에서 '시극詩劇'(다카하시 야스나리高橋康也 집필)을 찾아보니 서두에 다음과 같이 적혀 있다.

> **시극 詩劇 Poetic drama**
>
> 운문을 사용한 연극. 연극사에서 시적 언어가 산문적 언어보다 앞선 사실은 역사가 증명하고 있다. 연극의 모체가 기도(낭송)나 무용을 동반한 종교적 제의, 즉 리드미컬한 음성언어가 구사되던 장에서 비롯되었음을 생각하면 이것은 당연한 일이다. 디오니소스 제의에서 유래한 그리스 비극(그리스 연극), 중세 기독교 교회의 제사에서 전개된 성사극聖史劇과 비적극秘跡劇, 그리고 사원에 소속되어 있으면서 제례 예능을 선보인 사루가쿠시猿楽師의 후손 강아미, 제아미의 노가 전부 시극이다.

여기에는 세계 연극의 시점에서 강아미, 제아미의 노가 '시극'이라는 점이 명쾌하게 설명되어 있다. 『대백과사전』의 '시극' 항은 이후 로마시대에서부터 근대 예이츠, 호프만스탈, 클로델, 엘리엇, 지로드에 이르는 시극의 계보를 설명한 후, 또 다시 노에 대한 다음과 같은 언급으로 끝을 맺고 있다.

> 일본에서는 노나 가부키 같이 세계에 자랑할 만한 시극 전통이 메이지유신 이후 창조적으로 계승된 적이 없다. 기껏해야 바이런의 영향으로 쓰인 기타무라 도코쿠北村透谷의 《봉래곡蓬莱曲》, 모리 오가이森鴎外의 《다마쿠시게후타리우라시마玉篋両浦島》, 고다 로한幸田露伴의 《유복시인有福詩人》등이 있을 뿐이다.

이처럼 세계 연극사에서 노는 분명 '시극'으로 규정되어 있다. 이에 비해 우리들 노 연구자들이나 애호가들은 노를 꼭 그렇게만 바라보고 있는 것 같지 않다. 예를 들어 현재 대표적인 노가쿠 사전이나 해설을 살펴보아도 노를 '시극'이라는 시점에서 설명하고 있는 예는 그리 많지 않다. 군이 예를 찾아보자면, 1987년에 간행된 『노·교겐사전』(平凡社)의 「제아미」 항목(오모테 아키라 집필)에서 작가로서의 제아미의 업적에 대해 "그의 요쿄쿠는 옛 노래와 문장을 교묘히 응용하고 있는데, 와카和歌[1]적 수사와 렌가連歌[2]적 전개로 채색된 유려한 문장은 서정과 서사의 절묘한 배합과 이미지의 통일과 어우러져 훌륭한 시극을 창조해 내고 있다."라고 한 것과, 1987년 간행된 『이와나미 강좌 노·교겐III-노의 작가와 작품』에서 제아미 노의 특색을 「시극의 달성」이라는 항목에서 논하고 있는(니시노 하루오西野春雄 집필분) 예, 그리고 1998년에 간행된 이와나미의 신일본고전문학대계 『요쿄쿠백곡謡曲百番』의 해설에서 니시노 하루오가 「시로서의 요쿄쿠」라는 항목에서 시인 노구치 요네지로野口米次郎가 요쿄쿠(노의 대본)를 '리리컬 드라마'로 번역한 것을 소개하며 노의 시적인 측면을 환기시키고 있는 정도다.

이런 경향은 사전이나 해설, 전문적인 연구 논문이나 연구서 등을 보아도 마찬가지이다. 이 방면에서는 1962년에 고니시 진이치小西甚一 씨가 영국 시인 에즈라 파운드의 지적을 근거로 제아미와 제아미 주변 작가들의 노에 '통일된 이미지'가 존재한다고 주장한 대단히 흥미로운 글이 있는데(「노의 형성과 전개」, 『노·교겐 명작집』, 筑摩書房), 이후 이러한 논의가 더 이상 진전되지 못한 채 오늘날에 이르고 있다. 요컨대 현재 노가쿠

---

1 5·7·5·7·7조의 일본 전통 시가(詩歌).

2 와카의 상구(上句) 5·7·5와 하구(下句) 7·7을 서로 다른 사람이 나누어 읊어 나가는 시가(詩歌) 형식.

연구는 일부에서 노를 시극으로 보려는 시점이 존재하지만, 그것을 연극 노의 가장 중요한 특질로 보고 거기에서 노의 본질을 파악하려고 하는 견해는 아직까지 공통 인식에 다다르지 못하고 있는 상태다. 노가쿠계를 비롯해 노가쿠 애호가들의 인식도 마찬가지일 것이다.

그러나 노라는 연극의 본질을 단적으로 표현하려고 할 때, 앞서 소개한 『대백과사전』이나 몇몇 해설서가 말하고 있듯이 '시극'이라는 말이 가장 적합한 표현이 아닐까, 필자는 생각한다. 필자가 노를 시극이라고 생각하게 된 것은 나름대로 대학 강의나 논문 집필을 위해 어느 정도 노를 꼼꼼하게 해독해 온 결과이다. 또한 그렇게 읽어 본 많은 노는 끊임없는 시적 조탁에 의해 풍부한 수사와 취향을 가지고 있으며 그것이 종국에는 작품의 의도作意 및 주제와 호응하고, 거기에 시적이라고밖에 표현할 수 없는 상징적인 세계가 드러난다는 것을 알았기 때문이다. 이러한 책상머리 공부는 노 관람을 통해 보강되고 혹은 수정되기도 했지만, 노가 시극이라는 인식은 강해져만 갈 뿐 약해지는 법이 없었다.

그래서 제6장에서는 「시극으로서의 노」라는 표제를 내걸고 노를 시극이라는 관점에서 파악해 보고 싶다. 하지만 노가 '운문을 이용한 연극'이라는 점은 분명한 사실이라 해도 이 책에서 시극으로서의 노의 성격에 대해 체계적 이론을 세워 설명할 생각은 없다. 우리가 한마디로 '노'라고 부르는 것에는 실로 여러 가지 유형의 작품이 존재하는데 그것을 한데 묶어 '시극'이라고 해도 좋을지 어떨지에 대해서는 소박한 의문이 있을 수 있다. 따라서 이번 강의에서는 그러한 논리적 설명이나 부수되는 전제적인 사항은 일절 생략하고 노라는 연극이 어떠한 수사와 취향으로 구성되어 있으며, 이들 수사와 취향이 한 작품 안에서 어떻게 기능하고 궁극적으로는 거기에 어떠한 세계가 조형되는가 하는 점에 대해 제아미의 《아쓰모리敦盛》를 통해 살펴보도록 하겠다. 이렇게 함으로써 노가 시극이라는 사실이 어느 정도는 이해될 수 있으리라 기대한다.

노의 독법에 대한 나의 의견—《기누타》의 경우—

이번 강의에서는《아쓰모리》를 읽으며 노가 시극인 이유를 이야기해 볼 생각이다. 하지만 '노를 어떻게 읽으면 좋을까'에 관해서는 사실 이렇다 할 표준적인 방법이 있는 게 아니다. 물론 노를 읽는 사람들 각각이 나름의 방식을 갖는 것은 좋은 일이다. 그러나 그 경우에도 최소한의 조건 같은 게 필요한 게 아닐까 하는 생각이 든다. 나는 그 최소한의 조건으로 '시극'이라는 측면을 제시해 보고 싶은 것이다.

따라서《아쓰모리》의 소개에 들어가기 앞서 제아미 만년의 작품인《기누타砧》를 통해 그 최소한의 조건에 대해 내 나름의 의견을 피력해 보고자 한다. 예를 들어《기누타》에는 다음과 같은 해석이 있다.

《기누타》에는 쓰레[3] 역에 유기리夕霧라는 여성이 등장한다. 그녀는 소송 때문에 3년 가까이 교토에 체재하고 있는 규슈九州 아시야芦屋 출신인 아무개(와키)를 시중드는 시녀이다. 어느 해 가을, 그녀는 고향집에서 남편의 귀향을 기다리고 있는 부인 마님(시테)에게 "올 연말에는 꼭 내려갈 테니 그리 알고 계시오."라는 주인의 전언을 가지고 하향을 하게 된다. 그러나 아시야에 도착한 유기리는 부인에게 좀처럼 주인의 전언을 전하지 못한다. 그러던 어느 날 규방의 고독을 달래기 위해 다듬이질하는 부인을 도와주던 유기리가 할 수 없이 "어찌합니까. 주인마님은 이번 가을

---

3   노의 역할 중 하나로 시테나 와키에 딸려 그 연기를 보조해 주는 역할. 시테에 딸려 있는 쓰레를 '시테즈레(シテヅレ)', 와키에 딸려 나오는 쓰레를 '와키즈레(ワキヅレ)'라고 한다.

《기누타砧》

에도 내려오지 못하십니다."라고 고한다. 남편의 귀향을 학수고대하던 부인은 유기리의 말을 듣고 절망 끝에 숨을 거둔다. 그 후 고향에 돌아와 아내의 명복을 빌고 있는 남편 앞에 생전에 사음邪淫의 죄를 지어 지옥에 떨어진 아내의 망령이 나타난다. 그녀는 3년 안에 돌아온다는 약속을 어긴 남편을 원망하며 질책한다. 그러나 마지막에는 남편의 기도로 아내가 성불하며 작품은 끝이 난다.

그런데 시녀 유기리는 왜 "올 연말에는 반드시 돌아간다."는 남편의 전언을 "올 가을에도 돌아오지 못한다."고 말한 것일까? 이 점이 바로 해석상의 문제가 되고 있는 대목이다.

원래 유기리의 이 전언은 많은 이본 중에서도 원형을 전하는 것으로 추측되는 무로마치시대의 텍스트를 바탕으로 한 것인데, 현행곡에서는 "어찌합니까. 교토에서 사람이 왔는데 올 연말에도 돌아오지 못하신답니다." 로 되어 있다. 이 대사에 따르면 유기리가 아시야에 도착한 후 적어도 한 달 이상은 지났다는 이야기가 되는데, 유기리의 대사로는 앞서 소개한, "올 가을에는 돌아오지 못한다."가 고형古形을 전하는 것으로 여겨진다.

그런데 "연말에는 반드시 돌아간다."와 "올 가을에는 돌아가지 못한다."는 분명히 다른 어투로, 유기리가 주인의 전언을 충실하게 전달하지 않은 것은 확실하다. 그 결과 부인의 죽음이라는 사태를 초래하게 된 것이다. 유기리의 이러한 교묘한 말 바꿈에 대해 속설에는 유기리와 그 주인 남편이 특별한 관계(남녀 관계)에 있었고 그에 따라 유기리가 의도적으로 말을 바꾼 것─유기리의 거짓말─이라는 해석을 하기도 한다. 이러한 해석에는 아시야에 도착한 유기리를 맞이할 때 부인이 "어인 일이냐 유기리, 희한하고 원망스럽구나."라고 건넨 말 중에서 '원망스럽다'라는 말에 남편의 애첩 유기리에 대한 아내의 복잡한 감정이 담겨 있다는 해석도 수반되어 있는 것 같다. 그러나 유기리라는 등장인물에 대한 이런 과도한 해석은 단지 과도한 독해에 따른 오해의 문제를 넘어, '노라는 연극을 어떻게 읽을 것인가'와 관련해 논점을 벗어난 해석이 아닌가 싶다.

《기누타》는 무로마치시대 후기부터 상연이 중단되었고 에도시대 겐로쿠 무렵에 부활 상연된 곡이다. 그런 사정 때문인지 현행 텍스트에도 유기리의 대사에 미묘한 차이가 존재한다. 이러한 사실을 기반으로, 문제가 되는 유기리의 대사를 생각해 보면 유기리는 아시야의 아무개가 부탁한 "올 연말에는 반드시 돌아간다."는 전언을, '올 가을'의 귀향을 학수고대하고 있는 부인에게 '올 가을에는 돌아오지 못한다'고 말한 것뿐이다. 즉 이 부분을 유기리의 의도적 말 바꿈으로 해석할 필요는 전혀 없다고 여겨진다. 게다가 《기누타》의 대본에는 남편의 부재가 '올 가을'로 3년이 된다는 사실이 몇 번이나 강조되고 있다. 그 점을 유의해 보면 아내의 의식 속에서 '올 가을'은 남편의 귀가를 기다릴 수 있는 한계선으로 설정되어 있음을 이해할 수 있다. 즉 《기누타》에서는 그렇게 응축되어 있는 '의식'이 문제가 되는 것인데, 그것은 현실에 존재하는 아내의 인식이라기보다는 관념으로 순화된 예술적인—시적인—의식이라고 해야 할 것이다. 바꾸어 말하자면 아내의 의식을 그렇게 순화시킴으로써 남편에 대한 아내의 연모의 정을 그리고자 한 것이 《기누타》의 전장前場인 것이다. 이렇게 순화된 의식세계에서는 '올 가을'만이 문제가 될 뿐, "올 연말에는 반드시 돌아간다."라는 남편의 말은 거의 '돌아가지 않겠다'는 말과 다름없게 된다. 이러한 아내의 '올 가을'에 대한 집착에 주의를 기울이면 '올 가을에는 돌아갈 수 없다'는 유기리의 말은 그 장면에 가장 적합한 말이 되는 것이다.

《기누타》가 이러한 아내의 순화된 '의식'을 그리려 한다는 것을 이해하고 보면, 유기리의 말을 주인 남편과의 특별한 관계 때문에 꾸며낸 것이라고 해석하는 것은 모처럼 예술적으로 순화된 세계를 비속하고 현실적인 척도로 위축시켜 버리는 것으로, 근본적으로 요점을 벗어난 해석이라는 점을 이해할 수 있을 것이다. 애초에 《기누타》가 리얼리즘 연극으로 만들어지지 않았다는 것은 '아시야의 아무개'라는 와키의 상징적 이름에도 나타나 있다.

이상은 《기누타》를 예로 든 것이지만, 이러한 예는 《기누타》뿐만 아니라 현대 우리가 노를 읽을 때—혹은 볼 때—자칫 빠지기 쉬운 함정처럼 여겨진다.

여기서 다시 '시극'이라는 말을 환기해 보자. 필자가 막연하게나마 생각하고 있는 '시극'이란 가령 《기누타》에서 현저하게 보이는 노의 이러한 측면에 다름 아니다. 그와 같은 시극적 성격이 모든 노에 부합되는지에 대해서는 차치하더라도 그것이 노의 현저한 특질 중 하나라고 주장할 수는 있을 것이다. 노의 '독법'은 읽는 사람에 따라 각기 달라도 좋을 터이나 최소한 노가 이런 '시극'적 성격을 농후하게 가지고 있는 연극이라는 점만큼은 잊어서는 안 될 것이다.

《아쓰모리》를 읽다 (1)—《아쓰모리》라는 노의 개요—

노가 시극이라는 인식을 바탕으로 하여 이하 구체적으로 《아쓰모리》라는 작품을 읽어 보기로 하자. 먼저 여기서는 줄거리, 곡의 취향, 작자, 성립 시기 등 그 전제가 될 만한 기본 사항들에 대해 설명해 두기로 한다. 먼저, 작품의 줄거리를 사나리 겐타로의 『요쿄쿠대관謠曲大観』(1930년, 明治書院)에 실려 있는 명쾌한 문장을 빌어 소개하면 다음과 같다.

구마가이 나오자네熊谷直実[4]는 이치노타니一の谷 전투에서 적장 다이라노 아쓰모리平敦盛[5]를 죽인 뒤 무상함을 느껴 출가한다. 렌쇼蓮生법사라는 법명을 얻은 나오자네는 죽은 헤이케平家 무사들의 명복을 빌기 위해 이치노타니로 간다. 거기에 풀 베는 사내들이 잔뜩 몰려와 이들과 피리에 관한 이야기를 주고받던 중 다른 사람들은 모두 돌아가고 없는데 한 사내만이 남는다. 렌쇼가 이상히 여기자 그 사내는 자신이 바로 아쓰모리의 망령이라 밝히고 사라진다. 렌쇼는 밤새도록 불경을 외며 아쓰모리의 명복을 빈다. 그날 밤 꿈에 아쓰모리의 혼령이 나타난다. 그는 다이라 가문의 몰락과 자신의 최후담을 들려주며 한때 적이었던 렌쇼의 애도를 받아 함께 극락왕생할 수 있게 되었음에 고마움을 표하고 사라진다.

읽어 보면 알겠지만 《아쓰모리》는 『헤이케모노가타리平家物語』[6] 의 그 유명한 이치노타니 전투에서 활약한 청년 무장 아쓰모리의 애절한 최후담을 소재로하여 그 후일담 형식으로 만들어진 몽환노이다. 무대는 생전에 활약했던 이치노타니. 전장前場의 시테는 아쓰모리의 화신인 풀 베는 사내, 후장後場은 아쓰모리의 망령이다. 와키는 아쓰모리를 베어 죽인 것을 계기로 출가한 구마가이의 렌쇼(간제류에서는 '렌세'). 이밖에 전장에서는 세 명의 풀 베는 사내가 쓰레로 등장한다. 《아쓰모리》는 1423년에

---

4 헤이안시대 말기부터 가마쿠라 초기에 생존한 미나모토 집안(源氏) 쪽 무장(武將).

5 헤이안시대 말기의 무장으로 피리의 명수. 16세 때 다이라 가문(平家)의 일원으로 이치노타니 전투에 참가했다가 미나모토 군대의 습격을 받아 전사했다. 이때 그를 벤 미나모토 쪽 무장이 구마가이 나오자네(熊谷直実). 구마가이는 자신의 아들과 비슷한 나이의 미소년 아쓰모리에 연민을 느껴 놓아 주려 했으나 아쓰모리의 완강함에 못 이겨 그의 목을 베었다고 한다. 그 후 구마가이는 출가하여 승려가 되었다.

6 가마쿠라시대 성립된 군기소설(軍記小說)로, 헤이케(다이라 집안)의 영화와 몰락을 그린 장편 소설.

성립한 제아미 작품이다. 제아미 노가쿠론서인『산도三道』[7]에 오에應永 연간(1394~1427)의 인기곡으로 등장하고, 7년 후 제아미의 예술론을 정리한『사루가쿠단기』에 의해 작자가 제아미임이 밝혀졌다. 이후 무로마치시대와 에도시대를 거쳐 오늘날에 이르렀는데 현재는 다섯 유파에서 모두 상연하고 있다.

　다음으로《아쓰모리》곡 전체의 전개 혹은 구성에 대해 살펴보자. 현재 상연되고 있는《아쓰모리》는 다음과 같이 10개 장면(이를 '단段'이라 한다)으로 이루어져 있다.

　① 와키의 자기소개와 미치유키道行[8]
　렌쇼가 자신이 출가하게 된 경위를 읊고, 아쓰모리의 명복을 빌기 위해 교토에서 이치노타니로 향한다. 저녁 무렵 이치노타니에 도착하자 야마테山手 들판에서 피리 소리가 들려온다.

　② 시테 및 쓰레의 등장과 술회
　풀 베는 사내들이 하루의 일을 끝내고 피리를 불며 귀가를 서두르는 장면. 사내들은 자신들의 처지를 한탄하며 렌쇼가 있는 곳으로 다가온다.

　③ 시테와 와키의 문답
　풀꾼에게 피리는 어울리지 않는다는 렌쇼의 말에 사내는 예부터 '풀꾼의 피리'는 '나무꾼의 노래'와 함께 영가詠歌의 대상이었다고 반론한다. 또 세상에 피리는 많지만 이것은 풀꾼의 피리이므로 '아오바青葉의

7　제아미의 노가쿠론서. 노의 창작법 등이 자세하게 설명되어 있음.
8　일본 문예에서 등장인물이 어떤 목적지까지 가는 도중의 지명이나 경관, 여정 등을 읊는 운문체 문장, 혹은 그때 사용되는 음악을 지칭하는 용어.

《아쓰모리教盛》

피리[9]이고, 또 여기는 스마須磨[10]이니 이 피리는 '아마노타키사시海士の
焼残'(피리명)[11]이기도 하다고 말한다. 그 사이 시테 혼자만을 남기고 다
른 풀꾼들은 퇴장한다.

④ 시테가 자신의 정체를 암시하고 퇴장

혼자 남은 풀꾼에게 렌쇼가 그 이유를 묻자, 명복을 빌어주기를 바라
기 때문이라고 대답한다. 렌쇼가 사내의 정체를 물으니 아쓰모리와 인

---

9   아악(雅樂)에 사용되는 횡적(橫笛)의 명기(名器)로, 아쓰모리가 나오자네에게 죽임을 당할 때 소지
    하고 있었다고 전하는 피리. 여기서는 풀꾼들이 베는 푸른 잎과 피리의 이름을 중첩시켜 수사적
    표현으로 사용하고 있다.

10 고베(神戶)시 서부에 있는 지명. 오사카만에 접해 있어 흰 모래사장과 푸른 소나무로 유명한 해안.

11 횡적의 이름. 그 옛날 잠수부들이 소금을 굽고 남은 재 속에서 발견한 대나무로 만들었다고 전하
    는 명적(名笛).

연이 있는 사람이라고 대답한다. 그 말을 들은 렌쇼가 염불을 외자 사내는 감사의 뜻을 표하고 자신이 바로 아쓰모리임을 넌지시 암시하며 사라진다.

⑤ 아이ㄱ イ [12]의 등장과 이야기

스마 포구에 사는 이(아이)가 나타나 렌쇼에게 이치노타니에서의 아쓰모리 최후담을 들려준다. 이야기를 마치고 나서 사내는 상대가 이야기의 당사자이기도 한 렌쇼 스님이라는 사실을 알고 부끄러워한다. 이윽고 렌쇼에게 아쓰모리의 명복을 빌어 줄 것을 부탁하며 퇴장한다.

⑥ 와키의 기다림

렌쇼는 염불을 외며 죽은 아쓰모리의 명복을 빌고자 한다.

⑦ 시테의 등장과 와키에 대한 감사

생전의 소년 무장의 모습으로 나타난 아쓰모리의 망령은 렌쇼의 진심어린 애도에 감사를 표한다. 또한 아쓰모리는 렌쇼의 애도가 렌쇼 자신에게도 후세 성불을 기약해 주는 것임을 깨닫고 우리 두 사람은 이 세상에 흔하지 않은 '법우法友'라고 기뻐한다. 그리고 후세 안락의 공덕을 위해 생전의 이야기를 참회담으로 들려주려고 한다.

---

12 '아이쿄겐(間狂言)'이라고도 함. 노에서 교겐 연기자가 연기하는 부분, 혹은 그 연기자를 일컫는 용어. 보통은 등장인물을 소개하거나 이제까지 극의 전개 내용을 설명하며 전장과 후장을 이어주는 역할을 한다. 이에 대해 독립된 교겐 작품을 '본교겐(本狂言)'이라 부른다. 제10장 중 「교겐은 노와 어떻게 관련되어 왔는가」 참조.

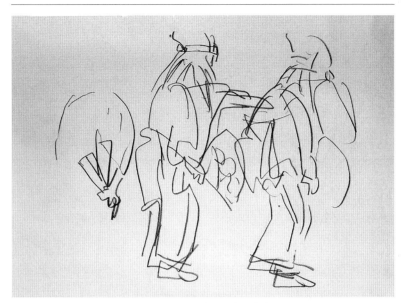

《아쓰모리》 스다 고쿠타로 데상

⑧ 시테의 참회

계속해서 아쓰모리는 요 20년간 있었던 다이라 가문의 성쇠에 얽힌 이
야기, 교토에서 쫓겨나 서해를 표류하다 이곳 스마의 이치노타니로 들어
와 고기잡이와 다를 바 없는 쓸쓸한 처지에 놓였던 이야기를 들려준다.

⑨ 시테의 참회와 춤

이어서 아쓰모리의 망령은 자신이 전사하기 전날 밤, 이치노타니 진
영에서 부친 쓰네모리経盛가 자신과 함께 이마요今様[13]를 부르며 춤을

---

13 헤이안시대 중기에 발생한 가곡의 한 형식. '이마요(今様)'란 '현대풍'이란 의미로 '당대의 유행가'
라는 뜻의 명칭.

춘 사실과, 자신이 피리를 불었던 이야기를 들려주며 그때 사람들이 가무하던 모습을 '주노마이中ノ舞[14]'로 재현한다.

⑩ 시테의 참회와 기원

계속해서 아쓰모리의 망령은 이튿날 미처 배에 올라타지 못한 아쓰모리가 사네자네에게 죽임을 당한 이야기를 들려준 후, 눈앞의 렌쇼에게 명복을 빌어줄 것을 간청하는 것으로 곡이 끝난다.

이상이 《아쓰모리》의 구성이다. 제아미가 젊었을 때는 이렇게 죽은 무사의 망령이 등장하는 작품을 '수라노修羅能'로 불렀는데, 《아쓰모리》를 제작할 당시에는 '군체노軍体の能'라 부르고 있다. '수라'란 불교에서 말하는 육도六道의 하나로 생전에 전쟁을 일삼던 무사들이 떨어지는 지옥이다. 제아미가 굳이 '군체노'라는 용어를 새롭게 사용한 데는 같은 무사가 등장하는 노라도 종래의 '수라노'와는 완전히 새로운 작품 세계를 창조했다는 자부심이 담겨 있다고 여겨진다.

한편, 《아쓰모리》의 마에지테前シテ는 가면을 착용하지 않는 맨얼굴로, 노치지테後シテ는 주로쿠十六[15] 가면을 착용한 젊은 무장의 차림으로 등장한다. 또한 제5단은 무로마치시대 후기 이후에 성립된 형태로 제아미 시절에는 좀 더 간략했을 것이라 추정된다.

---

14 노에 사용되는 무용이나 반주의 명칭. '조노마이(序の舞)'와 '큐노마이(急の舞)'의 중간 속도로 추는 춤 또는 반주 음악.

15 소년 귀공자의 망령이 사용하는 노 가면의 일종으로, 아쓰모리가 16세 때 전사한 데서 붙여진 이름.

《아쓰모리》를 읽다 (2)-'주제'라는 시점에서-

이상이 제아미 작 《아쓰모리》의 개요이다. 그런데 앞의 설명에서 독자들은 《아쓰모리》라는 노가 어떤 주제를 가진 작품이라고 생각할까?

이런 말을 하면 혹자는 노에 '주제' 같은 게 있냐며 의아하게 생각할지 모르겠다. '이 작품의 주제는 무엇인가'를 묻는 접근법은 노 감상에 있어서도, 연구에 있어서도 현대 우리들 주변에는 별로 없다. 그러니 그런 의문을 품는 것도 어쩌면 당연하다. 그러나 내 생각에는 시극 노에는 거의 예외 없이 그 곡이 '의도하는 바'가 있고 그 안에 분명히 '주제'라고 부를만한 것을 가진 작품이 상당수 존재한다. 《아쓰모리》는 그런 '주제'를 가지고 있는 작품이라는 게 필자의 생각이다. 이번에는 이 《아쓰모리》의 주제가 무엇인가에 대해 생각해 보기로 한다.

먼저 참고삼아 노 사전이나 해설서에는 이 점에 대해 어떻게 쓰여 있는지 보기로 하자. 원래 이런 것은 사전이나 해설서에는 잘 나와 있지 않는 게 보통인데, 굳이 관련된 내용을 찾아보니 다음과 같이 나와 있다.

① 젊어서 전사한 아쓰모리에 대한 동정과, 용맹스런 무사 나오자네가 불제자의 길을 선택한 것에 대한 상찬. 그리고 그것을 평소의 적이라 할지라도 불도를 같이 닦는 법우가 될 수 있다는 것으로 통일시키고 있다. 아쓰모리가 음악을 좋아하는 귀공자였다는 사실에 입각하여 가무적 요소에 무게를 둔 수라노이다. (岩波日本古典文学大系, 『謡曲集』 해설 '주제' 항)

② 수라노에 무용을 집어넣어 아수라의 고통을 강조하지 않으면서 전사 시에도 피리를 즐겼던 소년의 이미지에 걸맞게 풍아하고 가련한 취향으로 조형해 내고 있다. (『能·狂言事典』)

③『헤이케모노가타리』에 묘사된 헤이케의 귀족들은 모두 각각의 매력을 지니고 있지만 젊고 고귀한 것으로는 무관의 무사 아쓰모리를 먼저 꼽지 않을 수 없다. 피가 난무하는 전장에서 열여섯의 용맹스런 귀공자가 죽음을 눈앞에 두고 의연하게 적과 대적하는 모습도 훌륭하거니와, 그 모습에서 자식을 떠올리며 어떻게든 살려 보내고자 했던 구마가이 나오자네의 인간미 역시 이 이야기를 읽게 하는 힘이다.『헤이케모노가타리』의「아쓰모리」는 이렇다. (아쓰모리 최후의 장면 해설-생략) 이『헤이케모노가타리』의 상쾌한 독후감을 후일담 형식으로 노에 그대로 옮기려 한 것이 본 작품일 것이다.

(集英社文庫,『하야시 노조무의 노 읽기林望が能を読む』)

④ 이 곡은 '어제의 적은 오늘의 벗'을 표방하는 인정극이다…… 전란을 배경으로 한 아름다운 남자의 우정…… 정말 그것뿐일까요? 아쓰모리는 열여섯의 미소년입니다. 그런 소년의 아름다움을 자신의 손으로 봉인하고 독점한 렌쇼에게 일말의 도취감이 있었던 것은 아닐까요? 열여섯 나이에 숨을 거둔 아쓰모리는 영원히 아름다운 소년의 모습 그대로 렌쇼의 가슴 속에 새겨져 있습니다. 그 모습을 가슴에 묻고 렌쇼는 아쓰모리를 위해 염불을 외고 남은 여생을 아쓰모리와 함께 살아가고 있는 것입니다……이것은 사랑입니다. 사랑은 사람을 미치게 합니다. 아쓰모리의 망령은 렌쇼의 광기 속에 나타난 환각이었을지 모릅니다. 환각은 환각이기에 아름다우니 렌쇼는 더욱 더 도착적인 사랑의 심연으로 빠져듭니다. (新書館,『노가 뭐야?能って、何?』《아쓰모리》항)

《아쓰모리》의 주제에 대해서는 이처럼 논자에 따라 받아들이는 방식이 상당히 다른데, 이 중에서도 본 작품의 주제에 가장 육박하는 것을 꼽으라면 ①이다. 여기에는 아쓰모리와 렌쇼의 '법우' 관계가 강조되어 있다. ②는 반드시 주제를 염두에 두고 쓴 부분은 아니지만 노《아쓰모리》의 가장 중심적인 요소에 관한 견해를 피력한 것으로 참고가 될까 하여 소개해 둔다. ③은 용맹스럽게 산화한 아쓰모리의 쿨한 매력이 노《아쓰모리》의 요체이고 그것은 『헤이케모노가타리』의 아쓰모리상을 답습한 결과라고 논하고 있다. 또한 ④는 '어제의 적은 오늘의 친구'라는 ①과 같은 견해에 의문을 던지는 내용인데, 후반부의 문장은 거의《아쓰모리》와는 무관한 공상의 세계를 놀고 있는 느낌이다.

그렇다면 제아미가《아쓰모리》에 담아 놓은 주제는 무엇일까? 그것은 역시 ①에서 주목하고 있는 것처럼 '법우(함께 불도를 구하는 벗)'라는 말에 집약되어 있다고 보아야 할 것이다.《아쓰모리》의 주제는 아쓰모리가 렌쇼라는 법우를 만나서 생전의 집착으로부터 해방된 환희를 노래한 것이라고 할 수 있지 않을까? 즉, 일찍이 다이라와 미나모토의 무장으로 적대관계에 있었던 아쓰모리와 렌쇼가 유명을 달리한 채 재회하고 아쓰모리에게는 렌쇼가, 렌쇼에게는 아쓰모리가 서로 성불득탈成佛得脫의 계기를 만들어 줄 존재라는 점, 다시 말해 두 사람은 현실적 레벨의 벗이 아니라 불교적 차원의 벗임을 알게 된 것이다. 그러한 '법우'를 만남으로써 성불득탈을 약속받은 아쓰모리의 환희, 그것이 바로《아쓰모리》의 주제가 아닐까? 다음에서는 이 부분에 대해《아쓰모리》의 문장을 따라 가며 설명해 보겠다.

우선 다음에 실린 문장은 제7단의 후반. 무엇 때문에 나타났는지를 묻는 렌쇼에게 아쓰모리의 망령이, '그건 현세의 인과를 풀어내기 위해서(생전의 집착을 털어내기 위해서)'라고 대답한 후 이어지는 문장이다.

　ワキ: うたてやな, 一念弥陀仏即滅無量の,

罪障を晴らさん称名の, 法事を絶えせず弔らう功力に,

なにの因果は荒磯海の

シテ: 深き罪をも弔ひ浮かめ

ワキ: 身は成仏の得脱の縁

シテ: これまた他生の功力なれば

ワキ: 日頃は敵

シテ: 今はまた

ワキ: まことに法の

シテ: 友なりけり

地　: これかや, 悪人の友をふり捨てて, 善人の敵を招けとは, お

　　ん身のことかありがたや, ありがたしありがたし, とても懺

　　悔の物語, 夜すがらいざや申さん, 夜すがらいざや申さん

　이곳은 꽤나 복잡한 기교가 구사되는 부분이라 뜻을 좀 더 쉽게 파악하기 위해 현대어역으로 바꾸어 보면 대체로 다음과 같은 문장이 된다.

렌　쇼: 무슨 소릴 하는 겁니까? 부처의 이름을 한 번이라도 외면
　　　　무량의 죄업도 소멸합니다. 내 쉼 없이 칭명염불稱名念佛로
　　　　공덕을 쌓고 있는데 어찌 당신께 인과의 업보가 있으리까.

아쓰모리: 내 깊은 죄를 기도로 씻어 주셨으니 이 몸도 성불할 수 있
　　　　군요.

렌　쇼: 그 또한 이 몸이 성불 득탈하는 인연이지요.

아쓰모리: 그 역시 전세의 인연일까요.

렌　쇼: 그렇습니다. 일찍이 적이었으나

아쓰모리: 지금은 이렇게 마음을 터놓고 있을 수 있는 거군요.

렌　　쇼: 이제는 진정한 불법의 벗

아쓰모리: 그래요. 불법의 벗. 아 그리고 보니 악한 벗을 버리고 선한
　　　　　적을 불러들이라는 것은 당신을 두고 한 말인가. 아, 고마우
　　　　　셔라, 고마우셔라. 이렇게 나타난 것도 참회를 위한 것. 자,
　　　　　이제 내 참회의 이야기 밤새워 들려드리리, 밤새워 들려드
　　　　　리리.

이처럼 여기에는 아쓰모리가 렌쇼라는 '법우'와 해후하게 된 기쁨이
명확하게 그려져 있다. 한편 수사적 측면에서 보면, '일념즉멸무량죄一
念卽滅無量罪'라는 불경을 근거로 한 '일념즉멸무량의 죄장罪障을…'이라
는 문장을 "무슨 인과로 거친 바다なにの因果は荒磯海の"의 '바다'에서 '깊은
죄深き罪をも'로 연결시키고('바다'와 '깊은'은 엔고緣語16) "이 몸이 성불 득탈
의 인연身は成佛の得脫の緣"의 '인연'이 '후세의 인연'이라는 말을 매개로 한
'후생의 공덕他生の功力'과 공명하고 있다. 이 문장상에는

렌　　쇼: 진정한 불도의(まことに法の)

아쓰모리: 벗이라네(友なりけり)

라고 되어 있어, 렌쇼와 아쓰모리 두 사람이 '법우'임을 노래하는 대
목이 특히나 시선을 끈다. 말할 것도 없이 둘이서 함께 노래하는 이 형
식이 '법우'라는 말에 어울리기 때문이다. '법우'라는 《아쓰모리》의 주
제와 관련한 단어를 작자 제아미는 이렇게 그 의미와 가장 잘 어울리는

16　엔고(緣語). 와카나 산문에서 하나의 단어와 의미상 연관이 있는 단어를 사용하여 표현의 흥취를
　　더하는 수사법의 하나.

형태로—렌쇼와 아쓰모리가 분담하는 형태— 제시하고 있는 것이다.

한편, 아쓰모리가 렌쇼라는 법우와 만나게 된 기쁨은 이후, 제8단에서 제10단까지 이어지는 아쓰모리의 참회담(과거 20여 년간의 흥망성쇠와 이치노타니에서의 죽음) 이후에도 다음과 같이 또 다시 언급되고 있다.

> 지우타이[17]: …… 인과는 돌아돌아, 적이 예 있구나 치려 하는데, (당신
> 은) 원수를 은혜로 갚아 염불을 외며 명복을 빌어주시니,
> 우리 두 사람 종국에는 함께 극락정토에서 다시 태어나겠
> 지요. 당신의 이름은 극락의 연꽃, 렌쇼蓮生법사. 적이 아
> 니었습니다. 부디 제 명복을 빌어주세요, 명복을 빌어주
> 세요.
>
> 地　　　： …… 因果はめぐり会ひたり, 敵はこれぞと討たんとす
> るに, 仇をば恩にて, 法事の, 念仏して弔はるれば, つ
> いには供に生まるべき, 同じ蓮の蓮生法師, 敵にてはな
> かりけり, 跡弔ひてたびたまへ, 跡弔ひてたびたまへ

아쓰모리는 여기서도 이렇게 렌쇼가 '적이 아니었다'며, 법우 렌쇼에게 추선공양을 간청하는 것이다. 이렇게 《아쓰모리》는 끝나고 있다.

그런데 위에서 소개한 마지막 대목에서 주의할 것은 "인과는 돌아돌아, 적이 예 있구나 치려 하는데"라는 문구이다. 이 문구에 의하면 아쓰모리가 맨 처음 풀꾼으로 렌쇼와 만났을 때의 심경은 '적이 예 있구나 하며 치려는' 것이었다. 그러나 렌쇼가 염불을 통해 명복을 빌어 준 사

17　지우타이(地謠). 지문의 문장을 노래하는 일종의 코러스. 대개 극의 상황설명이나 정경 묘사, 주인
　　공의 심리 묘사 등에 이용된다. 여기서는 시테 아쓰모리의 대사를 지우타이가 대신 부르고 있다.

실을 알고 같은 연잎에 태어날(극락정토에 같이 태어날) 법우로 인식하게
된 것이다. 사실이 바로 그러한데, 그때의 아쓰모리의 심경이 제4단에
서 다음과 같이 명확하게 그려져 있다.

와　　키: 이상하여라. 다른 풀꾼들은 모두 돌아가는데, 당신 혼자
　　　　남아 있는 것은 무슨 까닭인가요?

시　　테: 무슨 까닭일까요. 스님의 염불 소리에 이끌려 왔습니다.
　　　　십념十念[18]을 받잡고 싶습니다.

와　　키: 어렵지 않습니다. 십념을 드리리다. 그런데 당신은 누구신
　　　　지요?

시　　테: 사실 이 사람은 아쓰모리와 인연이 있는 몸입니다.

와　　키: 인연 있다 하시니 그립군요. 두 손 모아 나무아미타불.

시테·와키: 약아성불십방세계若我成佛十方世界, 염불중생섭취불사念佛
　　　　衆生攝取不捨[19]

지우타이: 저버리지 마세요. 한 번으로도 충분한 나무아미타불, 이
　　　　렇게 매일 밤 명복을 빌어주시니, 아 고마우셔라. 내 이름
　　　　말하지 않아도 이제 분명하리. 스님께서 매일 밤 기도하
　　　　시는 그 사람은 바로 나. 그 한 마디 남기고 사라졌다네.
　　　　그 모습 사라졌다네.

ワ　　キ: 不思議やな, 余の草刈たちは皆々帰りたまふに, おん
　　　　身一人留まりたまふこと, なにのゆゑにてあるやらん

シ　　テ: なにのゆゑとか夕波の, 声を力に来たりたり, 十念授

18　나무아미타불을 열 번 외는 것.

19　'만일 내(아미타불)가 성불한다면 부처를 기원하는 세상 모든 중생을 남김없이 구제하리라'는 뜻.

けおはしませ

ワ　　キ：易きこと十念をば授け申すべし，それにつけてもお

　　　　　　ことは誰そ

シ　　テ：まことはわれは敦盛の，ゆかりの者にて候ふなり

ワ　　キ：ゆかりと聞けば懐かしやと，掌を合はせて南無阿弥陀仏

ワキ・シテ：若我成佛十方世界，念佛衆生攝取不捨

地　　　　：捨てさせたまふなよ，一声だにも足りぬべきに，毎日毎

　　　　　　夜のお弔ひ，あらありがたやわが名をば，申さずとても明

　　　　　　け暮れに，向かひて下向したまへる，その名はわれと言ひ

　　　　　　捨てて，姿も見えず失せにけり，姿も見えず失せにけり

　이 장면은 다른 풀꾼들이 모두 돌아간 후 아쓰모리의 화신인 사내가
혼자 남아 서서히 자신의 정체를 밝히며 렌쇼에게 추선공양을 부탁하고
사라지는 장면이다. 그러나 이 장면을 종반부의 "적이 예 있구나 치려
하는데"와 대입시켜 보면 이 장면은 단순히 그런 사실만을 그린 게 아니
라, 이제까지 원한에 사로잡혀 있던 아쓰모리가 그 집착을 버리게 되는
경위가 은연중에 표현되고 있음을 소구해 볼 수 있다.

　또한 위의 4단에서는 풀 베는 사내가 아쓰모리와 연관이 있음을 알
게 된 렌쇼가 '나무아미타불'을 외자, 아쓰모리의 화신이 렌쇼와 함께
'약아성불십방세계, 염불중생섭취불사'를 합창한다. 이 대목은 고古 대
본에서도 두 사람이 합창하는 형식으로 되어 있어 이것이 《아쓰모리》의
원형이라고 추정되는데, 이런 염불합창의 '취향'에도 두 사람의 '법우'
관계가 은연중에 암시되어 있는 것이다. 덧붙여 두자면, '염불중생섭취
불사'의 '불사不捨'라는 말 뒤에 지우타이의 "저버리지 마세요."라는 합
창이 이어지고 있으니, 이를 보면 실로 《아쓰모리》는 수사와 취향과 구

성이 치밀하게 맞물려 주제를 드러내는 곡임을 알 수 있다.

《아쓰모리》를 읽다 (3)-'취향'이라는 시점에서-

앞에서는 제7단의 '진정한 불도의 / 벗입니다'가 렌쇼와 아쓰모리 두 사람의 '분담'으로 이루어진 점, 그리고 제4단의 '약아성불……'이 두 사람의 합창으로 이루어진 점을 소개했다. 그런데 이들은 모두 법우와 해후한 기쁨이라는 주제와 깊게 연관된 '취향'으로서, 《아쓰모리》의 드라마 트루기(극작법)를 생각할 때 주목해야 할 부분이다. 그러나 《아쓰모리》에 담겨 있는 취향은 이것뿐이 아니다. 이 같은 극작법은 《아쓰모리》의 특색일 뿐만 아니라 노라는 연극의 특색이기도 한데, 이번 장에서는 마지막으로 《아쓰모리》의 또 다른 '취향'에 대해 몇 가지 더 소개하고자 한다.

먼저 《아쓰모리》의 와키가 원수인 렌쇼로 설정되어 있는 사실에 대해 살펴보자.

《아쓰모리》에서 와키가 렌쇼로 설정된 것에 대해서 지금까지는 그다지 좋은 평가를 받지 못했다. 예를 들어 사나리 겐타로의 『요쿄쿠대관』에서는 그 「개괄적 평가」 란에

> 본 곡은 이른바 수라노에 속하는 곡인데 다른 비슷한 부류의 작품들과 비교할 때 확연하게 다른 점이 있다. 그중 하나는 와키가 전국을 유랑하는 행각승이 아니라 시테 아쓰모리를 죽인 나오자네의 출가 후 모습이라는 점이다. 즉 시테와 와키의 관계가 현재물現在物에서처럼 역사적으로 밀접한 관계를 가지고 있는 것이다. (하략)

라는 문장을 실으며《아쓰모리》의 가장 특이한 점으로 와키의 성격을 꼽고 있다. 또한 이에 대해 사나리는 씨는 "이는 요쿄쿠의 희곡적 전개라는 관점에서 볼 때 바람직한 형태이며, 진보한 형태라 할 수 있다."라고 평가하는 한편,

> 그러나 이어지는 제9단에서 자신을 죽인 자에게 자신의 최후담을 술회하는 설정은 보통의 행각승이 와키로 등장하는 복식노複式能[20]와 완전히 동일한 수법인데, 이 같은 수법은《아쓰모리》같은 특수한 곡에는 전혀 어울리지 않는 심각한 실수다.

라고 하고 있다. 즉,《아쓰모리》가 모처럼 무명의 행각승이 아닌 인물을 와키로 내세워 놓고는 시테가 자신의 최후담을 술회하는 몽환노의 유형을 그대로 답습했다는 것이다. 그 결과 아쓰모리가 자신을 죽인 나오자네를 상대로 자신의 최후를 들려주는 파탄을 초래했다는 것이다. 이와 같은 비판적 평가는 쇼가쿠칸小学館에서 나온 일본고전문학전집『요쿄쿠집謡曲集』에도 보인다. 즉, 이 책「비고」란에 "와키가 시테를 살해한 구마가이 나오자네인데 그런 자를 상대로 자신의 최후를 진술한다는 구상은 충분히 농익지 않은 구상이다."라고 되어 있다.

이들 비판에서처럼 확실히 아쓰모리는 제8단에서 제10단에 걸쳐 렌쇼를 상대로 자신의 체험담을 장황하게 들려준다(176~180쪽 이하의《아쓰모리》구성 참조). 어떻게 보면 그것은 확실히 부자연스러운 설정이며 혹은 파탄이라는 말을 들어도 어쩔 수 없는 것처럼 보인다. 그러나 만약 그렇다면,《아쓰모리》는『요쿄쿠대관』이 지적한 대로 '심각한 실

---

20 제3장「기노시타준지의 몽환노론」참조.

수'를 범한 결함 있는 작품이 되는 것인데, 과연 그렇게 결론지어도 좋을 것인가?

원래 《아쓰모리》가 렌쇼를 와키로 설정한 것에 대해서는 『요쿄쿠대관』이나 『요쿄쿠집』과 유사한 비판이 있어 왔다. 그러나 그것이 《아쓰모리》 곡 전체에 대한 평가로 이어지지는 않고, 결함은 결함으로 존재하지만 여전히 '《아쓰모리》는 제아미의 명작'이라는 식의 막연한 평가가 현재 《아쓰모리》에 대한 평가인 것 같다. 그것은 무엇보다 노를 하나의 작품으로 평가하는 분위기가 충분히 성숙되지 않은 현재 상황을 상징하고 있는 것처럼 내게는 비친다. 결론부터 말하자면 렌쇼를 와키로 한 《아쓰모리》의 설정은 실수도 파탄도 아닌, 작자 제아미가 《아쓰모리》의 주제와 긴밀하게 연결되도록 설정해 놓은 정교한 '취향'이라는 것이다.

원래 제8단에서 제10단에 걸쳐 아쓰모리가 술회한 내용이 꼭 렌쇼가 다 알고 있는 내용이라고 할 수는 없다. 그 내용이란 과거 20여 년간의 다이라 가문의 흥망성쇠와 아쓰모리 생전의 마지막 장소인 이치노타니에서 일어났던 일련의 사건들이다. 그중에서 렌쇼가 알고 있는 건 제10단에서 간단하게 언급된 아쓰모리 최후의 모습뿐이다. 즉 제8단 이후의 아쓰모리의 참회담은 『요쿄쿠대관』 등이 지적하듯이 아쓰모리의 최후담이 아닌 것이다. 제8단 이후의 내용을 전부 렌쇼가 잘 알고 있는 아쓰모리 최후담이라고 오해하고 '심각한 실수'라든지 '미숙하다'는 등의 평가를 내린 것은 두 책의 실책이라 할 수 있다.

이 같은 오해가 생긴 것은 제8단 이후에 펼쳐지는 아쓰모리의 이야기가 『헤이케모노가타리』에 이미 다 나와 있는 내용이기 때문은 아닐까? 즉, 제8단 이후에 들려주는 이야기가 우리가 잘 알고 있는 『헤이케모노가타리』에 나와 있는 것이기에 렌쇼도 이미 다 알고 있는 이야기

인 것처럼 착각한 것은 아닐까하는 생각이 든다. 그러나 말할 것도 없이
『헤이케모노가타리』의 내용을 알고 있는 것은 독자이지 렌쇼가 아니다.
그런 느낌으로 다시 제8단 이후의 이야기를 읽어 보면 거기에는 아쓰모
리와의 대결 이외에는 렌쇼가 체험적으로 알고 있는 것이 하나도 없음
을 알 수 있다. 예를 들어 제9단에서는 다음과 같은 대사가 나온다.

> 시　　테: 그리하여 2월 6일 밤이 되자 아버지 쓰네모리가 일족을 모
> 　　　　　아 놓고 이마요를 부르고 춤을 추었답니다.
> 와　　키: 그러면 그게 그 밤의 연회였군요. 성안의 아름다운 피리 소
> 　　　　　리가 우리 진영에까지 들려왔지요.
> 시　　테: 그 피리소리야말로 아쓰모리가 마지막까지 지니고 있던
> 　　　　　그 피리 소리였답니다.
> 와　　키: 그 피리 소리 한 소절에 맞춰 춤을 춘 것이로군요.
> 시　　테: 이마요와 로에朗詠[21]
> 와　　키: 소리 소리마다
> 지우타이: 박자를 맞추고 목청을 높여
> 【주노마이】
> シ　　テ: さても如月六日の夜にもなりしかば, 親にて候ふ経盛
> 　　　　　われらを集め, 今様を歌ひ舞ひ遊びしに
> ワ　　キ: さてはその夜のおん遊びなりけり, 城の内にさも面白
> 　　　　　き笛の音の, 寄せ手の陳まで聞こえしは
> シ　　テ: それこそさしも敦盛が, 最後まで持ちし笛竹の

21　헤이안시대 초기에 발생한 일본 가곡(歌曲)의 한 형식으로 한시(漢詩)에 곡을 붙여 부른 일종의 아악
　　(雅楽).

ワ　　キ：音も一節を歌ひ遊ぶ

シ　　テ：今様朗詠

ワ　　キ：声々に

地　　　：拍子を揃へ声をあげ

【中ノ舞】

　위에서는 아쓰모리가 전사하기 전날 밤, 아버지 쓰네모리가 베푼 진중 연회에서 아쓰모리가 피리를 연주한 사실이 언급되고 있다. 이는 『헤이케모노가타리』 권9의 「아쓰모리의 최후」에서 나오자네가 아쓰모리를 제압하는 장면에 "오늘 동틀 녘 성 안에서 음악을 연주한 것은 이 사람들이었구나."라고 기술되어 있는 것으로 보아 렌쇼도 대강은 알고 있는 이야기라 할 수 있다. 하지만 그때의 피리 소리 주인이 아쓰모리였다는 것은 아쓰모리의 망령을 만나기 전까지는 몰랐던 사실이다. 이처럼 제8단 이후에 나오는 아쓰모리 참회담의 대부분은 렌쇼가 몰랐던 사실이고, 따라서 거기에는 『요쿄쿠대관』이나 『요쿄쿠집』이 지적하는 부자연스러운 점은 하나도 없다. 오히려 피리 소리를 둘러싼 렌쇼와 아쓰모리의 문답—이 문답에 의해 전날 밤 피리 소리의 주인이 아쓰모리였음이 판명된다—은 『헤이케모노가타리』의 서술을 교묘하게 이용하여 후일담 형식으로 전개시킨 기막힌 조치였다.

　이렇게 보면 《아쓰모리》에서 와키가 원수인 렌쇼로 설정된 의미가 무엇인지에 대해 생각해 볼 필요성이 제기되는 건 자연스러운 일인데, 그러나 이 점에 대해서는 두 번 다시 논할 필요가 없을 것 같다. 앞서 이야기한 《아쓰모리》의 주제—법우와의 해후를 통한 성불의 기쁨—를 반추해 보면, 와키가 아쓰모리의 원수 렌쇼라는 사실은 그 주제에 가장 적합한 설정이자 '취향'이라고 할 수 있기 때문이다. 생각해 보면 렌쇼가 아쓰모리의 죽음을 계기로 출가한 사실은 『헤이케모노가타리』에 기술되어 있는 내용인데, 그 후 아쓰모리가 어떻게 되었는지에 대해서는 말할 것도 없이 『헤에키모노가타리』에는 나와 있지 않다. 『헤이케모노가타리』가 「아쓰모리의 최후」에서 그리려 한 것은 성자필쇠盛者必衰의 이치와 그 이치를 깨달은 나오자네의 발심發心에 관한 것이었다. 그 내용을 발판 삼아 『헤이케모노가타리』에는 전혀 언급되지 않는 '아쓰모리의 깨달음'을 '법우와의 해후'라는 시점에서 그리려 한 것이 제아미이고, 《아쓰모리》였던 것이다.

마지막으로 한 가지 《아쓰모리》의 취향으로 꼭 소개해 두고 싶은 것이 있다. 그것은 전장 제2단과 제3단에서 그려지고 있는 시테의 고독감이다. 원래 이 장면에서 시테의 고독감이 나타나 있다는 사실은 지금까지는 그다지 언급되지 않은 사실이다. 그러나 예를 들어 제2단의 후반부에 있는 시테와 쓰레의 다음 문구 등을 보면 그러한 내용이 현저하게 나타난다.

> 물으시면 홀로 쓸쓸히 살아갈 뿐이라고 대답하지요.
> 스마 바닷가에서 소금을 거두며 사는 내가 누군 줄 안다면, 내가 누군 줄 안다면 내게도 찾아올 벗이 있으련마는 너무나도 영락한 이내 모습에 그 옛날 친한 벗들마저 멀어져 가고. 이것도 이 세상에 살고 있기 때문이라고 덧없는 한세상 살고 있다오. 덧없는 한세상 살고 있다오.
>
> 問はばこそ, ひとり侘ぶとも答へまし
> 須磨の浦, 藻塩たれとも知られなば, 藻塩たれとも知られなば,
> われにも友のあるべきに, あまりになれば侘び人の, 親しきだにも
> 疎くして, 住めばとばかり思ふにぞ, 憂きにまかせて過ごすなり,
> 憂きにまかせて過ごすなり

여기에는 "내게도 찾아올 벗이 있으련마는"이라며 '벗'이 없는 고독감이 분명히 나타나 있다. 또 이어지는 제3단에서는 다른 풀꾼들이 모두 돌아간 후 아쓰모리의 화신인 한 사내가 혼자 남겨지는데, 이 역시 시테의 고독감을 나타내는 장면이라 할 수 있다. 또 제8단 후반의 이치노타니 계곡에 틀어박혀 살던 때를 회상하며 "어부의 움집에서 함께 자고 스마 사람들과만 왕래를 하니… 그런 곳에 살며 스마 사람이 다 되었으니 일족의 말로가 서글프기 짝이 없었네."라고 술회하고 있는 대목에서도 고독감이 배어난다.

이렇게 《아쓰모리》에는 고독감이 강조되어 있는데, 이것이 '법우와의 해후'라는 주제와 연결된 '취향'이라는 점은 두말할 필요도 없다. 그렇게 고독했던 아쓰모리가 렌쇼라는 '법우'와 만나 성불한다는 것이 노 《아쓰모리》인 것이다.

사가라 토루의 『제아미의 우주』-《아쓰모리》론의 보족-

그런데 이렇게 《아쓰모리》에 대한 독해를 마친 필자를 놀라게 한 것은, 내 생각과 완전히 똑같은 취지의 글을 발표한 사람이 있었다는 것이다. 1990년에 간행된 사가라 토루相良享의 『제아미의 우주世阿弥の宇宙』(펠리칸사)에 있는 《아쓰모리》론이 바로 그것이다. 사가라는 일본 윤리 사상사의 태두로, 사가라가 이 책을 저술한 사실을 물론 나는 알고 있었다. 하지만 노가쿠 전문가의 저서도 아니고 해서 서가에 꽂혀 있는 책을 사실은 찬찬히 읽어 볼 기회가 없었다. 그러다 이 책을 교정하던 중에 문득 마음에 걸려 책을 빼들고 서문을 읽어 보았는데, 그때 다음과 같은 놀라운 문장이 눈에 들어 온 것이다.

요쿄쿠에 관심을 가지게 되고부터 제아미의 요쿄쿠를 중심으로 한 선학들의 연구를 열심히 읽어 왔는데, 먼저 유력한 연구 경향으로 눈에 띤 것이 원전本説 혹은 민간전승과 관계된 연구였다. 그 자체는 매우 의미 있는 연구이며 또한 그중에는 손꼽힐 만한 연구들도 꽤 있었다. 하지만 나처럼 요쿄쿠의 사상에 관심을 가지고 있는 사람에게는 원전이나 민간전승과의 관련연구를 지렛대 삼아 요쿄쿠 자체의 사상을 파고들어가는 연구 자세가 보다 풍부했으면 하는 아쉬움이 어쩔 수 없이 남는 것이다. 또한 간혹 사상을 언급하는 경우에도 대부분은 감상의 영역을 벗어나지 못하는 경우가 많았다. 대개 다른 연구에서도 사상을 언급하는 경우에는 직감적인 감상을 풀어 놓는 경우가 많은데, 예를 들어 우리가 쉽게 접할 수 있는 텍스트에는 대부분 해제 중에 「주제」 항목이 들어 있지만 한두 줄 정도에 그치고 만다. 일본고전문학대계(이하 '대계'라고 약칭)에서는 '주제'란 '노 작품이 의도하는 바'라고 설명해 놓았는데, 때로는 깨우침을 받기도 하지만 때로는 무슨 근거로 주제를 이렇게 설명하고 있는지 의문을 품을 때도 있다. 애초에 '의도'란 무엇인가 라는 문제도 있지만 그것은 차치하고라도, 이 노의 '의도'는 여기에 있다고 하는 것에 대해 그렇게 간단하게가 아니라, 어째서 그렇게 말할 수 있는지에 대한 '논'을 전개시켰으면 하는 것이다. 노의 주제라는 것이 논할 여지도 없이 한번 읽어 보면 누구나가 같은 이해에 도달하게 되는, 그렇게 자명한 것인가? 나는 현재의 요쿄쿠 연구가 '의도'에 대해서든 '사상'에 대해서든 하나의 '논'으로서 추구되지 않는 것을 의문스럽게 생각한다. 직감적으로 자명하다는 것인지, 학계의 학문적 수준이 거기에 미치지 못해 그러한 시도가 무모하다는 것인지, 혹은 그런 관심이 애초에 희박한 것인지, 원인은 이 셋 중 하나일 것이다.

내가 선학의 요쿄쿠 연구 중에서 가장 은혜를 입은 것은 출전과 어석

語釋에 관한 주석이다. 하지만 이 어석에 대해서도 같은 느낌을 받았다. 어석이란 단순히 국어학적 뜻을 해명하는 데 머무는 것이 아니라 하나의 작품 안에서 그 어구가 어떻게 쓰이고 있는지를 설명하는 것일 터이다. 따라서 주석자는 한 작품의 내용을 이해한 토대 위에서 어석 작업을 행했을 것이다. 그렇다면 왜, 어석의 형태가 아니라 한 작품의 내용을 '논'할 수는 없는 것일까? 주註에서 그 곡에 대한 주석자의 전체적인 이해를 가늠하기 어렵다고 느낄 때는 더욱 더 어석자에게 작품 전체에 대한 이해를 '논'으로 전개시켜 주었으면 하는 희망을 품게 된다.

　요컨대 나는 요쿄쿠의 내용에 대한 이해가 하나의 '논'으로 전개되는 경우가 너무나 적은 사실이 이해가 되지 않는다. 그것은 현 단계에서 무모한 일인가? 그게 무모하다면 제아미 요쿄쿠의 사상을 논하는 것은 너무나 무모한 일이 된다. 나 개인에게 이것이 무모한 시도라는 것을 알고 있다. 하지만 감상으로서가 아니라 하나의 '논'으로서 요쿄쿠의 내면을 문제 삼는 자세가 학계에 너무나 희박하니 굳이 한번 시도해 보고 싶다. 논으로 전개하면 적당히 속일 수가 없다. 하여 이를 발판삼아 요쿄쿠에 대한 이해는 좀 더 깊어질 것이다.

　말투는 온화하지만 현재 노가쿠계에 대한 그의 지적은 그야말로 통렬한, 또한 그야말로 적확한 비판이 아닐 수 없다. 나는 이 책이 이러한 시점에서 쓰인 사실을 몰랐던 어리석음을 부끄러워하며 씨의 한 마디 한 마디에 동감을 금치 못했다. 그러한 시점에 입각한 사가라의 《아쓰모리》론은 다음과 같은 것이었다.

　아쓰모리는 나오자네에게 죽임을 당했으며 아쓰모리의 최후에 대해서는 나오자네가 너무나 잘 알고 있을 터이다. 그런 나오자네를 향해 자신의 최후를 말하는 것은 곡의 구성상 미숙하다는 지적이 있다. 기술적인 문제로서는 지당한 지적이라 생각한다. 그러나 참회란 원래 사실을 객관적으로 말하는 것이 아니라 내면을 토로하는 것이다. 여기에서 술회되고 있는 아쓰모리의 최후담은 단순한 사실이 아니라 아쓰모리의 내면을 이야기하는 것이라고 할 수 있다. 더욱이 나오자네는 아쓰모리의 죽음을 통해 세상의 무상함에 눈을 뜨고 이미 출가한 몸이다. 그리고 아쓰모리의 영혼을 애도하며 그의 명복을 빌기 위해 지금 다시 이치노타니에 와 있다. 나오자네는 이미 깊은 참회를 했으며 아쓰모리의 명복을 빎으로써 스스로가 더욱 더 이 세상으로부터 초탈해질 수 있기를 기원하고 있는 것이다. 이런 나오자네에 대해 아쓰모리의 참회는 나오자네의 참회와 추선공양에 대한 응답이며, '법우'로서의 행위이다. 이곡의 주안점은 '법우'로서의 지평이 아쓰모리와 나오자네 사이에 진정으로 열려 있다는 것에 있으며, 아쓰모리가 나오자네에게 참회하는 것은 그 사상의 표현으로서는 실로 절묘한 것이다.

사가라의 《아쓰모리》론은 다음과 같이 계속된다.

아쓰모리의 망령은 이렇게 참회하는데, 참회한다는 것은 '죽임을 당해 사라진' 원념怨念을 아직 초극하지 못했다는 것을 의미한다. 망령은 '현세의 인과를 풀기 위해' 나타난 아직 채 성불하지 못한 망령이다. 망령은 성불을 구하고 있으나 여전히 원망은 남아 있다. 아쓰모리의 망령은 나오자네가 자신을 죽인 것을 계기로 출가한 사실과, 일심으로 자신의 명복을 빌고 있음을 알고 있다. 전장에서 이름을 물었을 때 그 화신이 "매일 밤의 추선공양, 아 고마워라. 내 이름은 말하지 않아도, 아침저녁 명복을 빌고 계신 그 이름은 바로 나라는 말을 남기고" 모습을 감

춘다. 후장에서 무장의 모습으로 나타나서도 추선공양에 대해 "고마워라, 고맙고 고마워라"라며 고마워하고 있다. 아쓰모리는 나오자네의 모든 것을 알고 고마워한다. 그러나 참회하는 망령인 이상 자신을 죽인 '원수'라는 원념을 극복하지 못하고 있다. 칼을 휘두르며 마지막 장면을 참회할 때 그것은 "종국에는 살해되어 사라진 몸의, 인과는 돌고 돌아, 적은 예 있구나 치려는데"로 분출한다. '인과는 돌고 돌아'는 먼저 전세의 업보로 인해 이 세상을 헤매다 당신과 만나게 되었다는 의미일 것이다. 그러나 그렇게 말하고 난 순간 원념이 불타올라 나를 죽인 네가 죽임을 당하는 인과응보의 때가 왔다고, 참회의 칼이 일순간에 적을 내리치는 칼로 치켜올라간 것이다. 그러나 다음 순간 망령은 칼을 내던진다. 베어 버리려 한 순간에 "적이 아니었구나"라고 마음 속 깊은 곳에서 느꺼움이 올라온 것이다. 그리고는 칼을 버리고 "명복을 빌어주시오"라며 사라진다.

이 곡의 내용상 하이라이트는 "적이 아니었구나."라며 치켜올린 칼을 내던지는 장면일 것이다. 아쓰모리는 나오자네가 일심으로 그의 영혼을 위해 명복을 비는 '법우'임을 알고 있었지만 그럼에도 원념을 안고 있었던 것이다. 상대를 베기 위해 칼을 치켜 든 순간, '적'의 의식은 사라지고 아쓰모리는 원념을 넘어섰다. 참회는 실로 모든 것을 토로한 연후에야 완료되는 것이다. 이 때 '적'의 의식을 뛰어 넘은, 사람 대 사람의 지평이 각성된 것이다.

이후에도 《아쓰모리》가 수라노로서는 드물게 춤中/舞을 추는 장면이 삽입된 것에 대해서는, 작품에 응축되어 있는 '고독감'과 연관지어 해석하고 있는데, 인용이 길어질 것 같아 생략하기로 한다. 어쨌든 앞에 소개한 사가라의 해석이 나의 견해와 거의 중첩된다는 것은 한눈에 알 수 있다. 이럴 때 연구논문의 경우라면 관련된 중요한 논문을 빠뜨렸다는 비난을 면치 못할 것이나, 이로써 나의 견해가 그리 틀린 것이 아니라는 것을 입증 받은 셈이므로 나로서는 오히려 기쁠 따름이다. 굳이 표현하자면 그야말로 '법우'와 해후한 심경이다.

제7장

노 무대의 변천

- 노가쿠도가 출현하기까지 -

현재의 노 무대

처음 노가쿠도를 경험한 사람은 먼저 노가 시작되기 전의 무대를 보고 다소 놀라움을 느끼지 않을까? 거기에는 객석으로 돌출된 정방형의 무대가 있고, 그 무대로부터 긴 복도처럼 생긴 하시가카리橋掛リ가 이어져 있으며 이것들이 커튼으로 가려지지 않고 그대로 개방된 채 장엄한 분위기를 자아내고 있으니 말이다. 게다가 시선을 위쪽으로 옮기면 거기에는 네 개의 기둥으로 받쳐진 맞배형과 팔각집 형식의 지붕이 있다. 노 무대의 장엄한 분위기는 바로 이 지붕에서 발산된다는 것 같다. 그러는 동안 어느 새 객석이 꽉 차고 문득 정신을 차리고 보면 교겐의 다로카자太郎冠者가 하시가카리의 중간 정도까지 걸어 나오고 있다. 이렇게 교겐이 시작되고 그 후 기대하던 노가 시작되면 처음에 노 무대에서 받았던 인상은 완전히 어디론가 사라진다. 그리고 노가 끝나고 시테와 와키가 퇴장하고 마지막까지 남아 있던 하야시카타가 퇴장하고 나면 거기에는 또다시 장엄한 분위기를 띤 무대가 눈앞에 나타나는 것이다. 그렇게 아무도 없는 노 무대를 바라보며 우리는 지금 막 끝난 노나 교겐의 인상적인 장면을 떠올리거나, 머릿속에서 오늘 무대에 적합한 평어評語를 찾으며 귀로에 오른다.

현대의 노 관객은 대체로 이런 식으로 노 무대를 접할 것이다. 그 무대는 노가쿠를 구성하는 다른 요소와 마찬가지로 현재와 같은 형태를 갖추기까지 많은 변화를 겪어 왔다. 제7장에서는 그런 노 무대의 변천사를 더듬어 보고자 하는데 그를 위한 기초지식으로 우선, 현대 노 무대의 구조에 대해 소개하겠다. 다음의 설명은 이케노우치 노부요시가 그의 저서 『노가쿠성쇠기』에 기술한 노 무대의 해설문이다. 좀 길지만 현재의 노 무대를 솜씨 있게 설명한 좋은 글이라 그의 문장으로 설명을 대

신하고자 한다(210쪽의 무대도면A와 함께 참조해 주시면 좋겠다).

먼저 무대에는 네 개의 기둥이 있다. 이 중에 하시가카리에서 무대로 들어가는 곳에 있는 기둥이 가장 중요한 기둥인데 이것을 '시테바시라仕手柱'라고 한다. 이 기둥으로부터 앞으로 1미터 정도 나아가 다시 가운데 쪽으로 1미터 정도 들어간 곳을 '상좌常座'(혹은 '정좌定座' 혹은 '나노리좌名乘座')라 하며 시테가 무대에 들어가 서 있는 장소가 된다. 시테바시라의 전방 정면에 있는 기둥을 '메쓰케바시라目附柱'라고 한다. 이곳은 연기할 때 매우 중요한 기둥인데 가면을 쓴 배우들은 이 기둥을 좌표로 하여 무대에서의 걸음걸이를 측량한다. 이 메쓰케바시라와 나란히 맞은편 구석에 서 있는 기둥을 '와키바시라脇柱' 혹은 '다이진바시라

노가쿠도의 내부(오쓰키노가쿠도大槻能楽堂)

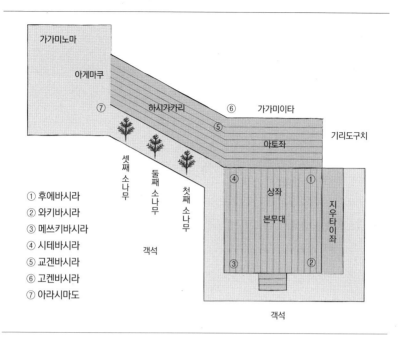

가가미노마

아게마쿠

하시가카리

⑦

⑥ 가가미이타

⑤

아토좌

기리도구치

④ 상좌 ①

본무대

지우타이좌

③ ②

객석

셋째 소나무

둘째 소나무

첫째 소나무

① 후에바시라
② 와키바시라
③ 메쓰키바시라
④ 시테바시라
⑤ 교겐바시라
⑥ 고켄바시라
⑦ 아라시마도

객석

大臣柱'라고 부르는데 이는 와키가 보통 이 기둥 쪽에 앉기 때문이다. 피리 연주자가 착석하는 자리 옆 기둥은 '후에바시라笛柱'라고 부르기도 하는데 다른 기둥처럼 이름이 정해져 있는 것은 아니다. 이 기둥은 평소에는 이렇다 할 쓰임새가 있는 것은 아니지만 딱 하나 노《도조지道成寺》에서 종을 들어 올릴 때 사용되는 고리가 부착되어 있기 때문에 본 작품 상연시에는 아주 중요한 역할을 하게 된다.

하시가카리 난간 밖에 있는 소나무는 시테바시라 쪽에서부터 '이치노마쓰一の松', '니노마쓰二の松', '산노마쓰三の松'라고 부른다. 이것은 오랜 옛날 예능이 무대가 아니라 땅 위에서 행해지던 유풍을 보여주는 것이라는 설도 있는데, 연기자에 따라서는 중요한 기준점이 되기도 한다.

하야시카타가 있는 곳을 '아토좌後座'라고 한다. 이 부분은 본무대와 마루를 까는 방향이 달라 구획이 명확하게 표시되므로 하야시카타는 이 구역 바깥으로는 나가지 않는다.

하야시카타 뒤쪽 노송이 그려진 나무판을 '가가미이타鏡板'라고 부른다. 이 노송에 대해서는 나라의 가스가다이샤에 있는 '영향송影向の松'1을 그려 놓은 것이라는 설이 가장 타당하다.

아토좌의 한켠, 하시가카리 맞은편에 작은 출입구가 있는데 이곳을 '기리도구치切戸口'라고 한다. 지우타이, 후견인, 의상 보조 등이 모두 이곳으로 출입을 한다. 이곳을 일명 '겁쟁이 문'이라 부르는 것은 출입할 때 몸을 앞으로 수그려 주눅이 든 듯한 자세가 되기 때문이다. 하시가카리와 가가미노마鏡の間 사이에 걸린 막을 '아게마쿠揚幕'라 칭한다. 보통 연기자들이 출입할 때는 충분히 위로 들어 올려 주는 데 비해 하야시카타, 후견인, 아이쿄겐間狂言2 등이 출입할 때는 막을 들어 올리지 않고 출연자가 직접 막의 왼쪽 부분을 살짝 들추어 출입하게 되어 있다. 이 막의 안쪽, 마루판자로 되어 있는 공간을 '가가미노마'라고 칭하는데, 이 명칭은 시테가 무대에 등장하기 전 자신의 모습을 비추어 보기 위해 거울을 설치해 놓은 데서 붙여진 이름이다.

무대 안쪽은 '가쿠야樂屋'3다. 에도시대에는 유파의 세력이나 가문의 격에 따라 앉는 순서가 정해져 있었으나, 현재는 등장 순서에 따라 빠른 사람이 막 가까운 쪽에 자리하게 되어 있다.

무대와 하시가카리 밑에는 옹기를 묻어 음향을 좋게 하는 장치가 설치되어 있는데 여기에도 역시 정해진 법식이 있다. 또한 무대에 쓰는

1 　영향(影向)이란 신불이 일시적으로 모습을 나타낸다는 의미로 '영향송(影向松)'은 신불의 영험이 깃든 신이한 소나무를 말하는데 지역마다 영향송으로 받드는 노송이 존재한다.
2 　제6장 각주12번 참조.
3 　극장이나 방송국 등에 딸린 출연자 대기실.

목재는 모두 노송나무를 사용하고 무대에 까는 마루는 3간[4]짜리 상재
上材를 쓰게 되어 있다.

위 설명에는 무대를 향해 오른쪽에 있는 지우타이좌地謠座[5]가 빠져 있
지만 그 이외에는 단순히 무대 구조뿐만 아니라 그 사용법까지 알기 쉽
게 설명되어 있어 좀처럼 보기 힘든 좋은 해설이라 할 수 있다.

노 무대의 전개에 대해서는 크게 3기로 나누어 볼 수가 있는데, 성립
기(가마쿠라 후기 무렵)에서 무로마치시대 중엽(15세기 후반 경)까지를 제1
기, 무로마치 중기부터 에도시대 초기 무렵(17세기 말 초두)까지를 제2기,
에도시대 초기 경부터 현대까지를 제3기로 설정한다. 여기서는 이 구분
법에 따라 시간을 거슬러 올라가는 형태로 노 무대의 변천사를 더듬어
보기로 한다.

에도 초기에서 현재까지의 노 무대─제3기의 노 무대─

우선 현재의 노 무대부터 이야기를 시작하도록 하자. 현재 노 무대의
구조는 앞서 소개한 그대로이지만 그 형태는 지금으로부터 대략 400년
전 에도 초기까지 올라가는 오랜 역사를 가지고 있다. 여기서는 그 점에
대해 구체적으로 설명하기로 한다.

여기에 실린 도면 A는 이케노우치 노부요시의 『노가쿠성쇠기』에 게

---

4 3간은 약 5.54미터 정도.
5 지우타이가 열석(列席)하는 자리. 지우타이에 대해서는 제6장 각주 17번 참조.

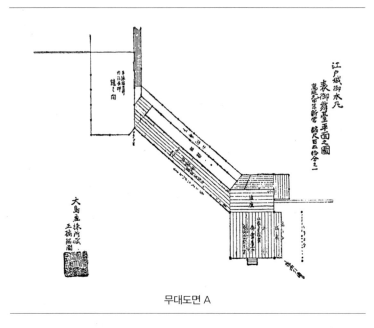

무대도면 A

재되어 있는 에도시대 말기 에도성 혼마루[6]의 노 무대 평면도이다. 앞서
이케노우치의 해설을 소개할 때, 이 도면을 참조해 달라고 했는데 이 도
면은 현재의 노 무대와 완전히 같은 형태다. 이로써 우선 현재 노 무대
의 형태가 에도시대 말기까지 거슬러 올라감을 알 수 있다.

　그런데 『노가쿠성쇠기』에는 에도시대 무대 도면이 한 개 더 실려 있
다. 도면 B가 그것이다. 이것은 1699년 당시 곤파루 다유 모토노부元信
(1703년 몰)가 에도막부의 토목 담당관이었던 고라甲良 가의 당주當主에게
증정한 도면으로, A와 같은 형태이다. 이로써 현재의 노 무대는 17세기
후반까지 확실히 거슬러 올라가게 된다.

6　혼마루(本丸). 일본 성의 중심부에 위치하며 가장 중심이 되는 성곽 건물.

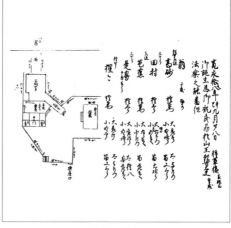

무대 도면 B   무대 도면 C

또한 도면 B에는 이 무대 구조가 모토노부의 5대조인 곤파루 다유 규
렌発蓮(1583년 몰)시대와 완전히 똑같다는 모토노부의 글이 실려 있다. 이
에 따르면 현재의 노 무대 형태는 아즈치모모야마시대까지 거슬러 올라
가게 된다. 하지만 후술하는 바와 같이 아즈치모모야마시대는 노 무대
의 제2기에 해당한다고 보는 것이 타당하다. 따라서 이 모토노부의 문
장을 그대로 믿기는 어렵다. 그러나 그의 말이 그렇게 틀린 견해도 아닌
데 그 점에 대해서는 1641년의 도면 C를 보면 확인할 수 있다.

도면 C는 1641년 9월에 에도 아카사카赤坂의 산노신사山王神社에서 개
최된 이에쓰나家綱[7] 탄생 축하 노(시테는 간제 다유 시게나리重成와 그의 장자
시게유키重行)의 편성표(간제문고観世文庫가 소장)에 실려 있던 도면으로 이 역
시 현재의 노 무대와 같은 형태를 하고 있다. 현재로서는 이것이 지금의

---

7   에도 막부 제4대 쇼군.

노 무대와 같은 형태를 띠고 있는 것으로 확인되는 가장 이른 사례라 할 수 있다.

이렇게 해서 현재 우리가 접하고 있는 무대는 400년 가까운 역사를 가지고 있음을 알게 된다. 그러나 이것이 노 무대의 원형은 아니고, 이전의 노 무대는 이것과는 좀 다른 형태를 하고 있었다.

무로마치 중기에서 아즈치모모야마시대까지의 노 무대
―제2기의 노 무대―

이 시대는 노 무대 역사에서 제2기에 해당한다. 이 시기의 무대와 현재 노 무대 사이의 가장 큰 차이는 지우타이좌의 유무이다. 이 시기의 무대에 대해서는 다행히 비교적 많은 자료가 알려져 있으므로 이들을 근거로 해서 그 사실을 확인해 보도록 하자.

도면 D는 1596년에 작성된 시모쓰마 쇼신下間少進의 『무대지도舞台之図』이다. 시모쓰마 쇼신은 혼간지本願寺의 방관坊官이라는 고위직에 있던 인물로, 곤파루류의 시테로서 평생 1,000곡이 넘는 노를 연기한 아마추어 연기자이기도 했다. 시모쓰마 쇼신은 『도부쇼童舞抄』등의 노가쿠 전서를 남겼는데, 이 『무대지도』도 그중 하나이다. 여기에는 현재 노 무대에는 있는 지우타이좌가 없다. 그것은 동시대의 『규렌헤토일기䣾蓮江問日記』에 그려진 무대 도면 E도 마찬가지이다. 『규렌헤토일기』 역시 시모쓰마 쇼신이 편찬한 노가쿠 전서로, 쇼신이 그의 스승인 곤파루 다유 요시카쓰 규렌喜勝䣾蓮(1583년 몰)에게 예능을 하는 마음가짐에 대해 묻고 이에 대답한 내용을 정리한 책인데, 거기에도 지우타이좌는 그려져 있지 않다. 또 하나 게이초慶長 연간(1596~1614)에 간행된 『하치조본카덴쇼八帖本

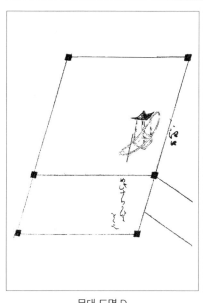

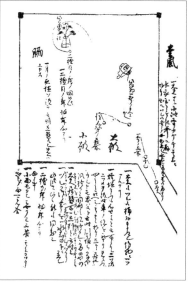

무대 도면 D　　　　　　　　　　　무대 도면 E

花伝書』에 실려 있는 도면F에도 지우타이좌는 그려져 있지 않다.

　이상 살펴본 것은 무대 평면도였는데 이 시기 노 무대의 모습은 회화를 통해서도 엿볼 수 있다. 도면 G는 고오베시립박물관^{神戸市立博物館}이 소장하고 있는 『관노도병풍^{観能図屏風}』으로, 일찍이 고요제^{後陽成} 천황이 도요토미 히데요시의 취락제^{聚楽第8}에 행차했을 때 상연된 노의 모습을 그린 것으로 추정되었다. 그러나 건물의 형태 등으로 보아 상연 장소가 취락제가 아닌 천황의 어소 자신전^{紫宸殿}이라 짐작된다. 또 그 내용은 히데요시가 1585년 관백^{関白9}에 올랐을 때 궁궐(고요제 천황)에서 상연된 교

8　도요토미 히데요시가 혜안경(平安京) 궁성터에 세운 정무청(政務廳) 겸 저택.

9　천황이 성인이 되기 전에는 섭정, 성인이 된 후에는 관백이라하여 천황을 보좌한 중직.

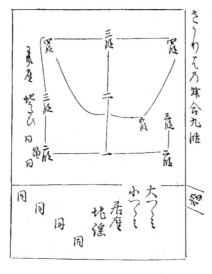

무대 도면 F

토의 데사루가쿠 노를 그린 것으로 추정된다(졸고, 「고베시립박물관 소장, 『관노도병풍』의 시간과 장소神戸市立博物館藏『観能図屛風』の時と場」, 『日本文学史論』, 世界思想社). 주렴 너머로 천황처럼 보이는 인물이 그려져 있고, 가장자리에는 히데요시로 추정되는 인물이 그려져 있다. 제작 시기는 왼쪽 위로 보이는 기타노신사北野社의 문의 형태로 보아 1635년 이후로 추정되는데, 거기에도 지우타이좌는 없다. 이 도면도 일단은 히데요시 시대의 노 무대를 알려주는 자료로 삼을 수 있을 것이다.

또한 도면 H는 라쿠추라쿠가이병풍洛中洛外屛風[10] 중에서도 가장 오래

10 무로마치에서 에도시대에 그려진 풍속화로 교토의 시가지(洛中)와 교외(洛外)의 모습을 담고 있어, 미술사적 가치는 물론 당시의 도시와 건축, 사람들의 생활상을 알 수 있는 귀중한 사료로 평가된다.

무대 도면 G

된 작품으로 예전에는 마치다케본町田家本으로 불렸으나 현재는 역사민
속박물관 갑본歷史民俗博物館甲本이라 불리는 병풍에 그려진 무대도이다.
그림 위에 조붓하게 붙여진 종이 위에는 'くハんせのう'(観世能)라고 쓰
여 있고 무대에는 노《다카사고高砂》가 상연되고 있다. 그림 속 모습은
15세기 말엽으로 추정되는데 여기에도 지우타이좌는 없다.

　이들 자료에 의하면 무로마치 중기에서 아즈치모모야마시대의 노 무
대에는 지우타이좌가 없었던 게 분명하다. 지우타이좌를 구비한 무대가
확인되는 가장 오래된 자료는 앞서 소개한 1641년의 무대도면 C가 되
겠다.

　그리고 지우타이좌가 없는 이 시기의 지우타이 연기자들은 F가 나타
내듯 아토좌[11]에 앉아 있었다(도면 F에서 '地謠', '同'이라고 되어 있는 것이 지
우타이 연기자들이다). 현재 이 위치는 《오키나》 상연 시 지우타이가 앉는

11　後座. 반주를 담당한 하야시카타가 자리하는 곳.

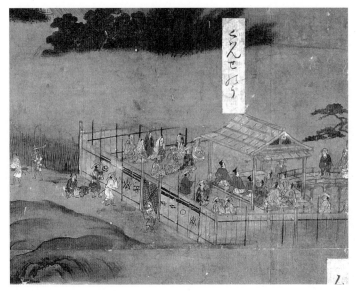

무대 도면 H

장소로 되어 있는데, 일찍이 지우타이는 모두 아토좌 부근에 앉아 있었던 것이다. 그 옛날 지우타이의 위치가 신성시된 탓에 옛 전통을 그대로 간직하고 있는《오키나》노에 그 자취가 남아 있는 것이리라.

그런데 무로마치 중기에서 아즈치모모야마시대의 노 무대와 오늘날 노 무대와의 차이가 지우타이좌에만 있는 것은 아니다. 그것은 도면 G와 H를 자세히 살펴보면 금방 알 수 있는데, G에는 가가미이타가 없는 대신 병풍이 놓여 있고, H에는 가가미이타가 있어야 할 곳이 뚫려 있다. 이 점에 대해서는 회화 자료의 성격상 그 정확성에 대해 의문을 품을 수도 있겠지만, 이 G와 H의 그림은 무로마치 중기에서부터 아즈치모모야마시대의 노 무대를 충실하게 전하고 있다. 이는 노가쿠자료집성 중 하나인 『노구전지문서能口伝之聞書』의 속표지에 기록된 호소카와 유사이細川

幽斎(1610년 몰)의 담화를 보면 분명해진다.

　　게이초慶長 4년 8월 21일에 소세쓰宗節가 한 이야기를 늙은 아비가 들
　　려주었다. 무대 기둥이 굵고 건장하면 좋지 않다고 한다. 시테 등 배우
　　들이 굵은 기둥에 가려 잘 보이지 않기 때문이다. 또한 무대 뒤쪽에는
　　판자를 대지 않고 틔워 둔다고 한다. 배우가 방향을 가리킬 때 벽에 막
　　히면 답답하여 좋지 않기 때문이다. 또 춤을 출 때 뒤 배경이 보여야 좋
　　다. 뒤가 막혀 있으면 배경이 보이지 않아 나쁘다고 한다.

　이것은 1599(게이초 4년)년에 호소카와 유사이의 3남이자 노 애호가였
던 호소카와 유키타카 묘안幸隆妙庵이 자신의 아버지 유사이로부터 들은
이야기를 옮겨 적은 것인데, 유사이가 평소 친교가 있던 간제 다유 모
토타다 소세쓰元忠宗節(1583년 몰)로부터 노 무대의 형태와 관련해 들은 내
용을 담고 있다. 소세쓰가 말했다는 이야기는 두 가지인데, 하나는 무
대 기둥이 굵으면 연기자가 기둥에 가리므로 너무 굵게 하지 않는 게 좋
다는 것과, 또 하나는 아토좌 뒤쪽에 판자를 대면 배우의 춤이나 연기의
여운이 퍼져나가지 못해 나쁘다는 것이다. 이는 소세쓰가 한 말이므로
1583년 이전의 이야기가 되는데, 둘 다 당시 무대 형태와 관련한 흥미
로운 증언이라 할 수 있다. 다시 말해 전자의 담화로는 당시 무대 기둥
에 대해서 특별한 규격이 없었던 것으로 추측할 수 있으며, 후자의 담화
는 현재 노 무대에 반드시 있는 가가미이타가 당시에는 꼭 있었던 것이
아니라는 사실을 알려준다. 그리고 소세쓰의 생각에는 무대 뒤쪽에 판
자를 두지 않는 것이 좋다는 것이다. 지금 문제가 되는 것은 물론 후자
쪽의 가가미이타에 관한 내용이다. 소세쓰의 말을 보면 노 무대에서 가
가미이타는 원래 없었던 것으로 읽힐 수도 있는데, 확실히 그렇게 해석

해도 좋을 듯싶다. 가가미이타가 그려져 있지 않은 도면 G와 H의 존재가 바로 그 증거이다.

이상을 종합해 보면 요컨대 무로마치에서 아즈치모모야마시대의 노 무대에는 오늘날과 같은 지우타이좌와 가가미이타가 없었다는 것이다. 즉, 이 무렵의 노 무대는 무대 본체와 아토좌와 하시가카리로만 구성되어 있었다. 하지만 이 역시 노 무대의 원형은 아니고 이보다 더 오래된 형태가 존재한다.

성립기에서 무로마치 중기 무렵까지의 노 무대
—제1기의 노 무대—

무대 도면 I는 호세대학 노가쿠연구소의 고잔문고鴻山文庫가 소장하고 있는 『후코케와카전서風鼓慶若伝書』(고쓰즈미小鼓의 전서)에 실려 있는 도면이다. 이 책은 1499년에 기록된 것인데, 보시다시피 여기에 그려진 무대는 무대 본체와 하시가카리뿐으로 무로마치 중기 이후부터 있던 아토좌가 없다. 이 형태가 바로 성립기에서 무로마치 중기 무렵까지의 노 무대의 형태로 추측된다. 즉, 이것이 노 무대의 원형이며 이보다 심플한 무대 형태는 생각하기 어려울 것이다.

그런데 I를 보면 하시가카리가 노 무대 후방으로부터 비스듬히 걸친 형태로 그려져 있다. 이는 제2기의 C, D, E, F, G, H가 전부 그러하며, 또 제3기의 A, B나 현재의 무대도 마찬가지다. 그런데 I보다 30년 정도 앞선 1464년의 다다스가와라紅河原 권진 사루가쿠의 무대 도면 J를 보면, 하시가카리가 무대 뒤에서 직각으로 걸리는 형태로 그려져 있다. 종래에는 J를 기준으로, 하시가카리가 무대 뒤쪽에 직각으로 걸리는 것이 노

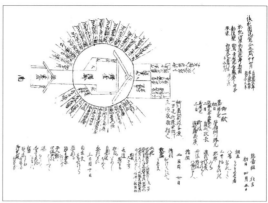

무대 도면 I   무대 도면 J

무대의 원형이고, 그것이 비스듬하게 변화해 온 것이라고 여겨져 왔다. 그러나 그렇게 판단해도 좋을지에 대해서 필자는 약간의 의문을 가지고 있다. 왜냐하면 J는 쇼군 요시마사義政[12]가 후원한 대규모 권진 흥행인 탓에 무대가 보통 때와는 다른 형태로 제작되었을 가능성이 있기 때문이다.

예를 들어 J에서는 와키와 지우타이, 거기에 피리, 고쓰즈미, 오쓰즈미, 다이코 등 반주자의 위치가 무대 바깥쪽(한 단 아래)에 그려져 있는데, 이 점을 봐서도 이 무대가 통상적인 무대 형태였다고는 생각하기 어렵다. 따라서 무대 바로 뒤쪽에 직각으로 걸려 있는 하시가카리 역시 규모가 컸던 이 권진노 특유의 형태로 보아야 하지 않을까하는 생각이 든다. 그런데 요시마사가 후원한 이 권진노는 1433년 요시노리가 후원한 권진노를 비롯해 선대 쇼군들이 후원한 권진노를 답습하고 있다고 하므

---

12 무로마치시대 8대 쇼군. 재위 기간 1449~1473년.

로, 직각의 하시가카리 형태는 이 보다 앞선 사례가 있을 것 같기도 한다. 어쨌든 J의 하시가카리 형태는 표준적인 노 무대의 사례로 보기는 어렵지 않을까 싶다.

노가쿠도의 출현

이상 시대를 거슬러 올라가는 형식으로 노 무대의 변천사를 더듬어 왔다. 그런데 이후 노 무대는 이제까지 역사에 없던 큰 변화와 조우하게 된다. 말할 것도 없이 1881년 시바노가쿠도芝能楽堂로부터 시작된 '노가쿠도'의 출현이다.

시바노가쿠도는 이와쿠라 도모미岩倉具視의 제창으로 설립된 노가쿠샤能楽社에 의해, 1811년 도쿄의 시바공원 내에 세워졌다. 같은 해 4월에 에이쇼英照 황태후가 지켜보는 가운데 개막 공연을 열었는데, 이 무대는 이제까지의 무대와는 다른 커다란 특징이 하나 있었다. 그때까지의 본격적인 노 무대는 전부 옥외에 세워졌고 관람석은 무대에서 떨어진 기존의 건물 등에 마련되는 것이 보통이었다. 그런데 시바노가쿠도의 무대는 옥외가 아닌 실내에 마련되었고 무대와 객석이 하나로 된 건물이었다. 다시 말해 그것은 지붕이 달린 노 무대와 객석이 하나의 건물 안에 수용되어 있는, 현재의 노가쿠도의 구조와 거의 동일한 건물 구조였던 것이다(거의라고 말한 것은 시바노가쿠도가 현재의 노가쿠도처럼 지붕이 딸린 노가쿠도를 건물 안에 그대로 수용한 형태—건물 안에 지붕 딸린 건축물이 들어앉은 형태—가 아니라, 지붕 딸린 노 무대와 지붕 딸린 관람석을 이어붙인 형태였기 때문이다). 즉 이와 같이 독특한 건조물이 처음으로 출현한 것이 1811년이고, 객석을 포함한 그 구조물 전체를 '노가쿠도'라고 불렀던 것이다. 시바노가쿠도를 세운 노가쿠샤는 그때까지 노의 별칭이었던 '사루가쿠'를 '노가쿠'로 개칭하여 조직명으로 삼고, 나아가 활약의 거점이 될 무대를 객석과 일체화해 '노가쿠도'라고 명명한 것이다. 이렇게 해서 '노가쿠도'라는 새로운 용어와 새로운 구조의 건물이 신시대를 상징하는 '노가쿠'라는 말과 함께 탄생했다.

그런데 이렇게 등장한 노가쿠도는 관람석의 구조—내지는 관람 환경—라는 측면에서도 그때까지와는 크게 다른 특색을 가지고 있었다. 그 특색 중 하나가 무대를 둘러싸는 객석의 각도이다. 종래의 객석은 우선 가가미이타가 없었던 제1기에는 360도 전 각도에서 무대를 둘러싸고 있었다. 즉, 관객은 어디에서든 노를 볼 수 있었던 것이다. 실제 도면 G에서는 관객이 무대 뒤쪽에서 구경하고 있는 모습이 그려져 있다. 또한 제2기에서도 무대를 둘러싼 관람석의 각도가 180도나 됐다. 그것이 근대 노가쿠도에서는 90도 정도로 좁혀진 것이다. 현대의 노가쿠 연기자들은 이 90도 각도에 있는 관객을 의식하며 연기를 하게 되는데, 이전에는 그 각도가 현저하게 넓었고 제아미 시대의 연기자는 360도 어느 각도에서든 보일 수 있는 상태에서 노를 연기했던 것이다. 그 같은 관람석의 각도 변화, 특히나 근대 이후의 변화는 당연히 배우의 연기에도 영향을 미쳤을 것인데, 그것이 구체적으로 어떠한 것인지에 대해서는 유감스럽게도 잘 알려져 있지 않다.

노가쿠도의 또 다른 특색은 노가 상연되는 무대와 객석이 노가쿠도의 출현으로 인해 주위로부터 단절된, 갇힌 공간이 되어 버린 것이다. 메이지유신 이전에는 실내에서 벌어지는 연회용 노를 위시해 옥내에서 벌어지는 노가 많기는 하였지만 본격적인 상연이 이루어지는 곳은 옥외의 개방적인 무대였다. 바로 이 둘의 상연 환경을 합쳐 놓은 것이 시바노가쿠도였다고 할 수 있다. 즉, 그토록 다양했던 상연 환경이 시바노가쿠도 출현 이후 대부분 노가쿠도라고 하는 폐쇄된 공간으로 바뀐 것이다. 게다가 건축 기술이 진전됨에 따라 근년에 건설되는 노가쿠도는 그 밀폐성이 점점 더 높아지고 있다. 하지만 이러한 상황이 노를 점점 더 '답답한' 연극으로 변화시키고 있는 것은 아닌지 생각해 볼 일이다. 그런 한편에서 근래 들어 노가쿠도 이외의 장소에서 노·교겐을 상연하는 횟수가 늘고 있는데, 이는 근대 이후 노가쿠도 주체의 상연 형태를 상대화한다는 점에서도 의미 있는 일일 것이다.

가가미이타의 소나무

이처럼 노 무대의 변천은 단순히 건조물의 변화에 머무르지 않고 노가쿠라는 연극의 변화와도 긴밀하게 관련되어 있다. 예를 들어 지우타이의 위치가 본래의 아토좌 하야시카타 부근에서 지금의 지우타이좌로 이동한 것은 에도시대 초기의 일이다. 그것은 단순히 지우타이좌가 생기고 앉는 위치가 변했다는 것뿐만 아니라 노 한 곡을 상연하는 데 있어 지우타이의 역할이 그 이전과는 비교가 안 될 정도로 커졌다는 점, 즉 노 상연 기구의 혁명적 변화와도 연결되는 것이었다. 그러나 무대의 변화가 항상 노 연기에 영향을 미친 것은 아니고 무대가 변했음에도 연기가 변하지 않은 예도 있다. 예를 들어 현재 노에서 무대 오른쪽 안쪽을 피해 춤을 추는 것은 일찍이 그 부근에 지우타이가 앉아 있던 시대의 흔적이라는 흥미로운 지적도 있다(『이와나미 강좌 노·교겐 Ⅰ-노카쿠의 역사』, 211쪽).

이렇게 볼 때 무대의 변천은 그때그때 노가쿠의 상황을 잘 반영하고 있다는 것을 알 수 있는데, 마지막으로 그것을 대변해 주는 일례로 가가미이타의 소나무를 둘러싼 근년의 사건들을 소개하기로 한다.

1997년에 나고야시가 나고야성 내에 건설한 나고야노가쿠도는 개방 전후 한동안 가가미이타의 소나무를 둘러싸고 요동을 쳤다. 그것은 나고야시에 거주하던 일본화 화가 스기모토 겐키치杉本健吉 화백이 시 당국의 의뢰를 받고 제작한 가가미이타의 소나무가 종래의 소나무와는 꽤나 다른 모습을 하고 있었기 때문이다. 그 소나무는 노송이 아니라 젊은 소나무였는데 관계자들 사이에서는 그 기발한 소나무에 위화감을 토로하는 목소리가 압도적으로 많았던 모양이다. 매스컴까지 동원된 시끌벅적한 논쟁 끝에 결론은 새 노송 그림을 노能 화가 마쓰노 히데요松野秀世 씨에게 의뢰하고, 노송과 약송若松 두 종류의 가가미이타를 매년 교대로 바꿔 다는 것으로 귀결되었다.

나는 이 사건과 관련해 공적인 장소에서 발언을 하지는 않았다. 하지만 당시 분분했던 의견 중에 가가미이타에 소나무가 그려지게 된 것은 언제부터일까에 대한 문제제기가 빠진 채 오로지 약송 시비만이 거론되는 것에 큰 위화감을 느꼈었다. 왜냐하면 노송이 맞고 약송이 그르다는 의견의 기저에는 전통적으로 가가미이타의 소나무가 늙은 소나무이며, 그것은 노 성립기 이래의 전통이라는 무의식적인 이해가 작용하고 있는 것처럼 보였기 때문이다. 물론 아즈치모모야마시대까지는 노 무대에 가가미이타가 없었으므로 가가미이타의 노송을 노 성립기 이래의 것으로 생각하는 것은 잘못이다. 하지만 젊은 소나무가 잘못되었다고 주장하는 기저에는 왠지 그런 잘못된 이해가 작용한 것처럼 필자에게는 느껴졌던 것이다. 그렇다면 '가가미이타가 세워진 후 거기에는 무엇이 그려졌고 또 소나무를 그려 넣게 된 것은 언제부터인가?' 하는 문제제기가 당연히 뒤따랐어야 하는데 당시에는 그런 것이 전혀 문제시되지 않았다.

필자는 가가미이타에 소나무를 그려 넣게 된 것은 언제부터인지에

대해 이전에 글을 쓴 적이 있다(「가가미이타에 소나무가 그려진 시기와 소나무에 얽힌 언설鏡板に松が描かれた時期と松をめぐる言説」, 大槻能楽堂会報, 『おもて』69号). 간단히 말하자면, 겐로쿠元禄 시대(1688~1704)까지는 가가미이타에 소나무를 비롯한 여러 가지 그림이 그려졌고 아무것도 그려 넣지 않은 경우도 많았던 것 같다. 그러다가 노송을 그려 넣는 것이 일반적인 경향이 된 것은 18세기 후반 무렵으로 추정된다. 또한, 가가미이타의 소나무가 가스가타이샤春日大社 경내 첫 번째 도리이鳥居[13] 옆에 있던 영향송影向松을 모델로 한 것이라는 현재의 속설적인 정설―앞서 소개한 이케노우치 노부요시의 설도 그 일례이다―은 메이지 말년부터 다이쇼大正 초기에 걸친 야마자키 가쿠도山崎楽堂와 다카노 다쓰유키高野辰之의 언설에 기초한 것이다. 영향송 모델설은 가가미이타의 소나무가 노 창성기부터 생겨난 전통이라는 현재의 막연한 이해와도 상통하는데, 실은 이 모델설이 근대 메이지와 다이쇼기에 제창된 새로운 학설이었던 것이다.

여기서 다시 나고야노가쿠도의 약송논쟁을 돌이켜보면, 당시의 논쟁에 이상과 같은 노 무대의 역사에 대한 주의가 빠져 있었다는 사실을 부정할 수는 없을 것이다. 한편 1958년에 건설된 교토간제회관京都観世会館에는 도모토 인쇼堂本印象가 그린 좀 색다른 추상화풍의 소나무가 그려져 있다. 이 역시 제작 당시에는 일부 문제가 제기되기도 했지만 별도의 가가미이타를 주문하자는 의견이 있었다는 이야기는 듣지 못했다. 현재 이 교토간제회관의 소나무는 다른 무대에서는 볼 수 없는 유니크한 소나무 그림으로 정착되었다. 그것이 나고야노가쿠도의 경우에는 노송을 그려 넣은 가가미이타가 새로 제작되는 사태까지 이른 것이다. 그것은 교토간제회관 건설 이후 40여 년의 세월 동안 노가 고전극으로서의 성

---

13 일본의 신사 입구에 세워진 일종의 문으로 신사를 상징하는 대표적 건조물.

격을 한층 더 강화한 결과이며, 우리의 노가쿠관能楽観이 알게 모르게 이제까지의 오랜 노가쿠 역사 중에서도 특히나 보수화되었다는 것을 상징적으로 보여주는 결과라고 생각한다.

제8장

제아미의 생애와 업적

- 제아미 연구의 현주소 -

이제까지의 제아미 연구

　제8장의 화제는 제아미이다. '노가쿠의 역사와 매력'이라는 주제하에 여러 각도에서 노가쿠를 이야기하면서 제아미를 언급하지 않은 채 끝난다는 것은 말이 되지 않을 터이다. '노' 하면 제아미이고 '제아미' 하면 노 그 자체이기 때문이다. 본 8장에서는 제아미의 생애와 업적에 대해 제아미 연구의 현황에 입각하여 소개할 생각인데, 그에 앞서 우선 이제까지의 제아미 연구의 발자취를 정리해 보도록 하자.

　제아미에 대한 연구는 본격적인 노가쿠 연구가 그러한 것처럼 1909년의 『제아미16부집世阿弥十六部集』(요시다 도고吉田東伍 교정, 能楽会 간행) 간행과 함께 시작되었다. 그 이전에도 교토의 우타이 연기자였던 아사노 요시타리浅野栄足(1834년 몰)가 쓴 『간시카후観氏家譜』등에 제아미 연구라고 할 만한 것이 보이기는 하지만, 그것은 『제아미16부집』 이전의 이야기이고, 현재는 연구사적 의미 이외의 큰 의미는 없다.

　이 『제아미16부집』의 간행이 제아미 연구에 영향력을 나타내기 시작한 것은 쇼와昭和 시대에 접어들어서이다. 먼저 제아미를 대상으로 한 단독 저서를 중심으로 전전戦前의 연구 성과를 소개해 보면 다음과 같다.

> ① 노세 아사지能勢朝次, 『노가쿠원류고能楽源流考』(1938년, 岩波書店 694~747쪽이 제아미 연구)
>
> ② 노카미 도요이치로野上豊一郎, 『제아미 모토키요世阿弥元清』(1942년, 創元社)
>
> ③ 사카구치 겐쇼阪口玄章, 『제아미』(1942년, 青梧堂)
>
> ④ 고바야시 시즈오小林静雄, 『제아미』(1943년, 檜書店)
>
> ⑤ 다카하시 도시노리高橋俊乗, 『제아미 모토키요』(1943년, 文教書院)

전후의 연구 성과로는,

① 고사이 쓰토무香西精, 『제아미신고世阿弥新考』(1962년, わんや書店)

② 니시 가즈요시西一祥, 『제아미연구世阿弥研究』(1967년, さるびあ出版)

③ 도이타 미치조戸井田道三, 『강아미와 제아미観阿弥と世阿弥』(1969년, 岩波新書)

④ 고사이 쓰토무, 『속 제아미신고続世阿弥新考』(1970년, わんや書店)

⑤ 기타가와 다다히코北川忠彦, 『제아미』(1972년, 中央新書)

⑥ 니시오 미노루西尾実, 『제아미의 노예론世阿弥の能芸論』(1974년, 岩波書店)

⑦ 신가와 데쓰오新川哲雄, 『인간 제아미人間世阿弥』(1977년, 芸立出版)

⑧ 고사이 쓰토무, 『제시참구世子参究』(1979년, わんや書店)

⑨ 나리카와 다케오成川武夫, 『제아미 하나의 철학世阿弥の花の哲学』(1980년, 玉川大学出版部)

⑩ 도모토 마사키堂本正樹, 『제아미』(1985년, 劇書房)

등이 있다.

또한 이외에도 『후시카덴風姿花伝』과 『가쿄花鏡』 등의 제아미 예능론(노가쿠론)을 주석한 노세 아사지의 『제아미16부집 평석阿弥十六部集評釋(上・下)』(1941년, 1944년, 岩波書店)이나, 오모테 아키라의 일본사상대계 『제아미・젠치쿠世阿弥・禅竹』(1974년, 岩波書店)도 넓은 의미의 제아미 연구서라 할 수 있다. 특히 후자는 21건이 넘는 제아미의 예능론에 관한 텍스트 연구를 집대성한 것이다. 오모테 아키라가 진행한 다수의 예능론 연구 역시 제아미 연구라 할 수 있는데, 그 일부가 동씨가 저술한 『노가쿠사신고能楽史新考(一) (二)』(1979년, 1986년, わんや書店)에 수록되어 있으며 전체 글은 아직 하나로 묶이지 않았다.

　이들 저서 중 전전 제아미 연구의 한 도달점을 보여준 것은 노세 아사지의 실증적 제아미 연구를 담은 『노가쿠원류고』와, 고바야시 시즈오의 『제아미』이다. 또한 전후 제아미 연구에 걸출한 성과를 보인 것으로는 오모테 아키라의 예능론 텍스트 연구 및 이와 일체를 이룬 예능론 연구를 제외하면, 고사이 쓰토무의 『제아미신고』를 위시한 일련의 연구를 꼽을 수 있다. 특히 고사이의 연구는 제아미와 선禪의 관계를 발견하고 제아미 예능론을 기저로 한 획기적 연구라는 점에서, 『제아미16부집』 간행으로 촉발된 제아미 연구사의 금자탑이라 할 만하다. 또한 가장 최근의 도모토 마사키의 『제아미』는 극작가에 의한 제아미 평전이라고 할 수 있는데, 고사이의 연구를 비롯한 제아미의 새로운 연구 성과를 기반으로 읽는 재미까지 더한 역작이다.

　이번 강의에서는 이들 제아미 연구를 기반으로 하여 거기에 약간의 사견을 첨가해 가며 제아미의 생애와 업적을 개략적으로 소개하도록 하겠다. 또한 제아미의 생애에 대해서는 여러 가지 구분법이 있을 수 있겠으나, 이 책에서는 제아미 노의 후원자였던 무로마치 쇼군의 치세를 기준으로 하여 4기로 나누어 보았다. 한편 제아미의 탄생 연도에 대해서는 조지貞治 2년(1363년)이라는 종래의 학설에 대해, 전후에 1364년이라는 새로운 학설이 제시되었다(오모테 아키라, 「제아미의 탄생은 조지貞治 3년인가-'제시십이년'고-世阿弥生誕は貞治三年か-'世子十二年'考-」, 『文学』, 1963년 10월). 이 문제는 아직까지 결론이 나지 않은 상태이지만 여기서는 1364년을 제아미의 탄생 연도로 놓고 기술하도록 하겠다.

요시미쓰 시대 전기의 제아미 —소년기에서 청년기까지—

여기서는 소년 제아미가 아버지 강아미와 함께 쇼군 요시미쓰의 후원을 받게 된 1375년의 이마구마노^{今熊野} 사루가쿠 때부터, 1384년 강아미 서거 후까지의 약 10년간을 대상으로 한다. 제아미 나이로는 열두 살에서 스물한 살까지의 기간이다.

이 시기 제아미의 사적은 대개 강아미의 그것과 겹친다. 제아미의 부친 강아미는 1333년 야마토 사루가쿠 야마다좌^{山田座} 다유의 3남으로 태어났다. 성장 후에 간제좌를 창설하고 제아미가 태어난 1364년 무렵부터는 교토에 진출해 있었다. 아버지 강아미를 따라 소년 제아미는 오안^{応安(1368~1374)} 말경에 다이고지^{醍醐寺}의 노(상연 기간 7일이라고 전한다) 무대에 출연했다. 당시 그의 무대에 대해 다이고지의 류겐^{隆源} 승정^{僧正}은 '색다른 노를 보여 주었다'고 평가하고 있다(『隆源僧正日記』). 이러한 강아미의 활약이 평판을 얻어 실현된 것이 1375년의 쇼군 요시미쓰가 참관한 이마구마노 사루가쿠였던 것이다. 이 이마구마노 사루가쿠에 대해서는 『사루가쿠단기^{猿楽談儀}』의 제17조와 제21조에 다음과 같이 기록되어 있다.

오키나^翁는 옛날에는 슈큐로^{宿老}가 연기했다. 그러나 이마구마노의 사루가쿠 때는 쇼군 로쿠온인^{鹿苑院}[1]이 처음 관람하시는 것이라 제일 먼저 출연할 자를 누구로 해야 할지 여쭈었다. 이때 나아미다부쓰^{南阿弥陀仏}가 '다유가 해야지'라고 한마디 하시니 이에 따라 기요쓰구^{清次}가 처음으로 오키나에 출사했다. 이후 야마토 사루가쿠가 이를 본으로 삼았

---

1 쇼군 요시미쓰(義満)의 별호.

다. (제17조)

　이마구마노의 노는 로쿠온인이 처음으로 관람하신 사루가쿠였다. 제
아미 12살 때의 일이다. (제21조)

　제17조는 《오키나》의 담당자에 대한 기사이다. 《오키나》는 원래 '오
사長'로 불린 좌의 최연장자가 담당했는데, 이마구마노 사루가쿠 때는
강아미를 보러 온 요시미쓰의 의향을 고려해 최연장자가 아닌 당시의
다유 강아미가 맡게 되었으며, 이후 야마토 사루가쿠에서는 이것이 선
례가 되었다는 내용이다. 강아미가 《오키나》를 연기하도록 주장했던 나
아미다부쓰는 우타이謠 작곡에도 뛰어났던 요시미쓰 측근의 문화인이
었다. 제21조에 의하면 이 이야기가 제아미 12살 때의 일이라고 하므로
제아미도 강아미를 따라 이때의 노에 참가했다는 사실을 알 수 있는데,
당시 소년 제아미가 무슨 곡에 출연했는지, 그에 대한 요시미쓰의 반응
은 어떠했는지 등에 대해서는 알려진 바가 전혀 없다. 하지만 이 흥행을
계기로 강아미는 요시미쓰에 고용되어 어용 예인이 되었고 제아미도 요
시미쓰 주변에서 상시 활동하게 된다.

　그러한 사실은 1378년 6월 요시미쓰가 기온제祇園祭를 구경하던 모습
을 담은 『고구마이키後愚昧記』(오시노코지 긴타다押小路公忠2의 일기)에 단적으
로 드러나 있다.

　야마토 사루가쿠의 한 아동(간제 사루가쿠 법사法師의 아들이라 한다)이

2　산조 긴타다(三条公忠)(1324~1383). 남북조시대의 공경(公卿), 가인(歌人). 유직고실(有職故實)에
　정통하여 귀족들 사이에서 그를 스승으로 우러르는 자가 많았으며 서예에도 뛰어난 재능이 있었
　다. 그의 일기는 남북조시대의 사회상과 가단(歌壇)을 연구하는 데 주요한 사료로 꼽힌다.

쇼군의 사지키棧敷3에서 함께 구경을 했다. 그 무렵부터 쇼군이 이 아이를 총애하여 자리를 같이하고 몸소 술잔을 전하였다. 사루가쿠 광대들은 원래 걸식乞食하는 천한 무리였다. 그런 자를 가까이 두고 아끼시니 세상이 모두 이상하게 여긴다.

이때 요시미쓰는 예년처럼 교토 시조四条의 히가시노토인東洞院에 관람석을 만들고 야마보코山鉾4를 구경했는데, 그 자리에 야마토 사루가쿠의 아동, 즉 제아미를 동석시키고 손수 술잔을 권했다는 것이다. 이후 기록에는 쇼군이 그렇게 제아미를 총애하니 쇼군 주변의 다이묘大名들이 요시미쓰의 마음을 사기 위해 제아미에게 재산을 갖다 바친다는 등의 내용과 그러한 상황에 대한 긴타다의 불쾌감이 적혀 있다. 이 같은 요시미쓰의 총애는 '그 무렵부터' 시작되었다고 기록되어 있는데 그때가 언제인지에 대해서 관련 자료를 종합해 보면 아마도 이마구마노 사루가쿠 흥행 직후쯤이 아닌가 싶다. 이마구마노 사루가쿠는 제아미의 처지를 이렇게 변화시킨 것이다.

한편 이 역시 잘 알려진 에피소드인데, 『사루가쿠단기』 서문에는 강아미의 예풍을 다음과 같이 기록하고 있다.

(강아미가) 지넨코지自然居士를 연기할 때 검은 가발을 착용하고 고좌高座5에 정좌하니 십이삼 세 정도의 소년처럼 보였다. "그 일대一代의 가르

---

3 마쓰리 행렬 혹은 불꽃놀이 구경을 위해 도로나 강가에 임시로 만든 자리, 또는 극장 등에서 단을 높여 만든 관람석.
4 대 위에 산 모양을 만들고 창이나 칼을 꽂아 장식한 화려한 수레. 예나 지금이나 수십 대의 야마보코가 퍼레이드를 하는 광경은 기온제의 하이라이트이다.
5 승려 등이 설법을 할 때 앉는 단상.

침은……."을 시작으로 연기를 펼쳐 나가는데, 로쿠온인이 감탄한 나머지 제아미를 돌아보며 "꼬마는 아무리 재주를 부려도 이를 당하지 못할 것이다."라며 농담을 건네셨다.

위 문장은 강아미가 요시미쓰 앞에서 자작극《지녠코지》를 연기할 때의 모습을 기록한 것이다. 요시미쓰는 곁에서 함께 관람하고 있던 제아미에게 '이 부분은 네가 아무리 수를 써도 네 아비를 당하지는 못할 것이다'라고 말했다는 것인데, 당시 요시미쓰의 총애를 한 몸에 받고 있던 제아미의 모습이 잘 드러나 있다.《지녠코지》는 가마쿠라 후기에 실존했던 선승 지녠코지(전하는 바에 의하면 도후쿠지東福寺 2대 대명국사大明國師의 제자라고 한다)를 시테로 한 곡으로, 인신매매 장사꾼에게 몸을 판 소녀를 구하기 위해 시테가 구세마이曲舞6, 사사라簓7, 갓코羯鼓8 등의 예능을 연기하는 장면이 연달아 펼쳐지는 유광물遊狂物9이다. 그런데 이 곡은 단순한 유광물이 아니라 사실은 곡 전체에 당시의 신사상인 선禪의 이념이 관류하는 작품이기도 하다(졸고, 「아시카가 요시미쓰의 선적 환경과 강아미의 노-강아미 작《지녠코지》와《소토바코마치》를 둘러싸고-足利義満の禅的環境と観阿弥の能-観阿弥の《自然居士》と《卒都婆小町》をめぐって-」, 『演劇学論叢』 3号). 이 무렵의 요시미쓰는 기도 슈신義堂周信 등을 스승으로 두고 선에 심취해 있었는데《지녠코지》는 그러한 요시미쓰 주변의 선적인 환경 속

---

6 남북조에서 무로마치시대에 걸쳐 유행했던 예능으로 스토리를 가진 이야기에 곡을 붙여 반주와 함께 선보이는 가무(歌舞).

7 일본의 민속 악기. 약 30센티미터 정도 되는 대나무의 약 3분의 2 정도를 잘게 쪼개어 만든다.

8 타악기의 일종. 한국의 장구와 흡사한 모양이며, 길이 30센티미터 정도의 몸통 양면에 직경 23센티미터 정도의 가죽을 덧대어 만든다.

9 기예를 파는 인물, 혹은 반속반승(半俗半僧)의 인물이 예능을 피로하는 장면을 주안으로 하는 노 작품군을 지칭하는 용어.

《지넨코지自然居士》

에서 제작되고 상연되었던 것이다. 만년에 이르러 제아미 역시 선종에
귀의하고 작품이나 예술론에도 선적인 요소가 현저하게 담기게 되지만,
이 시기는 그러한 환경 속에 있으면서도 아직까지는 선사상에 공명하고
그것이 예술사상에 영향을 미치는 단계에는 이르지 못했던 것 같다.

　이밖에 『사루가쿠단기』에는 요시미쓰에게 추방당한 렌가시連歌師 링
아미琳阿弥가 작사한 《도고쿠쿠다리東国下》라는 가요를 요시미쓰의 명으
로 소년 제아미가 불렀는데, 이 일을 계기로 링아미가 유배에서 풀려나
교토로 돌아오게 되었다는 내용도 실려 있다. 이 일화는 모두 소년시대
의 제아미가 쇼군 요시미쓰의 총애를 받은 사실을 말해주는 기록들이라
할 수 있다. 한편, 이 시기 제아미와 마찬가지로 요시미쓰의 총애를 받
은 소년 배우로 덴가쿠田楽 신좌新座의 조아미増阿弥를 빼놓을 수 없다. 이

조아미는 요시미쓰의 다음 쇼군인 요시모치^{義持}의 총애를 한 몸에 받으며 제아미를 위협하게 된다.

제아미에 대한 쇼군 요시미쓰의 총애는 당연히 주변의 무장과 귀족들에게도 영향을 미쳤다. 쇼군 주변의 명사들이 요시미쓰에 영합해 제아미에게 재물을 준 사연은 『고구마이키』에도 언급되어 있는데, 관백 니조 요시모토^{二条良基} 역시 그런 사람 중 하나였다. 니조 요시모토는 남북조가 병립하던 시절 북조의 관백을 세 번이나 역임한 조정의 최고 관료로, 만년에 요시미쓰와 친밀한 관계를 가지며 조정의 중핵에 있던 인물이다. 또한 와카와 렌가계의 유력자이기도 했는데 특히 렌가집 『쓰쿠바슈^{莵玖波集}』를 편찬하고 『쓰쿠바몬도^{筑波問答}』 등의 렌가론을 저작한 사실은 잘 알려져 있다. 그런 요시모토가 제아미의 후원자였다는 사실은 요시모토의 다음과 같은 편지로 알려져 있다. 이 편지는 이마구마노 사루가쿠로부터 그리 멀지 않은 시기에 쓰인 것으로 추정된다.

후지와카^{藤若}가 한가할 때 언제 한번 같이 오시지요. 지난 날 만났을 땐 그 아름다움에 정신이 아득했습니다. 그가 노는 물론이고 공차기와 렌가마저도 뛰어나니 보통 인물이 아닙니다. 무엇보다 그 얼굴 생김새, 몸동작, 그 모습은 아련하면서도 강단이 있었습니다. 그런 아이는 다시 없을 것입니다. 겐지모노가타리에서 무라사키노우에^{紫上}를 묘사할 때 '눈썹털이 소복하다'고 한 것은 각별히 아름다운 모습을 나타내는 것이지요. 또 그 아름다움을 빗대 말하기를 '봄날 새벽 놀 사이로 벚꽃 흐드러지게 피어 있다'라고 한 것 역시 아련하면서도 꽃 같이 아름다운 모습을 묘사한 것이라. 노래도 렌가도, 좋은 노래란 정취가 있고 그윽한 아름다움에 기품이 있어야 합니다. 그 아이가 춤을 출 때의 손놀림, 발동작, 소매를 휘두르는 모양새란 참으로 2월의 버드나무가 바람에 나

부끼는 것보다 낭창낭창하고, 가을 들판에 피는 일곱 풀꽃들[10]이 저녁 이슬에 함초롬히 젖어 있는 것보다 아름다웠습니다. (중략) 또한 히카루 겐지光源氏[11]가 꽃놀이 때 꽃그늘에서 춘《춘앵전春鶯囀》과 그때의 저녁 놀이 그러했겠지요. 쇼군께서 가까이 두고 아끼시는 것도 당연하다고 느낍니다. 참으로 때를 만나는 것은 어려운 것이지요. 뛰어난 인재도 때를 만나기 어려운 법인데 이 아이는 잘도 시운을 만났으니, 신기할 뿐입니다. 천마도 백락伯樂[12]을 만나지 못했다면 재능을 다 펴지 못했을 것이고, 변화卞和[13]는 삼대를 지나서야 보물이 되었습니다. 알아주는 사람이 없을 때는 진정한 자신도 없는 법입니다. 그런 시운을 만난 것 역시 보통 인물은 아니라 생각됩니다. 일간 꼭꼭 같이 한번 와 주시지요. 비록 땅 속에 묻힌 나뭇가지 같은 몸이지만 맘 속 어딘가에는 아직 이런 꽃이 남아 있었는지. 저도 신기할 뿐입니다. 이 편지 읽으신 후 곧장 불 속에 넣어 태워 주시기를.

4월 17일

손쇼인尊勝院께

수신인인 '손쇼인'은 도다이지東大寺 손쇼인尊勝院의 별당別当[14]을 역임한 교벤経升으로 추정된다. 내용인즉, 지난 날 요시모토 거처에 후지와

---

10 가을에 피는 대표적인 일곱 가지 풀꽃으로 싸리·억새·칡·패랭이꽃·마타리·등골나무·도라지꽃 등을 가리킴.

11 『겐지모노가타리』의 남자 주인공.

12 중국 춘추시대의 사람으로 천하의 명마를 알아보는 눈을 가졌던 것으로 유명함.

13 주(周) 나라 무렵 초 여왕(楚厲王)에게 형산(荊山)에서 캔 박옥(璞玉)을 바친 사람. 여왕이 보옥을 알아보지 못하고 그의 왼발 뒤꿈치를 잘라버렸고, 뒤에 무왕(武王) 때도 같은 이유로 오른쪽 발꿈치를 잘렸다. 그 뒤 문왕(文王) 대에 이르러서야 변화가 바친 것이 보옥임을 알아보았다는 고사가 전한다.

14 도다이지(東大寺), 고후쿠지(興福寺) 같은 대가람을 다스리는 장관으로 사원 전체의 업무를 통괄함.

카를 대동하고 찾아온 손쇼인에게 소년의 아름다움을 절찬하면서 한 번 더 후지와카를 대동하고 찾아달라는 내용이다. 여기서 후지와카란 바로 제아미를 가리키는데, 『후치키不知記』로도 불리는 스코상황崇光上皇의 일기 1378년 4월 25일조에, 3년 전 요시모토가 제아미에게 내린 이름이라는 게 명시되어 있다. 아마 이 편지에서 말하는 '지난 날一日'은 요시모토가 제아미를 처음 만난 날로, 그때 요시모토가 제아미에게 '후지와카'라는 이름을 지어준 것 같다. 쇼군님은 물론 요시미쓰를 가리킨다.

한편 이 요시모토의 편지는 1965년에 중세 와카 연구가인 후쿠다 히데이치福田秀一가 예능사연구회의 기관지인 『예능사연구芸能史研究』 10호에 소개한 것으로, 제아미 전기 자료로서는 비교적 근년에 발견된 신출 자료라 할 수 있다. 그런데 이 편지에 대해서 에도시대 무렵의 위작이라는 설이 제기된 바 있다(모모세 케사오百瀬今朝雄, 「니조 요시모토의 서간-제아미의 소년기를 말하다二条良基書状-世阿弥の少年期を語る-」, 『立正史学』 64号, 1988). 이유는 당시의 서간문으로서는 너무 길고, '손쇼인께尊勝院へ', '쇼군님将軍様'이라는 표현이 당시의 것이라고 하기 어렵다는 것이다. 이 점에 대해서는 서지 연구 전문가의 지적이라 경청할 만한 의견이라고 생각한다. 그럼에도 필자는 이 편지를 처음 발견한 후쿠다 히데이치의 지적, 즉 편지에 쓰인 단어 등이 요시모토가 자신의 렌가론에서 사용한 용어와 비슷하다는 점, 또 이 편지가 요시모토가 아니면 쓰기 어려운 내용을 담고 있다는 지적에 동의한다. 이에 덧붙여 요시모토가 이 이외에도 당시 조정 귀족으로서는 이례적으로 한문이 아닌 가나문仮名文 편지를 남긴 점(『모로모리키師守記』 所收) 등을 고려하면 역시 이 편지는 요시모토의 것이라 봐도 좋을 것이다.

그런데 제아미를 총애한 요시모토의 모습을 전하는 또 하나의 흥미로운 자료가 있다. 그것은 1378년 4월 요시모토 자택에서 개최된 렌가회連歌会에서 제아미(후지와카)가 읊은 구가 요시모토를 감탄시킨 사건이다. 이 내용을 전하는 자료는 전술한 스코상황의『후치키』인데, 여기에 소년 제아미가 요시모토 저택에서 읊은 구가 다음과 같이 기록되어 있다. 이『후치키』도 1967년에 소개된 비교적 근년의 자료이다.

현세는 버려도 버릴 수 없는 후세後世　　　주고准后

죄를 아는 사람은 업보도 없으리　　　아이児

듣는 이의 마음을 빼앗누나 두견새

무성한 어린잎은 그저 푸른 소나무 빛　　　다레가미垂髪

위에서 '주고'는 요시모토, '아이'와 '다레가미'15는 제아미다. 전자는 요시모토가 "출가 입문하는 것은 현세를 버리기 위함이나, 그것은 또한 더 중요한 후세를 버리지 않음이다."라고 읊은 데 대해, 제아미가 "현세의 죄를 알고 있는 사람은 현세의 죄업으로 인해 후세에서 고통 받는 일은 없을 것입니다."라고 대구對句를 읊은 것이다. 또 후자는 "두견새의 절묘한 울음소리를 접하면 사람은 넋을 잃고 만답니다."라는 작자 불명의 노래에 대해 제아미가 "그 울음소리가 들리는 곳에 눈을 돌리니 두견새 모습은 보이지 않고, 주위엔 온통 영원한 생명을 보여주는 신록의 세계."라고 대구한 것이다. 이것이 당시 열다섯이었던 제아미의 구였고, 이에 대해 렌가계의 일인자였던 요시모토가 상찬을 한 것이다. 앞선 요시모토의 편지에도 "축구와 렌가에도 뛰어나다."라고 한 것을 상기하면 좋을 듯싶다. 이『후치키』나 요시모토의 편지가 소개되기 전에는 오늘

---

15 뒷머리를 묶어 올리지 않고 늘어뜨린 머리. 유아, 아동의 의미를 나타내기도 함.

날 전하는 제아미 노의 문학성이 어디에서 온 것인지 충분히 이해되지 못했다. 그런데 그것은 바로 소년 제아미를 둘러싼 문화적 환경과 식자들의 상찬을 받을 만큼 천부적이었던 제아미의 문학적 재능에서 비롯된 것이었다.

이상은 모두 소년시대 제아미의 사적에 관한 내용으로, 이 시기는 제아미의 생애 중에서도 비교적 풍부한 자료의 수혜를 받고 있는 시기다. 그것은 제아미가 요시미쓰를 중심으로 한 문화살롱의 총아였기 때문일 것이다. 소년시대 이 같이 빛나는 체험을 쌓은 제아미는 이윽고 성인이 되었다. 그리고 21세를 맞은 1384년, 여행지 스루가駿河[16]에서 죽음을 맞은 아버지 강아미의 뒤를 이어(『후시카덴風姿花伝』) 제2대 간제 다유로서의 길을 걷게 된다.

요시미쓰 시대 후기의 제아미 —청년기에서 장년기까지—

이 시기는 1384년 강아미의 죽음에서부터 1408년 요시미쓰의 서거에 이르는 24년간의 기간으로, 제아미 나이로는 스물한 살에서 마흔다섯 살까지가 된다.

강아미의 죽음은 시대를 가른 스타의 죽음이었던 만큼 당시 명사들의 과거장過去帳[17]인 『조라쿠키尚楽記』에 '야마토 사루가쿠 간제 다유大和猿楽観世大夫'라고 그 이름이 올라 있다. 또 제아미도 그의 저서 『후시카덴』에, 죽는 마지막까지 배우로서의 빛을 잃지 않았던 강아미의 모습을 다

---

16 지금의 시즈오카(静岡)현 중앙부에 해당하는 지역.

17 절에서 신도 등이 사망했을 때 그 실명, 법명, 연령, 사망년도 등을 기록해 놓는 장부.

음과 같이 기록하고 있다.

돌아가신 아버지는 52세를 일기로 5월 19일 세상을 뜨셨다. 그달 4일에 스루가 센겐노고젠浅間の御前의 법회 연회에 출연하셨다. 그날의 사루가쿠는 특히나 빛났으며 상하고위를 막론하고 구경한 사람들이 입을 모아 상찬하였다.

이렇게 해서 제2대 간제 다유의 자리에 오른 제아미였지만 그 후 10년 동안 다유로서의 행적은 완전히 베일에 가려져 있다. 알려진 것으로는 1394년 3월, 요시미쓰가 나라의 가스가사春日社를 참배했을 때를 기록한 문헌(『春日御詣記』)에, '간제사부로観世三郎 사루가쿠에 출연하다'라고 되어 있는 것이 처음이다. 이때 제아미 나이 서른한 살이었다. '사부

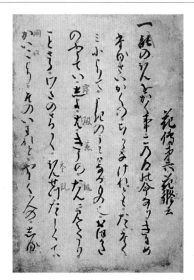

후시카덴風姿花伝 (第六花修·제아미 자필)

로'라는 이름은 그의 부친 강아미가 야마다^{山田} 다유의 3남이었던 데서 유래한 것으로 간제 가문의 적자에게만 붙여지는 통칭이다. 이후, 이 시기 제아미의 동정은 요시미쓰 관련 기록 속에 '간제 사부로', 혹은 '간제'라는 명칭으로 기록되게 된다. 기록은 많지 않지만 『사루가쿠단기』의 기사 내용과 함께 보면, 이 시기 제아미는 쇼군 요시미쓰의 어용 연기자라는 지위에 있으면서 간제 다유로서도 충실한 활동을 선보였을 것으로 추정된다.

이 시기 그의 활동으로 특필할 만한 것은 1399년 요시미쓰의 후원으로 교토 이치조 다케가하나^{一条竹ヶ鼻}(현, 가미교구 다키가하나^{上京区滝ヶ鼻})에서 개최된 권진노이다. 이 권진노에 대해서는 히가시보조 히데나가^{東坊城秀長}의 『고요키^{迎陽記}』[18]에 다음과 같은 기록이 보인다.

> 5월 20일, 경인^{庚寅}, 맑음. 이치조 다케가하나에서 간제의 권진 사루가쿠가 열렸다. 사지키는 아카마쓰 소슈젠몬^{赤松總州禅門}이 준비했다. 청련원^{青蓮院}, 성호원^{聖護院}의 문주^{門主} 등이 납시었다.
>
> 25일, 을미^{乙未}, 맑음. 오늘 권진 사루가쿠 사지키는 관령봉행^{管領奉行}[19]이 마련했다. 청련원, 성호원의 문주가 함께 관람하셨다. 쇼군께서 대음^{大飲}하셨다. 교겐과 사루가쿠 여러 곡이 피로된 후 종료되었다.
>
> 28일, 무술^{戊戌}, 맑음. 오늘 권진 사루가쿠가 있었다. 우경대부^{右京大夫}가 소란을 피웠다. 양 문주가 함께 참관하셨다.

이 기록을 보면 3일간에 걸친 권진노의 일단을 알 수 있다. '간제'라

---

18 남북조와 무로마치시대의 공경(公卿)이었던 히가시보조 히데나가(東坊城秀長)가 편찬한 문집.

19 관령(管領)은 무로마치시대 쇼군을 보좌해서 정무를 총괄하던 직책으로 이전에는 집사(執事)라는 명칭을 쓰기도 했다.

고 되어 있는 것은 제아미를 가리킨다. 또한 사지키는 요시미쓰 관람석을 의미하는데 이 사지키 조영을 첫째 날은 아카마쓰 요시노리赤松義則가, 둘째 날은 하타케야마 모토쿠니畠山基国(관령)가, 셋째 날은 호소카와 미쓰모토細川満元가 맡았다. 이 권진노에서 요시미쓰는 3일 다 사지키에서 제아미의 노를 구경했는데, 둘째 날인 5월 25일에는 요시미쓰가 과음한 모습이 기록되었다. 둘째 날에는 "수 편의 노가 피로된 후 종료되었다."(노가 수 편 상연되었는데 모두 뛰어난 기량을 선보였다)고 되어 있어 단편적이나마 제아미의 열연을 전해주고 있다.

이 권진노 흥행은 제아미에게 있어 연기자로서의 인생을 좌우하는 의미를 지니고 있었다. 왜냐하면 이듬해 저술된 『후시카덴』 제1조 「연래계고조年来稽古条」[20] '34~35세'항을 보면 34~35세는 연기자로서 절정을 보여주는 시기로, 명수라면 이 시기에 '천하의 인정'을 얻고 '천하의 명망'을 획득할 것이라고 기록하고 있기 때문이다. 1394년 이치조 다케가하나에서 권진노를 흥행시킨 제아미의 나이가 36세, 그야말로 절정기를 구가하던 때였다. 그 같은 시기에 쇼군을 위시한 조정 귀족과 무가, 명사들이 참관하는 공개 권진노를 흥행시킨 것은 그야말로 '천하의 인정'을 얻고 '천하의 명망'을 획득한 것임에 다름 아니다.

이같이 순탄한 인생 항로 속에 제아미는 1400년, 첫 예론서인 『후시카덴』을 제3편까지 집필한다. 「연래계고조」와 「물학조物学条」, 「문답조問答条」가 그것으로, 여기에 배우로서의 매력을 '하나花'라는 말로 나타낸, 일본 최초의 연극론을 담고 있다. 이 책 말미에는 다음과 같이 날짜와 서명이 적혀 있다.

---

20 『후시카덴』에서 나이에 따른 배우의 수련 과정을 논한 항목.

于時応永七年²¹ 　　　庚辰 　　　卯月²² 十三日

從五位下左衛門大夫 　　　秦元清書

　'종5위하 사에몬_{從五位下左衛門}'이라고 한 것은 정식 관위가 아니라 제아미 스스로가 붙인 것으로 추정되는데, 여기서는 배우로서의 절정기를 구가하던 제아미의 기개가 느껴진다.

　이듬해 1401년 9월경 제아미는 요시미쓰로부터 '제아미'라는 이름을 부여받는다. 그간의 사정에 대해서는 『사루가쿠단기』 제23조에

　　도아_{道阿}의 '도_道'는 로쿠온인의 이름 '도기_{道義}'의 '도'를 내려주신 것이다. '제아_{世阿}'는 로쿠온인께서 '간제_{観世}'라 할 때 '제'는 '세_世'를 탁하게 발음한 소리이니, 이를 규범으로 삼아 '제아'라고 하신 것이다. 그 무렵 가데노코지 부에_{勘解由小路武衛}가 효고_{兵庫}의 포구에서 벌어진 개 몰이_{犬追物}²³의 심판관을 맡았는데, 쇼군께서 명부에 친필로 '선관령_{先管領}'이라 적으신 이래 지금껏 '선관령'이라 부르게 되었다. 이와 마찬가지로 쇼군께서 주신 이름이니 제시_{世子}(제아미) 황공하기 그지없다.

　라고 기록되어 있어 구체적인 사정을 알 수 있다. 위의 기록은 요시미쓰 주변에서 활동하던 어용 연기자 중 요시미쓰로부터 예명을 받은 연기자들이 열거되어 있는 부분이다. 이에 따르면 '간제'의 '제_世'가 탁

21　서력 1400년.

22　음력 4월.

23　일본의 전통 궁술 작법 중 하나. 사방 40간의 경기장에 36기의 기수가 편을 갈라 경기장 안의 개를 쏘아 맞히는 경기. 단, 실제 화살로 개를 쏘아 죽이는 게 아니라 적시(鏑矢)라고 불리는 특수한 화살을 사용하였다.

음으로 발음되므로 이를 본떠 '제아미'로 하자는 요시미쓰의 제안에 의해 '제아미'로 명명된 경위가 구체적으로 나와 있다. 기록에 의하면 '世阿弥'를 '제아미'로 읽을 것인지, '세아미'로 발음할 것인지에 대해 의견이 갈렸는데, 요시미쓰가 '간제'의 '제' 발음을 들고 나와 결정을 내렸다는 것이다. 그에 덧붙여 제아미는 비슷한 시기 전임 관령管領이었던 가데노코지(시바 요시마사斯波義将)의 호칭으로 '전관령前管領'과 '선관령先管領' 두 가지가 있었는데, 효고에서 열린 개 몰이의 심판관을 맡은 그의 이름을 요시미쓰가 손수 명부에 '선관령'이라고 적어 넣은 것을 계기로 '선관령'이라는 호칭이 정해졌다는 예를 들면서, 제아미라는 이름도 요시미쓰가 지어준 것이니 '황공하기 그지없다'고 자랑스레 얘기하고 있다. 한편, 그 명명 시기를 1401년 9월경으로 추정한 것은 도합 12회로 알려진 요미시쓰의 효고행에 시바 요시마사의 동행이 확인되는 것이 이때뿐이기 때문이다.

이렇게 제아미는 1401년에 '제아미'가 된 것이다. 그런데 이 제아미라는 이름은 승려 혹은 신앙과 관계없는 단순한 예명으로 보아야 할 것 같다. 사실 요시미쓰 주변의 배우 중에는 제아미 말고도 '~아미'라는 호를 이름으로 가진 연기자들이 있었다. 제아미의 부친 강아미도 그랬고, 오미近江 사루가쿠의 도아미道阿弥(이누오犬王)와 토아미童阿弥, 덴가쿠 신좌의 기아미喜阿弥와 조아미增阿弥, 출신 불명의 세이아미井阿弥 등이 그랬다. 『사루가쿠단기』 제23조에 의하면, 이중 도아미는 요시미쓰가 명명한 게 확실하고 강아미나 기아미도 역시 요시미쓰가 명명한 것으로 추정된다(앞서 인용을 생략한 부분에 그 내용이 실려 있다). 또한 요시미쓰의 주변에는 노 연기자 이외에도 렌가시 링아미琳阿弥와 나아미南阿弥처럼 '아미' 호를 이름으로 가진 예술가들이 있었다. 이들을 종합해 보면 아미호는 요시미쓰 주변의 문화인들에게 주어진 명예로운 예명 같은 것으로, 제아미를 위시한 노 연기자들의 아미호도 마찬가지였을 것으로 추정된다.

이 시기 제아미는 이렇게 요시미쓰라는 제1권력자 곁에서 연기자로서의 충실한 나날을 보내고 있었을 것이다. 그러나 어용 배우로서의 지위가 무조건 안락한 것만은 아니었다. 원래 이 시기 요시미쓰의 주변에는, 도아미, 토아미, 조아미, 세이아미 등 출신과 계통을 달리하는 배우(시테 역)들이 있었으며, 거기에는 당연 경쟁적인 일상이 존재했다. 그중에서도 이 시기 제아미의 최대 라이벌은 한 세대쯤 선배인 오미 사루가쿠 히에좌比叡座의 명수 도아미였다.

이누오 도아미가 요시미쓰의 강력한 후원 아래 있었다는 것은 그의 이름 '도道'가 요시미쓰의 법호 '도기道義'의 '도'를 물려받은 사실만으로도 확실하다(앞서 인용한 『사루가쿠단기』 제23조 참조). 이누오에 대한 요시미쓰의 총애는 적어도 1380년 이전부터의 일로 추정되는데, 동년 4월에는 아야노코지 가와라綾小路河原에서 권진노를 개최했고(『迎陽記』), 1385년 3월에는 요시미쓰의 이쓰쿠시마厳島[24] 여행에 동행하고 있다(『鹿苑院西国下向記』). 이밖에도 요시미쓰가 이누오를 총애한 사실을 엿볼 수 있는 자료는 몇 가지가 더 있는데, 이를 보면 이 시기 이누오에 대한 요시미쓰의 평가는 제아미보다 높았던 것으로 추측된다. 예를 들어 1408년 3월 요시미쓰가 고코마쓰後小松 천황을 기타야마北山 저택에 초대했을 때 상연한 노에도 이누오가 출연하고 있다. 이때 21일간에 걸친 체재기간 중 3회에 걸쳐 노가 상연되고 이중 2회에 이누오가 출연하였다(나머지 1회 출연자는 불명). 이는 요시미쓰가 서거하기 직전의 일이었으니 이를 보면 이누오에 대한 요시미쓰의 총애는 생전에 변함이 없었던 것 같다.

---

24 히로시마 북서부에 위치한 섬.

제아미 역시 이누오의 연기를 높이 평가했다. 그러한 사실은 『사루가쿠단기』의 이누오에 대한 평에 분명히 나타나 있는데, 그에 의하면 이누오의 예풍은 비속한 곳이 한 군데도 없는 고상 그 자체였던 것 같다. 이 시기 제아미 곁에는 언제나 이누오와 같은 라이벌이 상존했고 이같은 환경은 당연히 제아미의 예풍에도 영향을 미쳤을 것이다. 제아미는 이후 급속도로 가무를 중심으로 하는 우아한 노를 지향하며 그 깊이를 더해 가는데, 그 계기가 된 것이 바로 이누오와의 만남이었다고 추측된다.

고코마쓰 천황을 기타야마 저택에 초청한 지 50일 정도 지나 요시미쓰가 급사한다. 요시미쓰는 예능에 대해서는 작은 결점에 크게 신경 쓰지 않고 좋은 점은 적극 칭찬하는 타입이었다(『시카도至花道』). 이로써 제아미는 30년에 걸쳐 자신을 아껴주었던 강력한 후원자를 잃게 된 것이다.

요시모치시대의 제아미 －장년기에서 노년기까지－

이 시기가 대상으로 하는 것은 요시미쓰 서거 후 요시모치義持가 아시카가 쇼군의 가독을 승계한 1408년에서부터 요시모치가 서거한 1428년까지로, 제아미의 나이 45세에서 65세까지의 시기이다.

제아미의 라이벌이었던 이누오 도아미는 1413년 세상을 떠나는데 그와 바통 터치라도 하듯 제아미에게 새로운 라이벌이 등장한다. 소년시대부터 요시미쓰 주변에서 활동하던 덴가쿠 신좌의 조아미增阿弥였다. 조아미는 1412년부터 1422년까지 해마다 교토 시내에서 요시모치 후원의 권진노를 개최하는 등, 요시모치의 절대적인 후원을 받고 있었다. 제아미가 평가하는 조아미의 예풍은 '담담하고도 깊이 있는' 정숙한 풍취를 자아내는 것(『사루가쿠단기』)이었는데, 그것이 선禪에 깊이 경도되어 있던 요시모치의 기호와 일치했던 것 같다. 요시모치는 노에 대해서도 날카로운 감식안을 가지고 있었다. 까다롭지 않고 너그러웠던 요시미쓰와는 대조적으로 작은 결점도 놓치지 않고 세련에 세련을 거듭한 연기가 아니면 만족하지 못했다고 한다(『시카도』). 그런 요시모치가 개조開祖[25]를 그림으로 남겨 두는 선종의 풍습에 따라 자신이 총애하던 조아미의 초상화를 제작하게 하고 거기에 이쇼 도쿠간焦省得嚴의 찬讚을 달게 하기도 했다(현재 초상화는 전하지 않고 이쇼 도쿠간의 찬만이 『東海璃華集』에 남아 있다).

이처럼 이 시기 조아미가 쇼군 요시모치의 압도적인 애호를 받았다고는 하나 제아미가 요시모치에게 냉대를 받은 것은 아니다. 일찍이 제아미가 요시모치로부터 냉대를 받았다는 견해가 유력했으나 이 점에 대해서는 노세 아사지能勢朝次 씨가 『노가쿠원류고』에서, "쇼군 요시모치는 부친 요시미쓰에 이어 간제 사루가쿠를 보호했던 것 같다. 쇼초正長[26] 연간에 요시노리義教가 쇼군직을 계승하기까지는 제아미의 처지에 큰 변화가 없었다고 보아야 할 것이다."라고 지적한 것을 따라야 할 듯하다. 확실히 1424년 무렵까지의 기록에는 조아미의 위치가 확고했고 1인자의 위치에 있었다는 사실에는 변함이 없다. 따라서 막부 내의 제아미의 위상이 상대적으로 저하되었다고도 볼 수 있다. 그러나 제아미에 대한 요시모치의 평가가 반드시 요시미쓰 시대보다 낮았다고 볼 필요는 없을 것 같다. 이 시기 제아미의 동정을 전하는 기록이 양적으로 요시미쓰 시

---

25 불교에서 한 종파를 처음 연 사람.
26 무로마치 중기의 연호(1428~1429).

대와 거의 비슷한 점도 그 같은 견해를 뒷받침한다.

그러나 제아미와 조아미의 이런 관계는 조아미의 활동상이 보이지 않게 되는 오에이応永(1394~1427) 말년에 이르러 흥미로운 변화를 보인다. 기록에 보이는 조아미의 활동은 1424년 8월에 기타노신사北野神社에 참배 중인 요시모치 앞에서 노를 연기한 것이 마지막이다. 이 후 1427년 4월에 다이고지醍醐寺 청룡궁清滝宮에서 열린 진지노神事能에 제아미가 악두楽頭[27]의 자격으로 출연하여 연기를 선보이는 데, 이때 요시모치가 통상의 봉급과는 별도로 2,000필의 금사 직물로 만든 예복을 하사한다. 제아미 나이 이미 예순넷이었다. 이때 제아미의 노에 대해 『만사이주고일기満済准后日記』[28]는 '신묘한 연기'였다고 기록하고 있다. 또한 2년 후인 1429년의 동同 진지노에서도 "뭇 사람들의 눈을 놀라게 했다."(『만사이주고일기』)라고 했으니 그의 기량이 녹슬지 않았음을 알 수 있다. 요시모치가 1427년 청룡궁의 진지노에서 제아미에게 특별한 봉록을 하사한 것은 제아미의 노를 높이 평가했기 때문이었을 텐데, 이는 조아미에 대한 기록이 끊긴 직후의 일이다. 즉, 1427년의 청룡궁 제례에서 요시모치가 제아미에게 특별한 봉록을 내린 배경에는 당시 조아미가 신병으로 인해 제일선에서 물러나야만 했던 저간의 사정이 있었던 것은 아닐까? 만일 그렇다면 제아미는 요시모치 만년에 조아미가 제일선에서 물러남에 따라 제일의 어용 연기자가 된 것이다.

조아미와의 관계를 서술하다 보니 갑자기 화제가 제아미의 노년기까지 흘러간 것 같다. 그러나 이 시기 제아미의 행적과 관련해서는 무엇보다 1418년 무렵부터 활발해진 예술론 집필 활동과 노 창작 활동을 소개

---

27 그때그때 노 상연의 흥행을 총괄한 흥행권자
28 무로마치 전기 다이고지(醍醐寺)의 좌주(座主)였던 만사이(満済)의 일기.

해 둘 필요가 있다.

　제아미가 1400년에 『후시카덴』 제3편까지 저술한 사실에 대해서는 앞에서도 소개했다. 그 후 제아미는 같은 책 제4편 「신의神儀」, 제5편에 해당하는 「오의奥義」[29], 제6편 「화수花修」, 제7편 「별지구전別紙口伝」을 1403년 후반까지 집필했다. 게다가 1413년 후반에는 이들 7편에 대폭적인 증보와 개정 작업을 더하는데, 여기에는 20년에 걸친 제아미의 사색의 결정체가 각인되어 있다(현재본에 이르기까지 『후시카덴』의 형성과정에 대해서는 『이와나미 강좌 노·교겐Ⅱ-노의 伝書와 芸論』 참조).

이곡삼체인형도二曲三体人形図(곤파루 젠치쿠金春禅竹 筆)

---

29 학문, 예술, 무술, 종교에서 가장 깊은 곳, 심원한 뜻.

7편으로 이루어진 『후시카덴』을 1403년 후반에 정리한 후 제아미는 1418년 이전에 『가슈花習』(전체는 전하지 않으며 현존하는 『가쿄花鏡』의 전신으로 추정)를, 1419년에 『온교쿠쿠덴音曲口伝』을, 1420년에 『시카도至花道』를, 1421년 이전에 『가쿄花鏡』를, 1421년에 『이곡삼체인형도二曲三体人形図』를, 1423년에 『산도三道』를, 1428년에 『리쿠기六義』와 『슈교쿠돗카拾玉得花』를 저술했다. 또한 집필 연차는 분명하지 않지만 『후시즈케시다이曲付次第』, 『후교쿠슈風曲集』, 『유가쿠슈도후켄遊楽習道風見』, 『고이五位』, 『큐이九位』도 이 시기에 집필한 저작이다. 각각의 내용에 대해서는 역시 『이와나미 강좌 노·교겐Ⅱ-노의 전서와 예론』 등을 참고하면 되겠는데, 이들 저작은 제아미 50대 후반에서 60대 전반에 걸친 사색의 성과물이다. 게다가 저술을 업으로 하지 않는 노 연기자의 작업이라는 점을 생각하면 실로 놀라울 뿐이다. 이런 예론서藝論書에는 용어 및 발상의 측면에서 공통적으로 선禪적인 영향이 보이는데, 그와 같은 선적인 요소는 이들 예술론의 내용에 깊이를 더하는 한편 하나의 특징을 이루고 있다.

그렇다면 이 시기까지 제아미는 어떠한 노를 제작했던 것일까? 『산도』와 『사루가쿠단기』의 기술에 의하면, 오에(1394~1428) 말년까지 제아미가 제작하고 있던 노는 다음의 22곡이다 (●는 전승이 단절된 곡, ○는 산실된 곡).

유미야와타弓八幡, 다카사고高砂, 요로養老, 오이마쓰老松, 도루融, 아리도시蟻通, 하코자키箱崎, 우노하鵜羽, 盲打[30] , 마쓰카제松風, 햐쿠만百万, 히가키桧垣, 다다노리忠度, 사네모리実盛, 요리마사頼政, 기요쓰네清経, 아쓰모리敦盛, 고야모노구루이高野物狂, 오사카모노구루이逢坂物狂, 고이노오모니恋重荷, 후나바시船橋, 다이산푸쿤泰山府君

---

30 산실곡으로 표기만 전할 뿐 곡명은 불명.

《히가키[檜垣]》

《마쓰카제松風》

제아미는 『산도三道』에서 "이것들은 오에 연간에 제작한 야심작으로 앞으로 나올 수작들에 비해서도 뒤떨어지지 않을 것이다."라고 자신감을 피력하고 있다. 사실 이들 중 많은 수는 오늘날에도 명작으로 상연되고 있어 제아미의 평가가 틀린 것이 아님을 입증하고 있다.

그런데 위 작품들은 제아미의 야심작만을 든 것이고, 오에応永 말년까지 제작한 노는 이 이외에도 적지 않았을 것으로 추정된다.

한편 이 시기는 제아미가 출가한 시기와도 겹친다. 제아미의 출가는 그의 나이 59세였던 1422년에 이루어진 것으로 추정되는데, 이에 대해서는 다음의 『사루가쿠단기』 제24조의 기사가 참고가 될 것이다.

또한 오에 29년 11월 19일, 쇼코쿠지相国寺 주변, 히와다檜皮 목수의 딸

이 중병에 걸렸을 때 기타노北野 성묘聖廟³¹로부터 신령스런 꿈을 점지 받았다. "'동풍이 불면東風吹かば'의 첫 글자들로 노래를 짓고(이는 신령 과의 결연을 도모하는 노래이다), 간제觀世에게 이 노래에 대해 점수를 매 기게 한 후 신전에 참배하라." 성묘께서 이토록 은혜로운 모습을 보이 시니, 노래를 지어 천신天神³²과 결연하고 제아미에게 이 노래들을 채점 하게 했다. 이에 제아미가 거부하기 어려워 목욕재계하고 점수를 매겼 다. 그 무렵 제아미는 이미 출가한 터라 "꿈속에서 '간제란 누구를 말하 는 것입니까' 하고 의아해 하자, '제아미니라'라고 말씀하셨다."라고 하 였다.

쇼코쿠지 주변에 살던 목수의 딸이 중병에 걸리자 그 아비의 꿈에 천 신天神이 나타나 자신의 대표 시 "동풍이 불면 향기를 뿜어라東風吹かば匂ひ よこせよ……³³의 31자를 각각 첫 글자로 하는 노래를 짓고, 간제로 하여 금 점수를 매기게 한 후 신전에 바치라."라고 알려 주었다. 그 무렵 제아 미가 출가한 지 얼마 안 되던 때라 목수가 '간제란 아비인 제아미를 말 하는 건지 아들인 모토마사元雅를 이르는 것인지' 의아해하자, 천신이 이 르기를 '제아미를 이름이다'라고 했다는 이야기다. 그 결과 어떻게 되었 는지는 기록에 나와 있지 않지만 아마 그 딸의 병은 나았을 것이다. 그 건 그렇고, 그 목수가 신몽을 꾼 것이 1422년 11월이라 했으니 제아미의 출가는 그보다 조금 이른 것으로 추정할 수 있다.

---

31 성인을 모신 묘. 기타노 성묘는 고대시대 대학자이자 정치가였던 스가와라노 미치자네(菅原道真) 를 모신 묘이다. 스가와라노 미치자네는 죽어서 천신(天神)으로 추앙받고 있다.

32 스가와라노 미치자네를 모시는 덴만구(天満宮) 신사, 혹은 그 제신(祭神)인 스가와라노 미치자네.

33 '동풍이 불면 향기를 뿜어라 매화꽃이어. 주인 없다고 봄을 잊지 말지니(東風吹かば 匂ひよこせよ 梅の花 あるじなしとて 春をわするな)'는 스가와라노 미치자네의 대표 시이다.

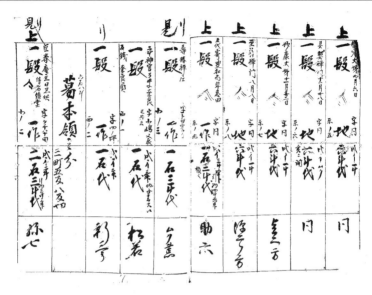

후간지 납장補嚴寺納帳(왼쪽에서 둘째 줄이 제아미가 기증한 땅)

한편, 『만사이주고일기』의 1422년 4월 18일조 다이고지 청룡궁 진지노 기사에 제아미를 '간제 뉴도觀世入道'라고 부르고 있어, 제아미의 출가가 그해 4월 이전에 일어났음을 추측케 한다.

위 기록들을 종합해 볼 때 제아미의 출가는 1422년 초경이 아닐까 짐작된다. 그는 조동선종曹洞禪宗에 귀의했다.

제아미와 선종과의 관계는 그의 예론서에 의해 일찍부터 주목을 받아왔다. 그런데 그것이 조동선종을 기반으로 한 것이라는 사실은 1958년 고사이 쓰토무香西精가 나라의 시키군磯城郡 아지마味間에 있는 조동종 후간지補嚴寺가 제아미의 위패를 모신 절이라는 사실을 밝혀냄으로써 분명해졌다. 고사이는 이 발견 후 제아미의 예술론 및 노에 사용된 선용어 등을 광범위하게 분석하고 거기에 조동종의 색채가 농후하게 들

어 있음을 지적했다(「제아미의 출가와 귀의^{世阿弥の出家と帰衣}」, 『世阿弥新考』 所收). 물론 제아미의 예술론과 노의 선적인 발상이나 용어가 모두 조동종에서 유래했다고는 할 수 없다. 거기에는 무로마치 쇼군이 귀의해 있던 임제종^{臨濟宗}의 영향도 엿보이는데 하지만 어쨌든 제아미의 사상적 기반이 조동종이라는 것은 확실한 것 같다.

출가한 제아미는 '시오젠포^{至翁善芳}'라고 이름 하였으며 제아미라는 이름은 출가 후에도 계속 사용하였다. 또한 출가와 함께 간제 다유(간제좌의 동량, 간제가의 가독)직은 장자인 모토마사에게 물려주었다. 하지만 연기자로서의 제일선에서 물러난 것은 아니었고 1424년 청룡궁 제례 때는 악두^{樂頭}직에 취임하고 있다. 이후 이 제례에서 때때로 절묘한 연기를 선보여 호평을 받은 사실은 앞서 소개한 대로다.

출가 후 제아미는 이렇게 쇼군 요시모치의 비호 속에 무대와 저술활동 면에서 충실한 나날을 보내고 있었다. 그런데 그 요시모치가 1428년 1월 향년 43세를 일기로 서거하자 예상치도 못한 고난이 그를 기다리고 있었다.

요시노리 시대의 제아미 -노년기에서 만년까지-

여기서 대상으로 하는 시기는 요시노리^{義敎}가 요시모치의 뒤를 이어 쇼군에 오른 1428년 3월에서부터 제아미가 유배지 사도^{佐渡}에서 『긴토쇼^{金島書}』를 정리한 1436년까지의 8년간으로 제아미 나이 65세에서 73세에 이르는 기간이다.

이 시기 제아미의 처지는 일변했다. 그것은 오로지 쇼군 요시노리의 냉대와 압박 때문이었다. 무로마치 어소에서 개최되는 노는 제아미의 조카 사부로 모토시게三郎元重가 독점하게 되었고, 고코마쓰 상황의 희망으로 실현될 뻔했던 선동仙洞[34]에서의 노가 중지되었으며(1429년 5월), 차남 모토요시元能는 절망 끝에 출가하였다(1430년 11월). 또한 장남 모토마사가 서른 전반의 젊은 나이로 이세伊勢에서 객사하고(1432년 8월), 급기야 제아미 자신은 사도로 유배되기에 이른다(1434년 5월). 이 일련의 사건들은 마치 엎친 데 덮친 형국으로 연이어 발생했고 만년의 제아미는 일찍이 한 번도 경험하지 못했던 고난에 직면했다.

쇼군 요시노리는 요시미쓰의 아들이자 요시모치의 친동생이었다. 열 살 때 청련원靑蓮院[35]에 입실하여 기엔義円이라는 법명을 썼고 천태종 좌주座主를 역임하기도 했다. 그런 그가 형 요시모치의 서거로 환속하여 제6대 무로마치 쇼군에 오른 것이다. 요시노리는 이와시미즈 하치만궁岩淸水八幡宮에서 제비뽑기를 하여 쇼군에 오른 것으로도 유명하다. 그는 쇼군에 취임하기 이전부터 제아미의 조카 사부로 모토시게(후에 옹아미音阿弥)를 후원하고 있었다. 모토시게는 1427년 4월에 이나리稲荷[36] 부근에서 권진노를 개최했는데, 이 권진노는 청련원 시절 요시노리가 후원한 것이었다(『満済准后日記』). 그런 요시노리가 새 쇼군이 되었으니 그 전부터 비호하던 모토시게를 중용하는 것은 당연한 일이었다. 『만사이주고 일기』에 의하면, 요시노리 취임 1년 후인 1429년 4월, 모토시게가 처음으로 어소에서 노를 선보였을 때는 제다이묘들이 모두 참석해 5만 필에 달하는 막대한 하사품이 내려졌다고 한다. 이후 무로마치 어소의 노는

---

34 퇴위한 천황(上皇, 혹은 法皇)이 머무는 어소.

35 교토시 히가시야마구(東山区)에 위치한 천태종 사원으로 일찍이 천태종의 삼문적(三門跡) 중 하나. 삼문적이란 황실이나 섭정가의 자제들이 입사(入寺)하는 사원을 지칭하는데, 특히 청련원은 황실가의 많은 남성들이 주직(住職)을 역임하는 등 세력을 떨친 사원이었다.

36 교토시 후시미구(伏見区) 히가시야마(東山) 산지 남단의 지구.

거의 모토시게가 독점하게 된다.

　모토시게는 원래 제아미의 동생 시로四郞의 아들로, 일찍부터 제아미의 양자로 들어가 제아미의 후계자로 키워졌던 것 같다. 그것은 모토시게가 제아미의 조카임에도 불구하고 간제 가문의 당주만이 사용하는 '사부로三郞'를 통칭으로 쓴 것을 보아도 분명하다. 그러나 제아미에게 친아들 모토마사가 태어난 후 제아미를 잇는 간제 다유직이 1422년에 모토마사에게 넘어간다(모토마사의 통칭은 '주로十郞'였다). 그렇다면 당연히 제아미 부자와 모토시게의 관계가 미묘해졌을 터인데, 적어도 제아미가 간제 다유를 모토마사에게 물려 준 1422년 무렵에는 양자 간에 껄끄러운 분위기가 형성되었을 것이다. 모토시게에 대한 새 쇼군의 중용은 그같은 간제좌 내부의 관계에도 심각한 영향을 미쳤을 것이라 상상할 수 있다. 게다가 간제 다유에 오른 모토시게 후년기의 활약상을 볼 때 그는 제아미도 능가할 배우였던 것 같다. 이제 노배우 제아미는 처음으로 자신에게 호의적이지 않은 쇼군을 받들게 된 한편, 공적 사적으로 간제 사부로 모토시게라는 강력한 라이벌을 가지게 된 것이다.

　하지만 요시노리가 쇼군이 되고 2년 동안은 무로마치 어소에서 모토시게가 중용된 것 말고는 제아미에게 이렇다 할 변화가 있었던 것은 아니었다. 1429년 5월에 무로마치 어소의 마장馬場에서 열린 대규모 야외 노에는 제아미와 그의 장남 모토마사가 함께 출연하고 있다. 또한 선동 어소에서 열리기로 예정되었던 제아미 부자의 노가 요시노리의 명령으로 급거 중지된 것은 그 직후의 일인데—이때 요시노리는 선동에 초대된 '간제'를 모토시게로 알고 있다가 개연 직전에 제아미 부자라는 사실을 알고 급거 연희를 중지시켰다—, 그때도 제아미 부자와 요시노리, 모토시게의 관계는 그렇게 심각한 정도는 아니었던 것으로 보인다. 사정이 일변하게 된 것은 1430년부터 3년간에 걸친 시기였다.

제아미는 1430년 3월에 『슈도쇼習道書』를 집필하고 간제좌 좌중들에게 위기 극복을 위한 결속을 호소했다. 그러나 동년 11월에 차남 모토요시가 『사루가쿠단기』 편찬을 계기로 출가해 버린다. 장남 간제 다유 모토마사가 덴가와벤자이텐사天川弁財天社[37]에 붓글씨로 '심중소원心中所願'이라고 쓴 조멘尉面[38]을 기진한 것도 이해 11월이었다. 한편, 그때까지 '간제 사부로' 혹은 '사부로'라 불리던 모토시게가 '간제'로 불리며 거의 간제 다유와 동등하게 불리게 된 것도 이 무렵부터이다. 이런 상황 속에서 1432년 간제 다유 모토마사가 이세에서 객사한다. 모토마사의 사인은 분명하지 않다―사인을 남도南都 세력과의 관계에서 찾는 견해가 있었으나 모토마사와 남도 세력과의 관계를 보여 주는 자료는 전혀 알려져 있지 않다―. 이때 간제좌를 통솔하던 장남의 죽음에 직면해야 했던 제아미의 비통한 심정은 『무세키잇시夢跡一紙』라는 표제를 단 짧은 글에 다음과 같이 적혀 있다.

지난 8월 1일, 큰아들 젠슌善春[39]이 이세 아노쓰安濃津[40]에서 불귀의 객이 되었다. 죽음이란 원래 노소를 가리지 않으니 그리 놀랄 일은 아니나, 너무나 뜻밖의 일이라 늙은 것의 슬픔이 몸을 해치고 상심한 눈물이 소맷부리를 썩게 할 뿐이다. 젠슌이 비록 내 자식이지만 비할 바 없는 노의 달인이었다. 그 옛날 망부亡父께서 이 길에 들어 간제觀世를 일

---

37 나라 요시노군(吉野郡)에 있는 신사. 주제신(主祭神)이 예능의 신으로 알려져 있어 지금도 예능 관계의 참배객이 많다.
38 노의 가면 중 노옹(老翁)의 모습을 한 가면.
39 모토마사의 법명.
40 지금의 미에현(三重県) 쓰시(津市).

으키셨고 나 시오至翁[41] 역시 그 뒤를 물려받아 이제 내 나이 70에 이르렀다. 젠슌이 조부를 뛰어넘는 뛰어난 연기를 보여줌에 '가여언이 불여지언이면 실인可與言而不與之言失人'[42]이라는 옛 말씀에 따라 가문의 비전秘傳, 오의奧義 등을 남김없이 전해 주고자 하였으나 이제 그 모든 것이 한순간의 꿈이 되니, 주인 없는 무용지물은 먼지와 연기로 날려 버릴 수밖에 없게 되었다. 지금 전해 남긴다 한들 누구를 위해 득이 될 것인가? '그대 아니고 누구에게 보이리까, 매화 꽃'이라 읊은 마음 진실이런가. 가문의 도道가 파멸할 시절이 도래하고 하릴없는 목숨만이 남아 눈앞에서 이런 처지를 당하고 보니 슬픔을 가눌 길 없다. (하략)

　장래를 촉망받던 우수한 후계자를 잃은 노老 예술가 제아미의 심정이 절묘한 수사를 통해 넘칠 듯 표현되고 있다. 제아미는 여기서 모토마사의 죽음을 간제좌의 파멸이라 하였는데, 이 부분에서 모토시게와의 갈등이 이 시기 결정적인 균열을 보이고 있었음을 엿볼 수 있다. 애초에 모토마사가 죽었다 한들 '사부로'라는 이름을 물려주며 한때 후계자로 지명했던 모토시게를 간제좌의 다유로 삼으면 '도의 파멸' 운운하는 사태는 피할 수 있는 것이었다. 실제로 이듬해인 1433년에 모토시게는 정식으로 간제 다유에 취임했고, 요시노리의 성원 속에 다유직 승계를 기념하는 성대한 권진노가 다다스가와라紅河原에서 개최되었다. 객관적으로 보면 그것으로 간제좌는 안정을 찾았다. 하지만 제아미에게 있어 그것은 '도의 파멸' 이외에 아무것도 아니었던 것이다.

41　제아미의 출가 후 법명.

42　논어 위령공(衛靈公) 편에 나오는 공자의 말. 可與言而不與之言失人, 不可與言而與之言失言. '그와 더불어 깊은 말을 나눌 수 있었음에도 말을 하지 않으면 사람을 잃는 것이고, 깊은 대화를 나누지 못할 상대와 말을 나누는 것은 말을 잃는 것'이라는 뜻.

제아미가 요시노리의 명으로 사도에 유배당한 것은 모토시게의 간제 다유 취임 기념 권진노가 있고 나서 거의 1년 후인, 1434년 5월의 일이다. 유배의 원인은 자세히 알려져 있지 않지만, 어찌되었든 그것은 앞서 소개한 대로 요시노리와 모토시게와의 관계를 기반으로 생각해야 할 것이다. 장남 모토마사가 죽고 모토시게가 간제 다유직을 화려하게 계승한 이후, 쇼군 요시노리로 하여금 제아미를 사도에까지 유배 보낼 마음을 먹게 한 것은 무엇이었을까? 그것은 아마 제아미가 저술한 방대한 비전서秘傳書를 간제 다유인 모토시게에게 넘겨주지 않았기 때문은 아닐까? 실제로 모토시게의 후손인 간제 가문에 전하는 제아미의 자필 전서는 1419년 이전의 것뿐이고 그 이후의 것은 없으니 충분히 상상 가능한 일이다.

　사도에 유배당한 제아미는 여기서 2년 정도 죄인의 삶을 산 후 1436년 2월에 풀려나 귀환을 허락 받은 것으로 추정된다(「제아미는 사도에서 귀환했을까?-『긴토쇼』 성립 사정의 검토로 본 귀환의 개연성世阿弥は佐渡から帰還できたか?-『金島書』の成立事情の檢討からみた帰還の蓋然性」, 『노와 교겐能と狂言』 창간호, 2003). 사도 귀환 후 제아미의 상황은 알려져 있지 않다. 그러나 사도에서 사위 젠치쿠禅竹에게 보낸 편지와 사도에서 엮은 『긴토쇼』의 내용을 볼 때, 귀환 후에는 일찍이 품었던 비탄과 원망으로부터 해방되어 느긋한 여생을 보내지 않았을까 추측된다. 또 사망 시기와 나이에 관해서는 관계 자료 중에서 가장 신뢰할 만한 『간제 쇼지로 화상찬観世小次郎画像讚』이 전하는 81세일 가능성이 가장 높다. 그렇다면 사망 시기는, 1364년 탄생설로 치자면 1444년, 1363년 탄생설을 따르면 1443년이 된다.

　한편, 사도 유배 직전인 1432년 1월에 제아미는 장남 모토마사와 함께 무로마치 어소에서 노 한 곡씩을 연기하고, 1433년 4월에는 악두 직

을 맡은 다이고지 청룡궁 진지노에 출사하여 '신묘한 기예'라는 찬사를
받은 바 있는데(『滿済准后日記』), 이 청룡궁 진지노에서의 연기가 기록
에 보이는 제아미의 마지막 무대가 된다.

또한 이 시기 제아미는 계속해서 노 이론서를 집필하고 노를 제작하
는 데 열중했다. 이때 쓰인 노 이론서로는 1430년 3월의 『슈도쇼習道書』,
1432년 9월의 『무세키잇시夢跡一紙』, 1433년 3월의 『갸쿠라이카却来華』가
있고, 제작연대가 불분명한 『고온교쿠조조五音曲条々』와 『고온五音』이 있
다. 또한 제아미 자신의 저술은 아니나 1430년 11월에 아들 모토요시가
정리한 제아미의 예담藝談 『사루가쿠단기猿楽談儀』도 이 시기에 쓰인 것
이다.

한편, 이 시기 제아미가 제작한 노에는 《이즈쓰井筒》, 《한조班女》, 《하
나가타미花筐》, 《기누타砧》 등이 있는데, 이들은 앞에서 소개한 오에 말
년 이전의 제아미의 야심작들에 비해 문장이나 취향, 주제 면에서 한층
더 세련미를 더하고 있다. 이번 강좌는 원래 제목이 「제아미의 생애와
업적」이었는데, 기술해 놓고 보니 내용이 생애 쪽에 기울고 업적에 대
한 논의가 적었다. 그러나 제아미의 업적에 대해서는 제3장 「몽환노와
현재노」 및 제6장 「시극으로서의 노」에서도 언급하고 있으므로 그쪽을
참조해 주길 바란다.

제9장

노의 변화

- 상연 시간, 상연기구, 사장詞章, 연출 -

노의 변화를 안다는 것

여기까지 이 책을 읽은 독자들은 노라는 연극이 변화에 변화를 거듭하며 오늘에 이르렀다는 사실을 실감했을 것이다. 본래 역사가 긴 노의 변화를 소개하는 것이 이 책의 목적이기도 하지만, 노의 역사를 소개하다 보니 자연히 노 자체의 변화를 소개하는 경우가 많았다. 그만큼 노는 모든 면에서 변화해 왔다고 할 수 있다. 따라서 제9장에서는 노의 변화를 큰 제목으로 하고 부제목으로 열거한 사항에 대하여 그 변화상을 소개하고자 한다.

서문에서도 서술했듯이 '노는 불변의 것'이라는 게 현대의 통념인 것 같다. 생각해 보면 이런 통념은 지극히 당연한 것으로, 노나 교겐을 애호하는 사람은 우리가 생활하고 있는 현재의 무대, 또는 그날 관람한 무대가 전부일 뿐, 노 연구자가 아닌 이상 그것의 변화상을 궁금해 하며 공연을 보는 관객은 거의 없을 것이다. 그건 그런대로 좋다. 하지만 특히 노에 관해서는 현재 상연되고 있는 노를 현대의 연극으로 감상하는 것과는 별도로 그것이 긴 역사를 통해 다양한 면에서 변화해 왔으며, 우리가 보는 노는 그 변화의 완결판이라는 것을 염두에 둘 필요가 있음을 강조하고 싶은 것이다. 이것을 '교양주의'라며 비판하는 분이 있을지 모르겠다. 그런 지식은 오히려 노를 감상하는 데 방해가 된다고. 그러나 노에 대한 이해 없이 감각이나 분위기만으로 감상하는 방식은 이제 한계에 달했다고 할 수 있다. 개인적인 생각에는 지금까지 노에 대한 끈질긴 인기는 주로 우타이謠나 무용, 외형 같은 부분에 대한 매력 때문이지, 노라는 연극 전체에 그 관심이 미치는 경우는 별로 없었던 것 같다. 바꾸어 말하면 그것은 '이해' 없는 '감각' 중심의 감상법이라고 할 수 있다. 나는 이러한 감상법이 거의 한계에 달했다고 생각한다.

한편 근년 들어 예전엔 몰랐던 다양한 측면에서 노의 변화가 밝혀지고 있다. 일찍이 존재하지 않았던 '지식'이 우리 앞에 있는 것이다. 그럼에도 불구하고 애호가들이 그와 같은 지식을 공유하고 있지는 못한 상황이다. 물론 현재의 노는 그런 지식이 없어도 관객에게 깊은 감명을 줄 수 있는 가능성을 지니고 있다. 그러나 여기에 올바른 지식이 더한다면 노의 매력은 더 풍성해질 것이다.

상연 시간의 변화

대학 강의나 외부 강연에서 노 이야기를 하면 자주 받는 질문 중 하나가 "옛날 사람은 생활이 느긋해서 저렇게 느린 연극을 즐길 수 있었을까요?"라는 질문이다. 이런 의문을 가지는 이유는 현재의 노 템포가 옛날과 같다고 생각하기 때문이다. 즉 노는 절대 변하지 않고 일본인의 감성이 변했다고 보는 태도에서 나오는 의문이다. 그럴 때 필자는 우선, "아니요, 옛 사람도 저렇게 느린 것을 견딜 재간은 없었을 겁니다."라고 대답한다. 그리고 나서, 그 근거로 옛날 노 상연 시간이 지금보다 훨씬 더 짧았다는 사실을 부연 설명한다. 사실 옛날의 노는 지금처럼 길지 않았으며 옛 사람도 결코 성미가 느긋하지는 않았던 것이다.

예전의 노 상연 시간이 현대에 비해 훨씬 짧았다는 사실은 일찍이 노노무라 제조野々村戒三가 『노엔닛쇼能苑日渉』(檜書店, 1938)에 수록된 「무로마치시대의 노 상연 시간室町時代の演能時間」에서 지적한 바 있다. 이 글에는 노의 상연 횟수, 개시 시간, 종료 시간이 명기된 1430년의 『만사이주고일기』와 1576년의 『다몽인일기多聞院日記』의 기사를 근거로 하여 전자에서는 6시간 45분 정도에 노 11곡을, 후자에서는 9시간에서 10시간에 12곡의 노를 무대에 올렸다는 사실이 지적되고 있다. 이에 따르면 전자에서는 노 한 곡에 37분 정도의 상연시간이 소요되었고, 후자의 경우 45분에서 50분 정도가 걸린 셈이다. 또 노노무라 씨가 특별히 언급하지는 않았으나 이 공연에 교겐도 함께 상연된 것이 확실하므로 그것까지 계산하면 각각의 상연 시간은 더 짧아진다.

일찍이 이런 지적이 있었음에도 불구하고 그것이 일반 애호가들에게 널리 알려지지 않았던 것이다. 이후 노의 상연 시간의 추이에 대해서는 오모테 아키라 씨가 1987년에 간행된 『이와나미 강좌 노·교겐 I - 노가쿠의 역사』에서 14쪽에 걸쳐 무로마치시대부터 근대까지 노의 상연 시간에 관한 조사 결과를 보여주고 있다. 선생은 또 같은 시기에 이보다 훨씬 상세한 조사결과를 「노 상연 소요시간의 추이演能所要時間の推移」(『日本文學誌要』 36호, 1987년)에 발표했다. 이 논문에서 선생은 노노무라의 지적이 올바른 것이었음을 재차 확인하며 노 상연 시간의 추이를 다음과 같이 요약하고 있다(여기에는 좀 더 자세한 『日本文學誌要』의 요약문을 인용한다).

지금까지 고찰한 결과를 요약하면, 노 상연 시간이 무로마치시대까지는 지금의 반도 안됐다. 옹아미音阿弥 시절에는 지금의 40% 정도였을 것이다. 그것이 점차 길어져서 무로마치 말기에는 60%, 에도 초기에는 70%, 중기에는 80%까지 근접했으며 말기에는 90%를 넘었을 것으로 보인다. 반대로 지금의 40%였던 옹아미 시절의 노 상연 시간을 100%로 가정하면 무로마치 말기는 150%, 에도 중기는 200%, 현대는 240%로 길어진 것이다. 향후에는 300%까지 근접하지 않을까.

위의 내용을 현재의 《아타카安宅》(아타카 관문에서 요시쓰네義経가 맞닥뜨린 위기와 벤케弁慶의 활약을 묘사한 노)의 상연 시간에 적용해 보면, 현재 이 노의 상연 시간이 88분 정도 되므로(오모테 아키라가 기준으로 삼은 1962년의 소요시간에 의거한다), 옹아미 시대에는 35분 정도, 무로마치 중기에는 44분 이하, 무로마치 말기에는 53분, 에도 초기에는 62분, 에도 중기에는 70분, 에도 말기에는 79분 정도가 소요된 것이다. 옹아미 한 세대 전이 제아미이므로 제아미 시대의 《아타카》도 35분 정도로 상연되었을 것이다.

이해를 돕기 위해 구체적인 자료 하나만 들어 보기로 한다. 노노무라와 오모테가 자료로 이용한 『만사이주고일기』의 1430년 4월 23일자 기사이다.

오늘 사루가쿠 관람을 위하여 무로마치 전하가 절에 납시었다. 오시午時 초경이었다. (중략) 먼저 가이쇼会所[1]에서 삼잔진三盞進[2]을 드신 후 내가 배알을 청했다. 그 후 오중분五重盆[3]과 차를 올리고 남향 방으로 옮기시니 사루가쿠가 시작되었다. 이날 나온 일첩 요리는 평상시와 같았다. 이날 사루가쿠 11곡이 피로되었다. 5번째 곡부터 비가 내렸다. 6번째 곡이 시작될 무렵 비가 그쳤다가 11번째 곡부터 다시 비가 내렸다. 하지만 날씨가 큰 장애가 되지는 못했다. 모든 곡이 무사히 끝났으니 다행스럽기 그지없다. 유시酉時 반경에 환거하셨다.

위 기록에서 말하는 '무로마치 전하'는 쇼군 요시노리이다. 이 기사는 요시노리가 당시 막부정치에 깊이 관여했던 만사이주고満済准后를 만

---

1 손님을 접대하거나 모임을 갖기 위해 마련된 건축 공간으로 특히 중세 무로마치 시대 때 크게 발달했다. 유력 인사의 집안이나 유력 사원 등에서 정치 문화적인 공간으로 활용되었으며 회화, 도자가, 가구 등을 이용하여 공간을 장식하기 위해 많은 공을 들였다.
2 3첩 요리. 연회가 성대할 경우 15첩 요리가 나오는 경우도 있는데, 4월 23일의 모임은 비교적 간소한 연회였음을 알 수 있다.
3 요리의 한 종류.

나러 다이고지^{醍醐寺}에 행차했을 때 상연된 노 관련 기록이다. 위 자료에는 노 11곡을 연기한 배우의 이름이 명기되어 있지 않지만, 아마 요시노리의 총애를 받던 간제사부로 모토시게(후에 옹아미)였을 것이다. 자료에 의하면 요시노리가 절에 도착한 시간은 '오시^{午時} 초' 즉 12시쯤이고, 그 후 식사를 마치고 노를 관람하는 중에 비가 내리기는 했으나 노는 예정대로 끝나 '유시^{酉時} 반경' 즉 오후 7시쯤 요시노리가 돌아갔다. 이것을 토대로 계산하면 노 한 편당 상연 시간이 37분 정도 소요되었다는 결과가 나온다.

앞서 소개한 오모테 아키라의 상연 시간 추이에 관한 조사 결과는 이런 종류의 많은 자료를 토대로 한 것이다. 이런 연구성과에 의해 현재의 노 상연 시간이 무로마치시대나 에도시대와 달리 상당히 길어졌다는 것을 납득할 수 있을 것이다. 노의 대본을 가지고 무로마치시대와 현대를 비교해 보면 세부적으로 달라진 부분도 있으나 전체 분량 면에서는 거의 차이가 없다. 따라서 시대별로 상연 시간에 차이가 나는 것은 그만큼 시대에 따라 노의 템포가 변화했음을 의미한다.

어떻게 이런 현상이 일어난 것일까? 여러 가지 요인을 생각해 볼 수 있지만, 한마디로 노가 '고전화'된 결과이다. 노는 무로마치시대 후기 무렵까지는 새 작품이 만들어졌다. 그런데 아즈치모모야마(16세기 말) 무렵부터는 신작이 나오지 않았다. 에도시대 때는 요쿄쿠^{謠曲}(대본)에 새 작품이 많이 나오긴 했지만 상연된 흔적이 거의 없고, 연극이라기보다 문학으로 향수되었다고 보는 것이 타당할 것 같다. 근대에 들어서도 도키젠마로^{土岐善麿} 등의 신작 노, 전시^{戰時}에 전의를 고양시키기 위해 만든 노가 있었고, 최근에도 신작이 비교적 활발하게 상연되지만(제1장), 이들은 어디까지나 일회성 작품이다. 즉, 노는 아즈치모모야마시대 무렵부터 새 작품이 나오지 않고 기존의 작품을 반복해서 상연하는 시대—고전극의 시대—로 접어든 것이다. 이후 상연되는 노는 거의 기성 작품을 재연한 것인데, 이는 앞에서 말한 고전화에 따른 현상이다.

그 결과 '죽을 만큼 지루하다'는 야유가 터져 나올 만큼 비정상적인 템포가 탄생한 것이다. 하지만 이런 느린 템포는 '지루하다'는 마이너스적인 면이 있는 반면 '세련됐다'는 플러스적인 면도 있다. 현재 우리가 가장 노답다고 느끼는 점은 아마 이렇게 서서히 템포가 완만해지면서 얻은 세련미가 아닐까 싶다. 또 필자의 체험상 템포가 완만해지는 현상은 현재에도 진행 중이다. 그러나 앞으로도 지금까지와 마찬가지로 세련미가 동반될 수 있을지는 의문이다. 현재 노의 템포는 이미 인내심의 한계를 넘은 것으로 보이기 때문이다. 그런 의미에서도 우리는 예전의 노 상연 시간과 템포가 현재와 크게 다르다는 것을 알 필요가 있다.

노 상연기구의 변화

여기서 말하는 '노의 상연기구'란 노의 연극적인 상연 구조를 의미한다. 구체적으로 설명하면 주로 노의 합창 부분인 '지우타이地謠'의 형태를 의미하며, 또는 지우타이에 있어서 시테와 와키의 관계를 말하는 것이다. 이것이 옛날과 현재가 크게 변화한 부분이다.

현재 노의 지우타이를 담당하는 배우는 지우타이좌에 앉는 8명의 우타이테歌い手(지우타이 배우)로 구성되는데, 이들은 지우타이 혹은 '지地'로 불리는 합창 부분을 담당한다. 그중 뒷줄 오른쪽에서 두 번째 혹은 세 번째 자리에 앉은 이가 지가시라地頭로 통솔자 역할을 한다. 이 지우타이의 노래 가사가 시테의 것이었다가 와키의 것이었다가 혹은 그 어느 쪽도 아닌, 소설의 지문 같은 3인칭적인 문구—작자의 문구라고 해도 좋

겠다—였다가 하는 것이다. 현재 이 지우타이는 지우타이좌에 앉은 8명의 배우만 부를 수 있고 시테나 와키는 여기에 참가하지 않는다.

이같은 지우타이의 상연 형태는 옛날과 아주 많이 다른 것이다. 옛날의 지우타이는 지우타이 전문 배우뿐만 아니라 등장 배우인 시테, 와키, 쓰레도 부를 수 있었다. 당시 지우타이 전문 배우는 현재 지우타이좌에 앉은 8명의 우타이테에 해당하는데, 그들은 어디까지나 시테, 와키, 쓰레의 노래를 보조해서 부르는 부차적인 존재로, 인원수도 일정하지 않았고(소수 인원이었을 것이다), 현재와 같이 중요한 역할을 부여받지도 않았다. 자리 역시 현재와 같은 지우타이좌가 아니라 하야시카타 뒤쪽에 있었다(제7장에서 서술했듯이 무대를 향해 오른쪽에 위치한 우타이좌는 아즈치모모야마시대 이전에는 존재하지 않았다).

이와 같이 옛날에는 지우타이 부분을 다른 등장배우도 불렀는데, 누구의 대사이냐에 따라 누가 부를지—누구와 누가 합창할지—가 달랐다. 즉, 시테의 대사인 경우에는 시테와 와키와 지우타이 배우가(쓰레가 있는 경우 쓰레도 부른다), 와키의 대사인 경우에는 와키와 지우타이 배우가 불렀다(쓰레가 있는 경우 쓰레도 부른다). 오늘날 지우타이좌에 앉아 있는 8명만이 부를 수 있는 지우타이가 옛날에는 이렇게 2종의 사장詞章—또는 2종의 형태—으로 되어 있었던 것이다. 흥미로운 것은 옛날 간제류의 우타이본에는 지우타이 안에 있는 시테의 대사 부분을 '동' 또는 '동음'이라고 부르고, 와키의 대사 부분을 '지'라고 부르며 이 둘을 명확히 구별했다는 것이다. 이 간제류 우타이본의 '동'(또는 '동음')과 '지'의 구별은 사실 무로마치 말기부터 근대까지 계승되었는데—이는 어디까지나 우타이본 표기상의 것으로 그 차이는 거의 이해되지 않았다—, 쇼와 초년에 간행된 간제류 대성판大成版에서 이 둘을 '지'로 통일시키고부터는 그 구별이 완전히 사라졌다.

제아미 시대의 지우타이

	누구의 대사인가	누가 노래하는가
동同(동음同音)	주로 시테의 대사	시테, 쓰레, 와키 (+지우타이 전문배우)
지地	주로 와키의 대사	와키(+지우타이 전문배우)

다소 세밀한 부분까지 언급하였으므로 이상의 내용을 다시 한 번 정리하면 다음과 같다. 일찍이 노의 지우타이는 시테의 대사인 '동'(또는 '동음')과, 와키의 대사인 '지' 2종이 있었는데, 전자에서는 시테의 노래에 맞춰 와키, 쓰레, 지우타이 배우가 합창하고(제아미는 이것을 조음助音이라 지칭했다), 후자에서는 와키의 노래에 맞춰 쓰레와 지우타이 배우가 합창했다. 요컨대 일찍이 지우타이는 시테의 대사는 시테가 부르고 와키의 대사는 와키가 부르는, 연극으로서는 지극히 자연스런 형태를 기반으로 했으며, 여기에 음악적 변화를 주기 위해 다른 배우가 응원하는 형태로 합창되었던 것이다. 따라서 예전의 지우타이 방식은 지우타이 전문배우만 부르게 되어 있는 현재의 단일한 형태와는 상당히 달랐다. 또 한 가지 여기에 꼭 덧붙여 두어야 할 특색이 있다. 그것은 '동'과 '지' 두 종류로 존재하던 예전의 지우타이에서, 그 '동'과 '지' 모든 부분의 리더 역(현재의 지가시라 역)을 와키가 담당했다는 것이다. 즉, 현재의 와키는 한 작품 안에서 와키의 대사만을 담당하지만 예전에는 지우타이 부분 전체를 불렀으며, 나아가 그 리더 역할까지 담당하고 있었다.

이에 대해 좀 더 구체적으로 설명해 보자. 예를 들어, 제6장에서 소개한 《아쓰모리》 제7단 후반은 다음과 같았다.

에도 초기 지우타이 배우의 위치

와키 : 일찍이 적이었으나

시테 : 이제는

와키 : 진정한 불법의

시테 : 벗이라네.

지地 : 아 이거였구나. 악한 벗을 던져버리고 선한 적을 불러들이라는
　　　것은. 당신을 두고 한 말인가. 아, 고마우셔라 고마우셔라. 자,
　　　이제 내 참회의 이야기 밤새워 들려드리리, 밤새워 들려드리리.

이 '지地' 부분이 지금 문제가 되는 지우타이 부분인데, 현재 이 부분
은 지우타이좌에 앉는 배우 8명만 부르고 시테와 와키는 부르지 않는
다. 그러나 이 '지'의 문구는 희곡적으로는 시테의 대사로 설정되어 있
는 부분으로(이것은 대사 내용으로 알 수 있다), 예전에는 시테가 부르고 거
기에 와키와 와키즈레, 지우타이 배우가 함께 '조음'으로 참가했다. 그
리고 와키가 그 합창의 리더 역할을 수행했던 것이다. 또 이 '지'가 간제
류의 우타이본에서는 오랫동안 '동同'으로 표시되다가 1939년부터 간행

된 대성판에서 '지'로 고쳐진 사실은 앞에서 설명한 대로다.

이에 덧붙여 이번에는 《이즈쓰井筒》의 지우타이 부분을 예로 들어보자.

> 지 　: 참으로 오래된 옛 이야기 듣자니 묘하구나. 이상하구료, 그대
> 　　　의 이름을 밝혀 주시오.
>
> 시테 : 사실은 소녀 그때 사랑을 나눈 기노 아리쓰네紀の有常의 여식일
> 　　　수도…. 바람 일렁이는 다쓰타야마 산竜田山 어둠을 틈타 나타
> 　　　났다오.
>
> 지 　: 이상하여라. 단풍 붉게 물든 다쓰타야마 산
>
> 시테 : 기노 아리쓰네의 여식으로도
>
> 지 　: 혹은 '우물가 여인'으로도 불리웠던 건
>
> 시테 : 부끄럽지만 저랍니다, 라고
>
> 지 　: 새끼줄처럼 긴 세월, 부부의 연을 맺은 사람은 우물, 우물 뒤로
> 　　　숨어 버렸네. 우물 뒤로 숨어 버렸네.

위 인용은 《이즈쓰》 전장의 마지막 부분이다. 시테가 아리와라데라在原寺와 관련된 이야기를 마친 다음 '우물 뒤로 숨어 버렸네'에서 퇴장한다. 절의 성격상 롱기論議[4]로 불리는 부분으로 사실 시테와 와키가 문답하는 형태이다. 다시 말해 이 '지'는 와키의 대사인 것이다. 단, 와키의 대사는 3번째까지이고, 네 번째 '지'는 와키나 시테의 대사가 아니라 3인칭의 객관적인 문장이다. '부끄럽지만 저랍니다'까지가 시테의 대사이고, '~라고'부터는 소설의 지문과 같은 객관적인 묘사로 되어 있다는

4 　노에서 무대 위 등장인물끼리, 혹은 등장인물과 지우타이가 서로 번갈아가며 노래를 주고받다가
　　나중에 지우타이로 이행하는 연출 형식.

'同'과 '地'가 혼재하는 간제류 昭和版 우타이본 《이즈쓰》

것을 잘 알 수 있다. 이 부분을 1926년 이전 간제류의 우타이본과 비교해 보면, 처음부터 세 번째까지 '지'는 '지'로 표시되어 있지만, 네 번째 '지'는 '동'으로 표시되어 명백하게 구별되어 있다(앞에서는 설명하지 않았지만 예전에는 이러한 객관묘사 부분도 '동'으로 했다).

이와 같이 현재는 같은 '지'라도 그것이 시테일 때도 와키일 때도 있고, 3인칭의 객관적인 묘사인 경우도 있다. 하지만 옛날 간제류 우타이본에서는 '동'과 '지'라는 용어로 명확하게 구별했던 것이다.

이것으로 예전 지우타이의 창법을 이해할 수 있을 것이라 생각한다. 어쨌든 노의 지우타이 부분은 본래 이와 같은 형태로 상연되었던 것이다. 그것이 무로마치시대 후기 무렵부터 먼저 시테가 지우타이의 '동'

부분을 부르지 않게 되었고, 이어 에도시대 초기 무렵에는 와키가 그때까지 불러 왔던 '동'과 '지'를 부르지 않게 되면서 '지우타이'라고 하면 지우타이 전문배우들만 부르는 현재와 같은 형태가 탄생되었다. 거의 같은 시기에 지우타이 전문배우의 위치가 하야시카타가 있던 자리에서 새로 생긴 지우타이좌로 이동한다. 그리고 시테와 와키가 자신의 대사이기도 한 '동'과 '지'를 노래하지 않게 된 것은 노라는 연극이 점점 중후해진 데 따른 분업화의 결과로 볼 수 있다.

이상과 같은 서술은 대부분 오모테 아키라가 1985년에 발표한 논고 「노의 동(음)과 지(우타이)能の'同(音)'と'地(謠)'」(『国語と国文学』, 1985년 4월호)에 의거한 것이다. 이 글로 우리는 지우타이의 역사적 변천을 상당히 명확하게 이해할 수 있게 되었다. 하지만 이 글이 전문지에 게재된 연구논문이었던 탓에 일반 노가쿠 애호가들 사이에는 아직까지 그 내용이 잘 알려지지 않았다. 그 후 제아미 시대부터 현대까지 지우타이의 기능적인 변천을 상세하게 추적한 후지타 다카노리藤田隆則의 역작 『노의 다인수 합창能の多人数合唱』(ひつじ書房, 2000년)도 간행되었지만 상황은 거의 바뀌지 않았다. 원래 노의 지우타이는 작자에 의한 3인칭적인 문장이라는 것이 지금까지의 일반적인 이해였다. 그것은 어제오늘 일이 아니다. 쓰보우치 쇼요坪内逍遥, 노카미 도요이치로野上豊一郎조차도 그렇게 이해했을 정도니 그런 생각은 일본인 대부분의 것이었다고 봐야 할 것 같다(쓰보우치 쇼요에 대해서는 졸고, 「제아미 시대의 지우타이와 제아미의 《다이산모쿠》世阿弥時代の地謠と世阿弥の《泰山木》」, 『国立能楽堂』, 2002년 5월에 언급했다). 그리고 지우타이 부분을 그렇게 이해해 온 우리는 노라는 연극이 등장인물의 인칭이 계속 바뀌는 이상한 연극이라 간주해 왔다. 그런 이상한 점이 바로 노의 특색이라고 생각하고 그렇기 때문에 노를 다른 연극과는 이질적으로 다른 그 무엇이라고 생각해 온 것이다.

그런데 이러한 지우타이의 변화가 명백해지면, 이번에는 예전 지우타이의 형태를 실제 무대에서 재현해 보고 싶은 생각이 드는 것은 당연하다. 그것을 실천한 이가 와키카타 후쿠오류幅王流의 후쿠오 시게주로幅王茂十郎다. 후쿠오는 2000년 10월 4일 오쓰키노가쿠도大槻能楽堂에서 개최한 「제아미 시대의 동음·지우타이에 의한 《다이산모쿠》世阿弥の同音·地謡による《泰山木》」에서 예전의 지우타이를 시연했다. 필자는 이 시연에 기획 단계부터 참여한 터라 당일 배포된 소책자(12쪽)에 「명작으로 복원한 제아미 시대의 지우타이-복원곡 《다이산모쿠》 상연의 의의와 경위-名作で復元する世阿弥時代の地謡-復曲《泰山木》上演の意義と経緯-」라는 제목의 글을 기고했다. 지금까지 서술한 내용을 좀 더 보충하는 의미로 아래에 기고문의 전문을 실어 보았다.

　　현재의 노가 여러 가지 점에서 제아미 시대의 노와 다르다는 것은 오늘날 이미 상식이 되었다. 그러나 그것을 진짜로 실감할 수 있는지는 차원이 다른 문제이다. 예를 들면 현재의 노와 제아미 시대 노의 차이점으로 종종 언급되는 상연 시간의 차이—3배 이상 길어졌다—도 확실한 자료가 있으므로 이론적으로는 이해가 가능하지만, 실제로 어떠했는지를 상상하기는 쉽지 않다. 지우타이의 변화도 마찬가지여서 제아미 시대의 지우타이는 오늘날과 같이 노의 상연기구 중의 한 섹션으로 고정되어 있지 않았다. 오늘날 지우타이의 일부를 예전에는 무대에 출연한 등장인물이 불렀고 와키가 그것을 통솔했다는 사실을 알고는 있으나, 그 옛날 실제로 상연된 무대를 상상하기란 대단히 어렵다.

　　후쿠오 시게주로 씨로부터 제아미 시대의 지우타이 형태로 노를 상연하고 싶으니 시연에 어울리는 곡을 추천해 달라는 의뢰를 받은 것이 거의 3년 전 일이다. 의뢰를 받았을 때 나는 몇 해 전 후쿠오가를 방문했을 때의 일을 떠올렸다. 후쿠오 가문에서는 해마다 중추절에 무대의 상을 볕에 말리는 행사를 벌이는데 나는 그 행사에 편승해 동 가문에서 소장하고 있는 노가쿠 자료를 조사하기 위해 이토 마사요시伊藤正義 선생, 고바야시 켄지小林健二, 오타니 세쓰코大谷節子 씨와 함께 3년 내리 히라노平野에 있는 그 댁을 방문했었다. 조사는 매년 이틀 일정으로 이루어졌고 그 사이사이 휴식시간에는 나카무라 야사부로中村弥三郎 씨와 그 제자 분들과 함께 노의 세계와 연구에 관한 이야기가 화제에 오르곤 하였는데, 이때 제아미 시대의 지우타이도 자주 화제가 되었었다. 제아미 시대부터 현대까지 지우타이의 기능 변화—확대화—는 와키의 역할 변화—축소화—와 일체의 관계에 있다. 후쿠오 씨는 오모테 아키라 씨가 1985년 4월『국어와 국문학』에 발표한 「노의 동(음)과 지(우타이)」에서 밝힌 지우타이와 와키의 역할 변화에 대해 잘 알고 있었고 그것이 화제가 될 때마다 '어떤 느낌일까?'하고 속으로 상상해 보는 듯했다. 우리는 그때 '그거야말로 와키카타들이 해야 할 일'이라며 옛 방식으로 상연해 볼 것을 강력하게 종용하곤 했었다.

후쿠오 씨가 지우타이의 역할 변화에 큰 관심을 가진 이유는 와키의 역할 변화와 관련이 있기 때문인데, 그 관심은 와키카타 배우로 살아가는 그에게는 자기탐구에 발로한 당연한 결과였을 것이다. 또 지우타이와 와키의 역할 변화에 관한 지식도 대대로 전수되었을 터이니 와키카타로서는 당연히 알고 있을 지식이었다. 한편 노 연구에 종사하는 우리로서는 지식으로만 이해하던 것을 실제로 보고 싶은 욕구가 있었다. 그것은 단순한 호기심 때문이 아니라 '전통 즉 불변'이라는 지금까지의 노에 대한 뿌리 깊은 고정관념을 타파하는 데 효과가 있을 것 같았고, 무엇보다 현재의 노를 상대화함으로써 앞으로 노가 나아가야 할 길을 모색하는 데 어떤 지침을 얻을 수 있다고 생각했기 때문이다. 그때 휴식 중에 또는 조사를 마치고 맥주를 마시며 나누던 이야기 중에 상연 주체는 후쿠오회福王会가 맡으면 좋겠다든가, 지우타이도 와키카타 중에서 차출하면 어떨까 등등 꽤 세세한 의견들이 나왔던 것 같다. 그러나 그것은 희망사항이었을뿐 진짜로 실현되리라고는 솔직히 생각해 보지 않았다.

실현단계에서 내가 후보곡으로 올린 작품은 제아미 작품 《기요쓰네淸経》, 《도루融》, 《다이산푸쿤泰山府君》 세 곡이었다. 와키가 지가시라를 겸하는 이런 연출에는 《이즈쓰》의 전장처럼 시테가 지우타이의 형태로 와키에게 길게 이야기를 들려주는 장면이 있는 노는 맞지 않는다. 왜냐하면 이야기를 듣고 있어야 할 와키가 지가시라(시테도 참가한)로서 지우타이를 리드하는 기묘한 형태가 되어 버리기 때문이다. 아무리 제아미 시대의 방식이라고 해도 역시 그건 위화감이 든다. 제아미 시대의 지우타이 방식으로 상연할만한 노가 현대에는 그리 많지 않은 것이다. 《기요쓰네》와 《다이산푸쿤》을 후보로 꼽은 것은 후장에 와키가 불러야 할 노래가 없어 와키가 지가시라에 전념할 수 있기 때문이다. 또 《도루》를 추천한 것은 일찍이 와키가 지우타이 부분(대부분 와키의 대사)에 참여했던 롱기論議가 전장과 후장 두 군데에 배치되어 있으므로 예전의 지우타이 방식을 확실하게 보여줄 수 있다고 판단했기 때문이다. 그 결과 상연곡은 《다이산푸쿤》으로 결정되었다. 《다이산푸쿤》은 현재 곤고류에서만 상연되는 곡이므로 간제류와 후쿠오류의 배우가 간제류의 노로서 상연할 경우에는 복원곡이 되는 셈이다. 즉 이번 공연은 제아미 시대의 동음·지우타이 형식을 복원한 시연일 뿐만 아니라, 복원곡 시연도 겸하고 있으니 그야말로 한껏 욕심을 낸 시도라 할 수 있다. 아울러 욕심을 부린 김에 후장에 나오는 천녀天女의 춤 장면도 현재의 방식이 아니라 제아미 시대의 '천녀무天女舞'를 창조적으로 복원하려고 했으며, 곡명도 제아미에 따라 《다이산푸쿤》이 아닌 《다이산모쿠泰山木》로 정했다(곡명에 관해서는 오모테 아키라의 글을 참조하기 바란다).

솔직히 말하면 《다이산푸쿤》《다이산모쿠》은 후보곡 중에서도 속으로 가장 상연을 바랐던 곡이었다. 이유는 간단하다. 그것은 《다이산푸쿤》이 명곡이기 때문이다. 물론 다른 두 곡도 훌륭한 곡이지만 《다이산푸쿤》의 경우에는, '석춘惜春'⁵이라는 테마를 내세운 관념극으로서의 본질이 현대인들에게는 충분히 이해되지 못하고 있는 실정이라, 이번 공연이 그 점을 어필할 수 있는 좋은 기회가 될 것으로 생각했기 때문이다. 결과적으로 내 다양한 의견과 희망사항을 후쿠오 씨가 전면적으로 수용해 준 결과, 간제 기요카즈観世清和 씨가 천녀天女, 우메와카 로쿠로梅若六郎 씨가 다이산푸쿤泰山府君, 오쓰키 분조大槻文蔵 씨가 연출을 맡는 등 최고의 스텝들로 구성된 무대를 성사시킬 수 있었다. 기획자의 한 사람으로서 이 상연이 노의 긴 역사를 되돌아보고 노의 앞날에 하나의 지침을 제공할 것이라 확신한다.

이렇게 해서 제아미 시대의 지우타이 형식으로 상연된 《다이산모쿠》《다이산푸쿤》는 이듬해인 2001년 2월에 초연 때와 거의 같은 멤버로 「간제문고 창립 10주년 기념 노」(観世能楽堂)로 재연되었고, 2002년 5월에는 국립노가쿠도 정례공연에서 역시 같은 멤버로 세 번째 공연을 달성하였다. 또한 NHK 교육 텔레비전에서도 2회에 걸쳐 재공연 무대가 방송되었다. 이로써 예전 노의 지우타이가 현재와 크게 다르다는 것이 어느 정도는 알려지게 되었는데, 이것이 '상식'이 되려면 아직은 시간이

---

5 《태산푸쿤(泰山府君)》의 내용은 다음과 같다. 벚꽃이 피는 기간이 7일뿐임을 아쉬워한 사쿠라노 마치 주나곤(桜町中納言)은 만물의 목숨을 관장하는 염라왕의 태자 태산부군(泰山府君)을 위해 태산부군제(泰山府君祭)를 연다. 이 기간 중에 벚꽃의 아름다움에 취한 천녀(天女)가 꽃가지를 꺾어 달아나자 태산부군이 나타나 신통력으로 범인을 밝혀낸다. 태산부군 앞에 꽃가지를 들고 나타난 천녀가 천녀무를 추자 태산부군이 꽃의 목숨을 삼칠일(三七日)로 연장시켜 준다.

좀 더 걸릴 것 같다.

사장의 변화

노는 그 사장詞章도 변화하고 있다. 생각해 보면 역사가 700년이나 되
는 연극이므로 사장에 변화가 없을 리 없건만, 일반적으로 사장의 변화
역시 별 주목을 받지 못하는 것 같다. 그래서 이번 장에서는 제아미 작품
《아쓰모리敦盛》를 예로 들어 노의 사장 변화에 대해서 서술하고자 한다.

본래 노 한 작품의 텍스트는 하나가 아니다. 어떤 작품에는 무로마치
시대부터 현대까지 적지 않는 텍스트가 존재한다. 이러한 텍스트가 존
재한다는 자체가 노의 사장이 다양하게 변화해 왔음을 의미하는데, 그
렇다면《아쓰모리》에는 어떤 텍스트가 존재할까?『국서총목록國書總目錄』
에서 에도시대 이전《아쓰모리》 사본(필사 텍스트)만 꼽아 보면 다음과 같
다(괄호 안에는 필사 연도와 소장처를 밝혔다. 참고로 '가미가카리上掛り'와 '시모가
카리下掛り'는 노 사장의 2대 계통으로 '가미가카리'는 간제류와 호쇼류의 사장이고,
'시모가카리'는 곤파루류, 곤고류, 기타류의 사장이다).

   [가미가카리 우타이본]

   1. 간제 모토나오觀世元尚 필사본[1575년 필사, 東洋文庫]

   2. 호리케 소카쓰堀池宗括 필사본[永禄(1558~1570) 무렵 필사, 松陰女
      子大学]

   3. 후치타 도라요리淵田虎頼 등 필사[무로마치 후기 필사, 松井文庫]

   4. 간제 쇼지로 노부미쓰觀世小次郎信光 필사본[天正(1573~1592) 무렵
      필사, 能楽研究所]

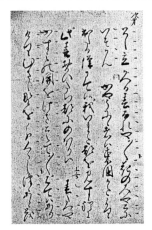

간제 쇼지로 노부미쓰 觀世小次郎信光 필사본 《도호쿠東北》

5. 호리케 후치타본堀池淵田本[무로마치 말기 필사, 노가쿠연구소]

6. 나가요리 서명본長賴奧書本[天正 무렵 필사, 노가쿠연구소]

7. 朱點入五番綴本6[무로마치 말기 필사, 彰考館文庫]

8. 묘안 겐유 데사와본妙庵玄又手沢本[1598년 필사, 松井文庫]

9. 신도 규에몬 다다쓰구進藤久右衛門忠次 필사본[1622년 필사, 上野学院大学]

10. 이시다 쇼사에몬 모리나오石田少左衛門盛直 필사본[1645년 필사, 노가쿠연구소]

11. 에도 초기 필사 10곡철본十番綴本[에도 초기 필사, 京都大学]

12. 에도 초기 필사본[에도 초기 필사, 노가쿠연구소]

6　'붉은 점으로 표시하고 다섯 작품을 합철한 사본'의 의미.

13. 고에쓰류光悅流[7] 서체 16곡철본六十番綴本[寬永(1624~1644) 무렵 필
    사, 노가쿠연구소]

14. 에도시기 필사 2곡철본二番綴本[東京大学]

15. 간제류 5곡철본觀世流五番綴本[에도 중기 필사, 内閣文庫]

16. 후쿠오계福王系 번외 우타이본番外[8]謠本[에도 중기 필사, 노가쿠연
    구소]

17. 에도시기 필사, 1곡철본一番綴本[米沢市立図書館]

[시모가카리 우타이본]

1. 도리카이 도세쓰鳥飼道晣 필사본[天正 말기 필사, 故 다나카 준田中允]

2. 모리가毛利家 구 소장舊所藏 도리카이 도세쓰 필사본[1593~1597년
    필사, 노가쿠연구소]

3. 이와모토 히데키요岩本秀淸 필사본[1605년 필사, 노가쿠연구소]

4. 도리카이 도세쓰본 5곡혼철본混綴五番綴本[慶長(1596~1615) 무렵 필
    사, 노가쿠연구소]

5. 기쿠야가菊屋家 구 소장 2곡철본二番綴本[慶長・元和(1596~1623) 무
    렵 필사, 노가쿠연구소]

6. 남도사가南都社家 구 소장본[慶長・元和 무렵 필사, 노가쿠연구소]

7. 정판 구루마야본整版車屋本 3곡혼철본混綴三番綴本[元和(1615~1624)
    무렵 필사, 龍谷大学]

8. 에도 초기 필사본[慶長~寬文(1596~1673년) 무렵 필사, 노가쿠연구소]

9. 에도 초기 필사 13책본[寬永~寬文(1624~1673년) 무렵 필사, 京

---

7 일본 서도의 한 유파로 에도 초기 홍아미 고에쓰(本阿弥光悅)가 창시했다.

8 '번외곡(番外曲)', 폐절된 곡 혹은 현재 상연되지 않는 곡을 총칭하는 용어로, 간단히 말하면 현행
   곡 이외의 곡.

都大学]

10. 음곡록吟曲錄[에도초기 필사, 노가쿠연구소]

11. 에도 초기 필사 3곡철본三番綴本[에도 초기 필사, 米沢市立図書館]

12. 기타류喜多流 필사 5곡철본五番綴本[에도 초기 필사, 노가쿠연구소]

13. 동진록動塵錄[에도 초기 필사, 노가쿠연구소]

14. 에도 초기 필사 1곡철본一番綴本[에도초기 필사, 天理図書館]

15. 사쿠라이 야스나리桜井安成·야스히로安広 부자 필사본[1711년 필사, 노가쿠연구소]

16. 음영곡吟詠曲[에도 중기 필사, 노가쿠연구소]

17. 에도 중기 필사 기타류본[寛永~享保(1624~1736) 무렵 필사, 노가쿠연구소]

18. 주조 유잔中条祐山 필사본[享保 무렵 필사, 노가쿠연구소]

19. 기타류 필사 10곡철본十番綴本[에도 중기 필사, 노가쿠연구소]

20. 다케모토 기사에몬 쓰네나오竹本喜左衛門常直 필사 기타류본[에도 중기 필사, 노가쿠연구소]

21. 기타류 5곡철 대형판본五番綴大本[에도 중기 필사, 内閣文庫]

22. 우에스기가上杉家 구 소장 시모가카리 번외 우타이본[에도 중기 필사, 노가쿠연구소]

23. 시모가카리 횡본横本[9] 번외 우타이본[에도 중기, 노가쿠연구소]

24. 20곡철본[東京大学]

25. 곤고류 39책본[米沢市立図書館]

26. 기타류 10곡철본[白百合女子大学]

27. 기타류 30책본[九州大学]

---

9   옆으로 긴 형태의 책.

28. 우메즈 마사토시梅津正利 필사 기타류 1책본[1843년 필사, 九州大学]

29. 곤고류 10곡철본[에도 말기 필사, 히노키 쓰네마사檜常正]

30. 아베 요시나리安倍能成 구 소장 시모가카리 호쇼류본[에도 말기 필사, 노가쿠연구소]

위 자료는 사본이고, 이밖에 에도시대에 간행된 판본이 가미가카리에 10권 정도, 시모가카리에 5권 정도 전해지고 했다. 무엇보다 우타이본의 판본 사장詞章은 대개 선행하는 판본을 토대로 하기 때문에 차이가 거의 없으며, 《아쓰모리》의 경우에도 마찬가지이다. 《아쓰모리》 판본 중에 간행 연도가 가장 이른 것은 가미가카리 판본으로는 1657년에 간행된 노다본野田本이 있고, 시모가카리 판본에는 1667년에 간행된(간행자 불명) 판본이 있다.

이상이 현재 그 존재를 알 수 있는 메이지유신 이전의 《아쓰모리》 텍스트이다. 그리고 현재 『요쿄쿠대관謠曲大観』과 같은 주석서로 활자화된 《아쓰모리》의 사장은 위 자료 중 하나를 저본으로 하고 있는데 참고로 그 관계를 정리하면 다음과 같다.

① 아사히신문사 간행 日本古典全書 『謠曲集』의 《아쓰모리》

저본은 [시모가카리 1]의 도리카이 도세쓰 필사본. 고전전서 『요쿄쿠집』의 주된 저본은 노카미 도요이치로野上 豊一郎 씨가 소장하고 있던 100곡으로 구성된 도리카이 도세쓰 필사본(현재 노가쿠연구소 소장)인데, 이 노카미본에는 《아쓰모리》가 포함되어 있지 않기 때문에 [시모가카리 1]의 도리카이 도세쓰 필사본(구루마야 우타이본)을 저본으로 하고 있다.

② **이와나미** 日本古典文学大系『謠曲集』의 《아쓰모리》

저본은 [가미가카리 4] 간제 쇼지로 노부미쓰 필사본. 이와나미 일본
고전문학대계『요쿄쿠집』의 저본은 하나의 우타이본이 아니라, 곡마다
가장 오래된 텍스트를 저본으로 채택했다. 《아쓰모리》의 최고본最古本
이 [가미가카리 4] 간제 쇼지로 노부미쓰 필사본이므로 이를 수록한 것
이다.

③ **쇼가쿠칸**小学館 日本古典文学全集『謠曲集』의 《아쓰모리》

저본은 1657년에 간행된 노다본野田本. 쇼가쿠칸『요쿄쿠집』의 주된
저본은 1629년에 간행된 간제류 강에 우즈키본寬永卯月本인데, 강에 우즈
키본에는 《아쓰모리》가 포함되어 있지 않기 때문에 노다본이 저본으로
선택되었다.

④ **사나리 겐타로**『謠曲大觀』의 《아쓰모리》

저본은 간제류 쇼와판昭和版.『요쿄쿠대관』의 주요 저본은 1926년에
간행된 쇼와판으로 사장은 현재 간제류의 사장과 거의 같다.

그리고 최근에 나온 주석서인 신초新潮 일본고전집성日本古典集成의『요
쿄쿠집』과 이와나미岩波 신일본고전문학대계新日本古典文学大系의『요쿄쿠
백곡謠曲百番』에는 《아쓰모리》가 수록되어 있지 않아 위에서 언급하지 않
았으나, 전자의 저본은 게이초慶長(1596~1614) 무렵에 간행된 고에쓰光悅
우타이본(가미가카리), 후자는 1630년에 간행된 구로사와본黒沢本(가미가카
리)을 저본으로 하고 있다. 이렇게 보면 현재 읽기 쉬운 활자 형태로 제
공되는 노의 사장에는 가미가카리가 압도적으로 많은 것을 알 수 있다.

이상과 같이 《아쓰모리》의 텍스트는 '가미가카리'와 '시모가카리' 두

계통으로 분류되는데, 이 분류는 사장뿐만 아니라 연출을 포함한 노의 양대 계통을 나타내는 용어이기도 하다. 즉, 가미가카리는 간제류와 호쇼류를 가리키며, 시모가카리는 곤파루류와 곤고류, 기타류를 가리키는데, 가미가카리는 '교토京都풍'이라는 의미이고 시모가카리는 '나라奈良풍'이라는 의미이다. 노의 사장에 이 두 가지 계통이 생긴 것은 늦어도 무로마치시대 초기 이후로 추정되는데, 본래는 야마토大和지역을 본거지로 했던 야마토 사루가쿠의 간제좌가 교토에 진출해 무로마치 쇼군의 후원을 받으면서 사장에 손을 대는 일이 많아진 결과로 보인다(호쇼좌는 교토에서 별로 활약하지 않았지만 간제좌와 관계가 깊어서인지 사장이 간제에 매우 가깝다). 한편 남북조부터 무로마치 초기 무렵 시모가카리의 곤파루좌나 곤고좌는 주로 야마토에서 활동했기 때문인지 사장의 변화가 비교적 적었던 것 같다.

이것을 대국적으로 보면 가미가카리의 사장은 변화가 많고, 시모가카리의 사장은 옛 모습을 많이 유지하고 있다는 것이 된다. 물론 전체적인 경향이 그렇다는 것이고 각각의 노를 들여다보면 반대의 경우도 있으나, 그 예는 별로 많지 않은 것 같다. 《아쓰모리》 역시 시모가카리 사장 쪽이 옛 형태를 더 유지하고 있는 것으로 보인다. 예를 들면 《아쓰모리》에서 서두 제1단 와키의 '시다이次第'[10]는 간제류와 기타류에서,

이 세상이 꿈인 줄 알고, 꿈같이 덧없음을 알고 세상을 버렸는데, 버린 건 꿈이 아니라 현실이었네.

夢の世なれば驚きて, 夢の世なれば驚きて, 捨つるやうつつなるらん

---

10 노 우타이의 한 형식. 주로 도입가로 쓰이는데 가사의 대부분은 그 뒤에 일어날 행동에 대한 의도와 감회 등을 나타낸다. '시다이(次第)' 뒤에는 반드시 지우타이가 같은 내용을 저음으로 반복하게 되어 있다.

라고 되어 있는데, 곤파루류와 곤고류에는 이 구절이 없다. 또 호쇼류에는,

> 여행길 서글픈 건 절에서 들려오는 만종소리, 여행길 서글픈 건 절에서 들려오는 만종소리. 그 종소리 들리면 나그네 묵을 곳을 찾아야 하리.
> 旅泊に憂きは入相の, 旅泊に憂きは入相の, 鐘こそ泊りなりけれ

라는 색다른 문장이 보이는데, 이것은 곤파루류나 곤고류의 것이 원형으로 여겨진다. 또 《아쓰모리》 제9단 시테의 대사 첫머리에 간제와 호쇼에서는,

> 봄꽃이 가지 끝에 피는 것은 위를 향해 깨달음을 구하라는 것이고, 가을 달그림자가 물속에 잠기는 것은 불보살이 속세에 내려와 중생을 교화하는 모습을 보인 것이다.
> それ春の花の樹頭に上るは, 上求菩提の機をすすめ, 秋の月の水底に沈むは, 下化衆生のかたちを見す

라고 되어 있는데, 이것은 곤파루·곤고·기타와 같은 시모가카리에는 없는 구절이다. 이에 대해서는 이 구절이 없는 시모가카리의 형태가 원형으로 생각된다. 이상은 현 유파들간의 사장의 차이를 예로 든 것인데, 이 차이는 모두 무로마치시대까지 거슬러 올라간다.

이상은 유파들 사이의 횡적인 차이이다. 그렇다면 역사적인 종적 변화는 어떠할까? 사실 이 방면에 상세한 연구는 없는 편이다. 오모테 아키라 씨가 『고잔문고본의 연구鴻山文庫本の研究』(わんや書店, 1965)등에서 보인 연구에 의하면, 간제류에서는 근세 초 간제 다유 고쿠세쓰黑雪(1626년

몰)가 사장과 곡을 정리한 이후 사장이 많이 개정되었고, 기본적으로 그것이 현행 사장에 계승되었다고 한다. 상기 일람에서 [가미가카리 10]의 이시다 쇼사에몬 모리나오 필사본이 고쿠세쓰 이후에 나온 텍스트이다. 단《아쓰모리》는 무로마치시대와 에도시대 이후 그다지 큰 변화가 없었다. 또한 시모가카리의 곤파루류에서는 분로쿠文祿와 게이초慶長 연간에 도리카이류鳥飼流의 서예가이자 우타이 교습을 업으로 삼았던 도리카이 도세쓰가 필사한 이른바 구루마야 우타이본의 사장이 그 이전의 곤파루류의 사장과는 많이 달랐는데, 근세 이후 시모가카리계 우타이본은 이 구루마야 우타이본의 영향을 받아 현재에 이르렀다(『고잔문고본의 연구』). 그러나《아쓰모리》에 대해서는 역시 큰 변화를 보이지 않았다.

노의 사장의 변화를 이야기할 때 메이와明和 2년(1765)에 당시의 간제 다유 모토아키라元章가 그때까지의 간제류 사장을 대폭 개정한, 이른바 '메이와의 개정'을 손꼽지 않을 수 없다. 모토아키라의 개정 작업은 단순히 노의 사장만이 아니라 연출이나 아이쿄겐을 포함해 노 전반에 이르는 개혁적 사업이라 할 만했다. 그러나 9년 후인 1774년 모토아키라가 죽은 후, 사장은 다시 개정 이전의 형태로 되돌아갔다. 따라서 사장의 변화라는 측면에서 볼 때 '메이와의 개정'은 에도 중기에 일시적으로 나타난 현상이다. 그러나 그 청탁淸濁 발음만큼은 현재의 간제류에 적지 않은 영향을 남겼다는 사실을 강조해 두고 싶다. 예를 들어 그때까지 '도도타라리どうどうたらり'라고 탁음으로 발음되던《오키나翁》의 문구가 메이와의 개정으로 인하여 청음 '토토타라리とうとうたらり'로 바뀌었고, '메이와 개정 우타이본'이 폐지된 이후에도 계승되었다는 것은 비교적 잘 알려져 있는 사실이다. 현재 간제류에서만 상연하는《캇포合浦》도 원래는 '갓포'였던 것이 메이와본에서 '캇포カッポ'로 고쳐 발음된 것이다. 이러한 예는 더 찾아볼 수 있는데, 현재 간제류 사장의 청탁 발음은

메이와 개정의 영향이 상당히 남아 있는 것으로 추정된다. 간제 모토아키라에 의한 메이와의 개정이 노 연출에 미친 영향에 대해서는 다음 '연출' 항에서 다루기로 한다.

연출의 변화

노의 연출에는 배우의 연기와 등장인물의 무대의상, 무대장치 등이 포함되는데 이 또한 오랜 역사 속에서 다양하게 변화하고 있다. 여기에 그 상징적인 예를 하나 들면 현재 고가타^{子方}(아역배우)가 연기하는 《후나벤케船弁慶》 《아타카安宅》의 요시쓰네義経나 《하나가타미花筐》의 게타이천황継体天皇은 본래 성인 배우가 연기했던 것으로 추정된다(졸고, 「《아타카》, 《후나벤케》의 판관과 《아마》의 후사자키는 원래 아역이 아니었다《安宅》《船弁慶》の判官と《海人》の房前などは本来は子方の役にあらず」, 『おもて』 77호. 2003년 6월). 설정상 성인인 이들 인물을 아역 배우가 연기하는 것은 시테에 초점을 맞춘 노의 '시테 일인주의'를 나타내는 것으로 이해할 수 있는데, 사실 이것은 본래의 연출이 아니다.

노 연출의 변화상은 아직 전체적으로 드러나지 않았다. 그러나 현재는 아즈치모모야마 무렵의 주요한 연출 자료가 호세대학교 노가쿠연구소에서 편찬한 노가쿠자료집성으로 활자화되어 있으며, 그 이후 에도 시대의 연출 자료도 많이 남아 있어(단 이 자료들은 일반인에게 공개되지 않는다), 이들 자료를 통하여 아즈치모모야마시대부터 현재에 이르기까지 연출상의 변화를 파악할 수 있게 되었다. 여기서는 《아쓰모리》를 예로 들어 그 변화상을 구체적으로 소개하고자 한다. 노가쿠자료집성(12)의 『간제류 고카타쓰케슈観世流古型付集』(니시노 하루오西野春雄 교정)에 수록된 「묘사본 시마이즈케^{妙佐本仕舞付}」(1598년 필사)의 《아쓰모리》 항목을 보면 다음과 같이 되어 있다.

> 아쓰모리. 와키, 승려. 우쓰오^{ウツヲ}[11]. 시테의 복장, 옻칠한 삿갓·스오^{素袍}[12]·오쿠치^{大口}[13]. 가면을 쓰지 않은 맨얼굴. 부채를 들고 풀을 대나무에 끼워 어깨에 메고 나온다. 쓰레 2~3명. 복장은 시테와 동일하다. 삿갓을 쓰지 않는다. 이후는 《마쓰무시^{松虫}》와 같다. 시테, 와키는 위쪽, 쓰레는 고수 앞에 선다. "이 피리를 소금 굽는 스마 바닷가에서 나는 아마노타키사시^{海士の焼残}[14], 아마노타키사시라고 여기세요." 한 바퀴 돌고 앉는다. 퇴장한다. 특별한 사항 없음. 후장^{後章}. 시테의 복장, 수라노^{修羅能} 복장. 평소와 같이 소데나시[15]. 가면은 이마와카[16], 또는 젊은 남성 가면, 또는 추조^{中將}[17]. 구리^{クリ}[18]를 하기 전 앉는다. 구세마이^{曲舞}에서부터 서서 춘다. "박자에 맞추어 소리를 높여". 하노마이^{破の舞}[19]. "칼을 빼서 두 번 세 번 찌르는 듯 보였으나" 칼을 빼서 찌른다. 손을 꽉 쥐고 몸을 뒤로 젖힌다. 칼을 버리고 부채를 든다. 손을 합장하고 명복을

---

11 의상 연출의 한 종류. 와키의 경우 하카마를 입는 경우와 입지 않는 경우가 있는데 우쓰오(空は)는 후자에 해당한다.

12 안감을 대지 않은 베로 만든 겉옷. 약식 의례용 옷으로 착용함.

13 밑 통이 넓은 하카마.

14 횡적(橫笛)의 이름. 그 옛날 잠수부들이 소금을 굽고 남은 재 속에서 발견한 대나무로 만들었다고 전하는 명적(名笛).

15 소매 부분이 없는 겉옷으로, 무가 시대에는 웃옷 또는 갑옷 위에 착용했다.

16 노에서 젊은 무장 역이 주로 많이 쓰는 남성 가면.

17 노에서 귀족의 풍모를 풍기게 만든 남성 가면.

18 노에서 고음역을 주로 한 악곡. 도입가로 많이 쓰이고 한시문 혹은 불경의 일부를 내용으로 취하는 경우가 많다.

19 시테가 춤을 춘 뒤 노래 한 소절을 부르고 이어서 다시 시테가 추는 춤으로, 템포가 가볍고 극히 짧다.

빈다. 우타이에 맞추어 평소와 같이 한다. 특별한 사항 없음.

라고 되어 있다. 여기에 기록된 연출과 현대의 연출 사이에는 다음과 같은 차이가 있다.

예를 들면, 여기에서는 마에지테前ゲテ의 무대 차림이 옻칠한 삿갓, 스오, 오쿠치, 맨얼굴이라고 되어 있지만, 이 중에서 현재와 동일한 것은 맨얼굴(제아미 이후에는 보통 '히타멘直面'이라 불렀다)뿐이고 다른 것은 모두 달라졌다. 즉 현대 《아쓰모리》의 마에지테 분장은 사진에서와 같이 삿 갓을 쓰지 않고 노시메熨斗目[20]를 입은 위에 하카마袴를 걸치지 않고 노동 복인 미즈코로모水衣[21]를 입은 모습이다(사진에는 꽃바구니를 등에 지고 있는 데 이것은 나중에 이야기하겠지만 특수한 연출 형태이고 통상적으로는 꽃바구니를 메지 않는다). '스오'나 '오쿠치'는 신분이 높은 인물이 입는 무대의상이므 로 위의 『묘사본 시마이즈케』는 주인공이 헤이케平家의 무장 아쓰모리의 화신임을 강조한 것이다. 그러나 현재의 무대의상은 풀꾼이라는 설정에 충실한 차림을 하고 있다. 또한 『묘사본 시마이즈케』에서는 쓰레가 삿 갓만 쓰지 않았을 뿐 나머지 분장은 시테와 동일하다. 이는 『묘사본 시 마이즈케』가 와키 렌쇼 앞에 나타난 풀 베는 사내들을 모두 헤이케 무 사의 화신으로 이해했기 때문으로 보이는데, 아마 이것이 《아쓰모리》 마에지테의 본래 무대의상이었을 것으로 추측된다.

그리고 노치지테의 무대의상도 현재와 달랐다. 현재 《아쓰모리》에서 노치지테의 무대의상은 사진에서와 같이 '아쓰모리'라는 가면을 쓰고

---

20 노·교겐에서 입는 의상의 하나. 미즈코로모(水衣), 스오(素袍) 같은 겉옷 안에 바쳐 입는 웃옷으로 신분이 높지 않은 남자 배역이 입는다.

21 소매 폭이 넓고 무릎 정도까지 오는 상의.

아쓰모리의 무대의상 ① 마에지테

아쓰모리의 무대의상 ② 노치지테

나시우치에보시梨打烏帽子(투구 안에 쓰는 모자), 초켄長絹22, 오쿠치를 착용한 모습인데, 『묘사본 시마이즈케』에는 상의에 '초켄'이 아니라 소데나시를 입는 것으로 되어 있다. 소데나시는 '소바쓰기側次'를 뜻하는데 아래 그림과 같은 무인 복장이다. 현재 수라노修羅能에서 보통 노치지테는 '합피法被'라는 상의(이것도 무인복장)를 입는다. 하지만 우아한 젊은 무사가 시테 역을 맡는《아쓰모리》,《쓰네마사経政》 등에서는 초켄(노에서 아름다운 여자 주인공이 입는다)을 입는데, 『묘사본 시마이즈케』에는 아쓰모리가 소데나시(소바쓰기)를 입었다고 되어 있다. 현재 소바쓰기는 《샤리舍利》

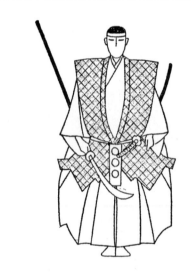

소바쓰기의 무대의상(출전 岩波 『謡曲集』)

---

22 노 무대의상의 하나. 비단 천에 금실, 색실로 문양을 짜 넣은 소매가 넓은 웃옷. 노에서는 주로 아름다운 여성이 무용을 선보일 때 입는다.

의 위타천韋駄天[23], 《다이에大会》의 제석천帝釋天 등이 입는 무대의상으로, 수라노의 노치지테는 입지 않는다. 이에 비해 아즈치모모야마시대에는 《아쓰모리》 외에 《다다노리忠度》, 《쓰네마사》 등에서도 사용되었다. 《쓰네마사》 역시 젊은 무사가 시테인 점을 감안하면 '소바쓰기'는 옛날에 젊은 무사의 무대의상으로 사용된 것 같다. 어쨌든 《아쓰모리》 노치지테의 무대의상은 현대와 아즈치모모야마시대 사이에 이러한 차이가 있었던 것이다.

『묘사본 시마이즈케』가 전하는 아즈치모모야마시대의 《아쓰모리》 연출과 현재의 연출은 이상과 같은 차이가 존재한다. 이 차이는 전부 무대의상의 차이로, 이 외에는 마에지테나 마에즈레가 손에 풀을 들고 등장하는 모습도 동일하고—풀 모양도 같다—, 시테의 춤도 현재와 차이가 없다(『묘사본 시마이즈케』에 나오는 '하노마이破ノ舞'는 현재 '주노마이中ノ舞'에 해당한다). 또한 《아쓰모리》의 무대의상은 에도 전기 무렵이 되면 기본적으로 마에지테는 '미즈코로모'를, 노치지테는 '초켄'을 입는 등 현재 형태와 좀 더 가까워진다.

한편, 노의 연출이라면 고가키小書[24]를 빼놓을 수 없다. 고가키는 통상의 연출과 다른 특수 연출, 또는 이색적인 연출을 의미하는데, 연기자가 일시적으로 생각해 낸 것은 아니고 노가쿠계로부터 승인을 받아 고정화된 연출 방식이다. 고가키 연출은 당대와 다른 원래의 연출을 기록해 놓은 것과, 원래의 연출에다 특정 시기에 고안된 연출이 첨가된 것, 이렇게 두 가지 케이스가 있으며 노의 연출 변화를 생각할 때 간과할 수 없는 부분이다. 고가키는 유파에 따라 그 내용이나 가짓수가 서로 다른데,

---

23 불법 수호신의 하나로 몹시 빨리 뛴다는 속전이 있음.
24 노가쿠 특수 연출의 경우, 작품명 왼쪽에 작은 글씨로 그 연출의 명칭을 써 넣는 일. 또는 그 연출.

현재 간제류가 442(152곡), 호쇼류가 108(64곡), 곤파루류가 82(53곡), 곤고류가 220(105곡), 기타류가 120(69곡)개 정도의 고가키를 보유하고 있다(곡 하나에 고가키가 두 개 이상 있는 것도 많다). 이 중 간제류의 고가키가 압도적으로 많은데, 그것은 15대 간제 다유(1774년 몰)였던 모토아키라가 대량의 고가키를 새롭게 고안하여 간제류의 고가키로 정리해 놓았기 때문이다. 물론 이것은 본래 연출이 아니라 에도시대 전기에 만들어진 것이다. 이 고가키 연출은 《아쓰모리》에도 볼 수 있는데 다음과 같다(괄호 안은 '고가키'를 쓴 유파).

① 二段之舞(간제류)
② 青葉之会釈(곤고류)
③ 脇之語(와키카타 후쿠오류, 다카야스류, 시모가카리 호쇼류)

첫 번째 '이단지무二段之舞'는 간제류의 고가키 연출이다. 이 경우 시테가 추는 '주노마이'가 통상 5단에서 2단으로 바뀌며 시테는 풀꽃을 가득 담은 바구니를 등에 지고 손에 낫을 들고 등장한다(295페이지 상단의 사진이 '二段之舞'이다). 이는 간제 모토아키라 이전에는 찾아볼 수 없는 연출로 모토아키라가 고안한 것으로 보인다. 춤을 짧게 줄인 것은 당시 문제가 된 상연 시간의 단축 때문인 듯한데, 모토아키라가 고안한 고가키에는 춤을 줄이거나 제대로 된 사장을 완전히 삭제하는 등의 연출이 꽤나 많다.

두 번째 '아오바노아시라이青葉之会釈'는 곤고류의 고가키 연출로, 와키 렌쇼가 이치노타니에 도착한 순간에 피리를 연주하는 연출 방식이다. 말할 것도 없이 풀꾼들이 부는 피리를 표현한 것으로 와키는 이 피리소리를 듣고 "또 저 윗녘 들판에서 피리소리가 들립니다. 이들을 기다려 이 근방의 사정을 물어보려 합니다"라는 대사를 한다. 이 부분도 옛 연출 자료에는 없는 것으로 《아쓰모리》의 본래 연출이 아니다.

마지막 '와키노가타리脇之語'는 와키에 대한 고가키 연출인데, 보통은 지역 주민(아이アイ)이 들려주는 아쓰모리의 최후담(구마가이와 정면승부하는 이야기)을 와키인 렌쇼가 하도록 설정했다. 이와 비슷한 연출이 에도 시대 초기에도 확인되는데, 그때 이미 이러한 방식이 옛부터 있었다고 한 것으로 보아 아즈치모모야마시대 이전부터 존재했던 연출방식인 것 같다. 렌쇼는 아쓰모리의 최후를 가장 잘 알고 있는 인물이므로 렌쇼가 아쓰모리의 최후 장면을 이야기하는 것은 지극히 자연스럽다. 이에 비하면 렌쇼가 자신이 잘 알고 있는 아쓰모리의 최후담을 지역민에게 청해서 듣는 지금의 설정은 상당히 부자연스럽다. 게다가 '와키노가타리'와 비슷한 연출이 아즈치모모야마시대 이전까지 거슬러 올라가는 점을 감안하면 이 고가키 연출이야말로 《아쓰모리》 '아이노단アイノ段'의 원형을 전하고 있을 가능성이 높다. 단, 이 '고가키'는 현재 상연되는 경우가 거의 없는 것 같고 필자도 본 적이 없다.

한편, 간제 모토아키라에 의한 '메이와의 개정'에는 연출 개정도 포함되었는데, 앞서 서술한 고가키 '이단지무'도 모토아키라가 고안한 것으로 추정된다. '메이와의 개정'은 모토아키라가 죽은 후 사장은 원래대로 되돌아간데 비해 그가 고안한 방대한 고가키 연출이나 무대장치는 현대까지 그대로 간제류에 남았다. 요컨대 지금 노의 애호가들은 간제 모토아키라라는 필터를 통해 노를 감상하는 경우가 많다는 것인데, 그것을 알고 있는 애호가는 사실 별로 많지 않다.

현행 연출의 오류

이 책의 서두 「서장」에서 오랜 세월동안 부자연스런 형태로 상연되었던 《아오이노우에》의 연출이 재검토되고, 현재는 그 원형을 복구해서 상연하는 경우가 많아졌다고 소개한 바 있다. 《아오이노우에》의 부자연스런 형태란, 아오이노우의 발병 원인을 밝혀내기 위해 불려온 무녀 데루히노미코가 로쿠조미야슨도코로의 원령과 합세해서 병상에 있는 아오이노우에를 괴롭히는 설정을 말하는데, 사실 그런 부자연스러운 연출이 《아오이노우에》에만 있는 건 아니다. 이 역시 연출의 변화에 포함되는 사항이므로 필자가 발견한 사례를 포함하여 현재 파악된 사례들을 간단히 소개해 보겠다.

《요로보시弱法師》

우선 셋쓰攝津의 덴노지天王寺를 무대로, 부모와 자식의 재회를 다룬 간제 주로 모토마사觀世十郎元雅의 작품《요로보시弱法師》를 예로 들 수 있다.《요로보시》는 제아미의 자필본이 전해지는데(일본고전문학대계『요쿄쿠집』上에 수록된《요로보시》의 저본이 바로 이것이다), 이와 대조해 보면 현재 상연되고 있는《요로보시》의 부자연스러움이 분명히 드러난다. 즉 제아미본《요로보시》에는 요로보시(슌토쿠俊德)와 그의 아내, 슌토쿠의 아버지 다카야스 미치토시高安道俊, 그리고 덴노지의 스님과 하인이 등장하는데 비해, 현행《요로보시》에는 요로보시와 다카야스 미치토시, 하인만이 등장한다. 따라서 현재《요로보시》는 처음부터 마지막까지 거의 다카야스 미치토시(와키)와 요로보시(시테) 부자가 대화하는 형태로 전개된다. 그 사이 아버지 다카야스 미치토시가 만개한 매화를 '매화'라고 말하자 요로보시가 여기는 나니와難波의 나루터이므로 '이 꽃(매화를 지칭)'이라고 해야 한다고 주의를 주는 장면이 나온다. 또 덴노지의 서문西門이 극락의 동문東門에 해당한다고 가르쳐주기도 한다. 다시 말해서 현행《요로보시》에는 아버지가 아들에게 두 번이나 가르침을 받고 있는 것이다. 이것이 제아미본에서는 요로보시가 상대하는 사람이 덴노지의 스님으로 설정이 되어 있고 아버지 다카야스 미치토시는 마지막 장면에 가서야 군중들 사이에서 등장하는 형식으로 되어 있다. 따라서 두 번이나 지적을 받는 사람은 덴노지의 스님이 되는 것이다(처음에는 아내가, 두 번째는 요로보시가 훈계한다). 이렇게 비교해 보면 현행《요로보시》가 얼마나 부자연스러운 형태인지 잘 알 수 있다.《요로보시》가 현재와 같은 형태로 개편된 것은 늦어도 무로마치 후기 쯤인데, 이런 부자연스러움은 1941년에 제아미본이 소개되기 전까지는 아무도 눈치채지 못했다.《요로보시》는 제아미본 형태로1991년에 처음 상연(시테는 아사미 마사쿠니淺見眞州, 다카야스 미치토시 역에는 와키카타 호쇼 칸宝生閑)된 이후 몇 번 더 상연되

《한조班女》

었다.

두 번째 사례는 '한조班女'라고 불리는 유녀 하나고花子와 요시다노 쇼쇼吉田少将의 이별과 재회를 통해 '연모의 정'을 그린 제아미 작 《한조》이다. 한조는 부채를 교환하며 다시 만날 것을 약속한 쇼쇼를 찾아 미노美濃에서 교토로 올라와, 지금은 시모가모신사下鴨神社의 다다스糺 숲 근처에서 '한조'라는 유녀(춤추는 유녀로 설정)로 살아가고 있다. 그곳에 요시다노 쇼쇼가 하인을 거느리고 나타난다. 현행 《한조》에서는 하인이 "그 옛날 한조의 부채가 여기 있네."라며 한조에게 말을 건네고 뒤이어 한조가 미친 듯이 춤을 춘다(이 춤이 이 곡의 테마인 연모의 마음을 표현하고 있다). 춤이 끝난 후 쇼쇼가 한조가 들고 있는 부채를 알아보고 재회하게 되는데, 아무래도 하인의 대사가 자연스럽지 않다. 이대로라면 쇼쇼의 하인은 눈앞에 있는 미친 여자가 바로 쇼쇼가 찾고 있는 한조임을 알고 있는게 되기 때문이다(여기서는 쇼쇼도 한조를 찾고 있는 설정이다). 그런데 문제가 되는 하인의 대사는 원래는 쇼쇼 일행과는 관계가 없고, 다다스 숲에 참배하러 온 이름 없는 교토사람의 대사였다. 그러던 것이 아즈치모모야마 무렵에 교토사람이 삭제되면서 그 대사를 쇼쇼의 하인이 하게 된 것이다. 즉, 원래는 한조와 쇼쇼 일행이 서로를 알아보지 못한 채 다다스 숲에 참배하고 있었고, 교토사람의 청에 의해 한조가 춤을 추게 되자 그 모습을 본 쇼쇼가 그녀를 알아본다는 설정이었던 것이다. 이 부자연스런 형태에 대해서는 이미 1960년에 일본고전문학대계 『요쿄쿠집』에서 지적이 되었으나 그 후에도 실제 무대에서는 수정되지 않은 채 그대로 상연되고 있다.

세 번째 사례는 남북조시대의 오래된 작품으로, 고마치小町 시리즈의 하나인 《가요이코마치通小町》이다. 《가요이코마치》의 전장에서는 야세八瀬에서 수행중인 스님의 처소에 날마다 한 여인이 나무열매와 땔나무를 들고 등장한다. 그녀는 사실 고마치의 화신인데, 전장의 마지막 장면에서 자신의 정체를 밝히는 대사가 "'부끄럽습니다. 스스로 고마치라고 밝히는 것이. 이 몸 참억새풀 우거진 이치와라市原 들판에 사는 노파입니다. 스님, 아무쪼록 제 명복을 빌어주십시오.'라고 말한 후 바람과 같이 사라졌다."라고 되어 있다. 여기에서 고마치는 자신을 '노파'라고 했지만 무대 위의 고마치는 젊은 여성 가면을 쓴 젊은 여인의 모습이다. 고마치는 후장에도 같은 모습으로 등장하는데 이 역시 모순이라고 할 수 있다. 무로마치 말기 무렵 《가요이코마치》의 고마치도 젊은 여성의 모습으로 등장하고 있으므로 이런 모순은 그 역사가 상당히 오래된 것 같다. 최근에 이르러 전장의 고마치를 노파로 등장시키는 연출이 가끔씩 시도되고 있는데 이것은 당연한 일이기도 하거니와 연기자의 연구하는 자세가 느껴져서 반갑기도 하다. 이 경우는 대사와 등장인물의 모습이 일치하지 않는 사례인데, 《도모에巴》의 후장에서도 비슷한 예를 발견할 수 있다. 주인공 도모에고젠巴御前의 망령이 "장소는 여기입니다, 스님들"이라는 대사를 읊는데, 무대에 스님이 한 사람밖에 없는 것이다.

마지막으로 제아미 시대의 수라노《미치모리通盛》를 예로 들어 보자. 《미치모리》의 전장에는 이치노타니에서 싸우다 죽은 다이라노 미치모리平通盛와 나루토鳴門 앞바다에 투신해 죽은 고자이쇼노 쓰보네小宰相の局 부부의 화신이 등장한다. 즉 두 사람 다 죽은 망자인데, 거기에 나타난 미치모리가 노인(어부 모습)의 모습을 하고 있는데 비해 고자이쇼노 쓰보네는 젊은 여성의 모습을 하고 있다. 이 부부는 후장에 가서도 함께 등장하는데, 거기서는 미치모리도 고자이쇼노 쓰보네도 옛날의 젊은 모습으로 나온다. 《미치모리》의 전장은 오래된 연출 자료도 현행 연출과 동일하지만, 원래는 고자이쇼노 쓰보네 역시 노인의 모습이지 않았을까 추정해 본다. 그것이 '장면성'을 우선시한 결과 고자이쇼노 쓰보네의 화

《미치모리通盛》

신을 젊은 여성의 모습으로 연출한 것이 아닐까? 혹은 그렇게 장면성을 우선시한 연출이 원형일 가능성도 없지는 않다. 하지만 논리적으로 따지면 역시 이 장면은 자연스럽지 못하다.

이상 개인적인 의견을 첨가해 가며 현행 무대 중 자연스럽지 못한 연출 사례를 몇 가지 들어보았다. 이 밖에도 필자는 《도모나가朝長》, 《후지토藤戶》, 《덴코天鼓》 같이 마에지테와 노치지테가 다른 사람인 경우 마에지테로 등장한 인물이 전장에만 나오고 후장까지 남아 있지 않는 형태도 자연스럽지 못하다고 생각한다. 《도모나가》의 마에지테는 도모나가의 임종을 지켜본 아오하카青墓 여관의 주인(여성)이고, 《후지토》의 마에지테는 사사키 모리쓰나佐々木盛綱에게 죽임을 당한 어부의 어머니이다.

또 《덴코》의 마에지테는 황제에게 죽임을 당한 아들의 아버지이다. 이들은 도모나가나 어부나 덴코의 망령이 나타나는 후장에도 등장해야 할 인물임에도 불구하고 전장에만 나오고 퇴장해 버린다. 이 세 작품은 원래 마에지테와 노치지테를 다른 배우가 연기하고 마에지테가 그대로 후장까지 남아 있던 것이, 전·후장의 시테를 배우 한 명이 연기하는 몽환노의 영향을 받아 마에지테가 퇴장하는 형태로 바뀐 것으로 추정된다 (졸고, 「아오하카의 주인은 《도모나가》의 후장에 남아 있었다靑墓の長は《朝長》の後場に残っていた」, 『おもて』80호).

이와 같은 사례는 더 많을 것이다. 그리고 사장에도 명백히 오류로 생각되는 사례가 적지 않은데, 고전극인 노에서는 이 같이 부자연스러운 장면이나 명백한 오류를 거의 깨닫지 못한 채 상연되고 있다. 이런 현상은 아마 가부키나 분라쿠에도 있을 것이다. 이것은 '고전'이라는 것을 완성된 것으로 간주하고 그것에 의문을 품으려 하지 않는 우리의 습성 때문일 것이다. 그러나 노가 현대에 상연되고 있는 '현대극'인 이상, 다른 연극에서와 마찬가지로 의문을 갖는 것이 노에 대한 예의가 아닐까 싶다.

제10장

교겐의 역사와 매력

세 번의 교겐 붐

1996년 무렵부터 고조되기 시작한 교겐에 대한 사회적 관심은 실로 '교겐 붐'이라고 평가해도 좋을 만한데, 사실 근대 교겐 붐은 이때가 처음은 아니다. 약 반세기 전인 쇼와 30년대(1955~1965) 무렵에도 또 규모는 작지만 1977~1978년에도 '교겐 붐'은 있었다.

1955~1965년 무렵에 일어난 교겐 붐의 배경에는 도쿄의 '시라키 교겐의 모임白木狂言の会'과 교토의 '시민 교겐 모임' 등 전통적인 노 무대 이외의 장을 공연장으로 한 교겐만의 충실한 무대가 있었다. 또한 《스스기강濯ぎ川》,《동은 동東は東》,《히코이치이야기彦市ばなし》같은 훌륭한 신작이 의욕적으로 상연되었으며, 노무라 만조野村万蔵, 미야케 도쿠로三宅

신작 교겐 《스스기강濯ぎ川》(飯沢匡作)

藤九郎, 야마모토 도지로山本東次郎, 시게야마 야고로茂山弥五郎, 시게야마 센고로茂山千五郎, 시게야마 추자부로茂山忠三郎 등 많은 명연기자의 활약, 거기에 활발한 교겐 연구 같은 다양한 요인이 당시의 교겐 붐을 떠받치고 있었다. 붐이 일어난 구체적인 상황과 의의에 관해서는 『이와나미 강좌 노·교겐Ⅴ-교겐의 세계』(1987년)의 「교겐의 형성과 전개」에 잘 정리되어 있는데, 지금 돌이켜보면 쇼와 30년대의 교겐 붐은 교겐 세계 전체를 아우르는 현상이었고, 또한 교겐에 대한 사회적 관심 역시 교겐 전체에 쏠려 있었던 데 큰 특색이 있다고 할 수 있다. 그 배경에는 전후 새로운 가치관을 적극적으로 모색하던 시대가 있었고, 그러한 시대환경 속에서 오랜 세월 노의 그늘에 가려져 있었던 교겐이 역사상 처음으로 단독 연극으로 주목받으며 그 전체가 연극적, 문화적으로 사회의 높은 관심을 모았던 것이다.

1977~1978년 무렵 일어난 두 번째 붐은 '차이를 아는 남자'라는 선전 문구를 내세운 커피 광고에 이즈미류의 노무라 만사쿠野村万作가 기용된 것이 계기가 되었다. 노무라 만사쿠가 대곡《쓰리키쓰네釣狐》를 4회 연속 상연해서 화제를 불러 모은 것도 이때의 일인데, 이 붐은 TV라는 대중매체가 중요한 역할을 했다.

이에 비해 현재의 교겐 붐은 대중매체를 매개로 일어났다는 점에서는 1977~1978년 무렵과 동일하지만, 과거 두 번의 붐과는 다른 측면이 있다. 즉, 현재의 교겐 붐은 새 예능인의 등장이라는 측면에서 대중이 반응하고 있다는 인상이 강하며, 적어도 예전의 붐에서 보았던 교겐 자체에 대한 관심은 적은 것 같다. 이런 현상은 최근 우리 사회나 문화의 모습과도 관련이 깊다. 이전의 교겐 붐과의 차이는 그렇다 하더라도 현재의 교겐 붐을 지켜보며 드는 생각은 사회로부터 뜨거운 주목을 받을 만한 그 '무언가'가 교겐 혹은 교겐 배우에게 있다는 것이다. 바꿔 말하면 그것은 교겐이 지금 현대에 살아 있다는 것이기도 한데, 제10장에서는 그런 생명력을 가진 교겐이 언제, 어떻게 생겨나고 어떤 경과를 거쳐 오늘에 이르렀으며, 또 역사적으로 노와 어떤 관계에 있는지, 어떤 점에 연극적인 매력이 있는지에 대해서 말해보고자 한다.

'교겐'이라는 명칭 ─교겐과 오카시─

교겐은 소극笑劇이다. 교겐을 한 번이라도 본 사람은 이 말을 이해할 것이다. 그리고 그런 내용의 극이 '교겐'으로 불리는 것도 납득할 것이다. 이 '교겐'이라는 말은 아마 '교겐리코興言利口'의 '교겐興言'으로, '흥에 겨워하는 말', '즉흥으로 하는 말'과 같은 의미일 것이라 추측된다. '리코利口'라는 말도 '농담'이라는 뜻이므로 '교겐狂言'은 '교겐리코'와 거의 같은 표현으로 볼 수 있다. 이런 뜻의 명칭은 소극인 교겐의 본질을 시사하고 있는 것처럼 여겨진다. 실제로 '가네노네金の値(금 가격)'를 '가네노네鐘の音(종소리)'로 바꾼 《가네노네鐘の音》의 설정이나, 세 개의 고지柑子(귤의 종류)를 둘러싸고 몰래 먹은 고지를 내놓으라는 말에 '고지好事는 문 밖을 나가지 않는다'[1]며 재치 있게 빠져나가는 장면(《고지柑子》)이 교겐에는 적지 않다.

교겐이라는 말은 1352년 『스오 닌페이지 본당 공양일기周防仁平寺本堂供養日記』에 처음 보이는데 다음과 같다.

> 十一番、狂言山臥説法。人数別紙有之。

---

[1] 좋은 일은 잘 알려지지 않으며 나쁜 일은 천리를 간다는 속담의 일부이다.

이것은 스오(지금의 야마구치 현)지방에 있던, 현재는 없어진 절 닌페지에서 개최된 대규모 법요 기록이다. 이때 교겐이 '다이슈마이大衆舞', '가이코開口', '도벤当弁', '렌지連事' 등 14곡으로 구성된 엔넨延年[2] 예능 중의 하나로 승려들에 의해 연희되었던 것이다. 이것이 현재의 교겐을 '교겐'으로 부른 가장 오래된 문헌이며 시대적으로는 제아미의 부친인 강아미가 스무 살 무렵의 일이다. 여기서는 그때 상연된 교겐의 제목이 《야마부시 설법山臥説法》이었다는 것도 알 수 있다. 교겐에는 야마부시가 많이 등장하는데, 이 《야마부시 설법》은 현재 교겐의 야마부시 시리즈 중에는 찾아볼 수 없다. 이 밖에 '교겐'의 용례는 제아미의 『슈도쇼習道書』나 『사루가쿠단기猿楽談儀』에도 나오는데 구체적인 작품명은 기록되어 있지 않다.

그런데 그 옛날 교겐은 '오카시をかし'라고도 불렸다. 오카시의 가장 오래된 용례가 1334년 『단고 고쿠분지 건무 재흥 연기丹後国分寺建武再興緣起』에 보이는데 다음과 같다.

　　二番、咲. 覚空房 寂淨房
　　　　　楽順房

이것도 스님이 연기한 엔넨 예능으로, 여기서 말하는 '咲(오카시)'가 바로 교겐이다. '咲'를 오카시로 읽었다는 사실은 후대 문헌에서 알 수 있는데(『간몬교키看聞御記』1432년 10월 10일에 권진노에 출연한 교겐 배우 이름 옆

2　엔넨(延年)은 원래 장수를 기원한다는 의미인데, 일본 예능사에서는 사원에서 대법회 후 여흥 차원에서 열린 연희를 의미한다. 주로 사원의 승려 및 동자승들에 의해 연희되었으며 사루가쿠, 덴가쿠 등 당대 유행하는 각종 예능들을 선보였는데, 특히 가마쿠라와 무로마치시대 때는 대규모 엔넨이 성행하였다.

에 '오카시をかし'라는 표기가 달려 있다), 이는 교겐을 말하는 것임에 틀림없다. '오카시'는 노와 매우 비슷한 연극 '렌지連事' 사이사이에 무대에 올려졌으며 이것은 마치 노와 노 사이에 교겐이 삽입된 것과 같다. 이 오카시는 제아미의 예능론인 『슈도쇼』에도 교겐 배우나 그 예능을 의미하는 용어로 나타나는데(다섯 용례가 있다), 오카시란 명칭은 '교겐'이 그런 것처럼 교겐이라는 소극에 매우 잘 어울리는 명칭이라고 할 수 있다.

교겐과 오카시의 가장 오래된 용례를 보건데 어쩌면 오카시가 교겐보다는 더 오래된 명칭일지도 모르겠다. 그러나 어느 것이 더 오래된 명칭인지는 별 의미가 없다. 교겐도 오카시도 교겐의 극으로서의 특색을 단적으로 드러내는 명칭이며, 처음부터 이 두 명칭이 함께 사용되다가 제아미 이후에 '교겐'으로 통일되어 현재에 이르렀다고 생각하는 것이 옳을 것 같다.

교겐은 언제 어떻게 성립되었는가

교겐의 원류와 성립과정에 대해서는 제1장에서 노의 성립에 대해서 서술할 때 간단히 언급했다. 즉, 노와 교겐은 헤이안·가마쿠라시대 골계적 예능이었던 사루가쿠猿楽를 원류로 하는데, 가마쿠라 후기 무렵에 골계 위주의 잡예능인 사루가쿠에서 골계성을 제거한 노라는 새로운 연극이 탄생했고, 사루가쿠 본래의 골계 위주의 예능이 나중에 교겐으로 발전한 것이다.

노나 교겐이 어떻게 성립했는지에 대해서 지금은 이 정도밖에 추정할 수 없지만, '소극笑劇'의 관점에서 볼 때 헤이안시대나 가마쿠라시대의 사루가쿠가 교겐의 원류인 것은 확실하다. 그 당시 사루가쿠에 대해서는 11세기 중엽에 성립한 후지와라 아키히라^{藤原明衡}의 『신사루갓키^新^{猿楽記}』와 『메이고오라이^{明衡往來}』 기사가 잘 알려져 있다. 이 기사에 의하면 당시에는 '하쿠타^{百太}', '진난^{仁南}' '조엔^{定緣}', '교노^{形能}', '아가타노이도^{県の井戸}의 센조^{先生}', '세손지^{世尊寺}의 도타쓰^{堂達}', '사카노우에^{坂の上}의 기쿠마사^{菊正}', '모도리하시^{還橋}의 도쿠타카^{德高}', '오하라^{大原}의 기쿠타케^{菊武}', '오노^{小野}의 사치마로^{福丸}'와 같은 골계예능을 전문적으로 하는 사루가쿠 배우가 있었다. 이 사루가쿠 배우들이 법사와 정을 통한 여승이 갓난아기의 기저귀를 얻으러 다니는 촌극을 연기하거나, '부부로 등장해 늙은 영감으로 분장한 남편과, 예쁜 여자로 분장한 마누라가 처음에는 교태 섞인 말을 나누다가 마침내 교접에 이른다'는 내용의 촌극을 연기하기도 했던 것 같다. 이런 내용의 촌극은 지금의 교겐과 매우 흡사한데, 교겐 성립 이전에 이런 예능이 존재했다는 사실은 『신사루갓키』와 『메이고오라이』 이외의 문헌에서도 확인할 수 있다.

다음은 『초슈키^{長秋記}』[3]에 나오는 일화로, 헤이안시대 후기 히에잔^{比叡}^山 동탑^{東塔}의 학생이 수행승을 놀리는 내용을 사루가쿠로 연행하는 바람에 수행승의 분노를 사고, 학생과의 사이에 일대 난투극이 벌어졌다는 내용이다. 노세 아사지^{能勢朝次}의 『노가쿠원류고』에는 이 에피소드에 대해 '수행승이 노여워했다는 사실로 보아 학생이 연기한 사루가쿠가 상당히 대담한 풍자골계극이었다'고 설명하고 있다.

또 쿠조 가네자네^{九条兼実}의 일기 『교쿠요^{玉葉}』[4]에는, 궁궐의 고세치^五

---

3 미나모토노 모로토키(源師時)의 일기로 현재 1105~1136년까지의 10권이 전한다. 모로토키는 유직고실(有職故實) 등에 해박한 인물로, 이 자료는 헤이안시대 후기의 조정 의례 등을 연구하는 데 귀중한 사료로 평가받는다.

4 1164~1200년에 걸친 기록으로 헤이안시대 말기에서 가마쿠라 초기 연구의 기초 사료로 평가되고 있다.

節[5] 행사 준비를 맡게 된 지방장관이 경호관인 다키구치滝口[6]에게 선물을 보내지 않은 일에 대해 조정의 관리들이 사루가쿠로 엮어 지방관을 비판했다는 내용이 기록되어 있다. 그리고 가마쿠라 후기에 성립한 설화집『샤세키슈沙石集』에는 고토바상황後鳥羽上皇의 신하가 한 상궁의 품행을 야유하는 사루가쿠를 연행한 내용이 실려 있다. 또한 교겐 성립 이전에는 사원에서 법회의 부수적인 행사로 상연된 엔넨 예능 안에 '스쿠秀句', '도벤当弁'과 같은 언어유희를 골자로 한 골계적 예능이 연희되고 있었다. 도노미네 묘라쿠지多武峰妙楽寺나 도다이지東大寺에는 이들 예능의 대본이 남아 있는데, 그 모습은 '유녀들이 광언기어狂言綺語[7]의 재담을 펼치면 광승狂僧이 흥에 겨워 스쿠·도벤을 연행하고 춤을 추는' 형국이었다(『東大寺続要録』에 기록된 1241년 엔넨의 모습).

이상의 사루가쿠가 지금의 교겐과 매우 흡사하다는 것은 누가 봐도 자명한데, 교겐은 이러한 사루가쿠를 원류로 하여 그것을 직접 계승한 형태로 탄생한 것이다. 그 존재를 전하는 가장 오래된 자료가 앞서 서술한 1334년의 '오카시'인 셈이다. 그 이후 교겐은 노가 그랬듯이 권력계층인 무가의 애호를 받으며 이미 제아미 시대에는 상당히 세련된 연극으로 발전한 것 같다. 그러한 사실은『슈도쇼』에 언급된 제아미의 다음과 같은 발언이 여실히 증명해 주고 있다.

본래 '오카시'라고 하면 반드시 사람들을 한바탕 웃기는 것인데, 자칫 저속한 분위기로 빠지기 쉽다. 웃음 속에 즐거움이 있다고 한다. 이는

---

5   음력 11월 천황이 햇곡식을 천신에게 바치며 제사지낼 때 행하는 의례.

6   헤이안시대에서 가마쿠라시대 궁궐 안 청량전(清涼殿)의 동북 방위를 경호하던 무사의 호칭.

7   원래는 사리에 맞지 않는 내용을 교묘히 꾸며 낸 말이라는 뜻으로, 불교나 유교의 입장에서 소설 문학 등을 허황된 이야기라 하여 낮추어 일컫는 말이다.

재미와 기쁨을 느끼는 마음이다. 이 마음에 화답하여 보는 사람들이 웃음을 띠고 흥취를 일으키면 재미있고 깊이가 있으며 격조 높은 오카시가 되는 것이다. 이를 두고 오카시의 명수라 한다. 옛날에 쓰치다유槌大夫의 교겐이 바로 이러한 경지에 있었다.

이것은 간제좌의 교겐 배우들이 명심해야 할 마음가짐을 설명한 내용인데, 여기서 제아미는 교겐(오카시)은 많은 관중들을 한바탕 웃게 만들어야 하는 것이고 기본적으로 내용은 비속하지만, 그 가운데 품위 있고幽玄 고급스러운 웃음을 이끌어내야 한다고 말한다. 또한 예전에 쓰치다유(남북조시대 간제좌 소속의 교겐 배우)의 예능이 그와 같았다며 그를 교겐의 이상으로 삼았다. 물론 당시 교겐이 모두 그렇게 세련되지는 않았지만—바로 그렇기 때문에 제아미가 위와 같은 주장을 하는 것인데—현재 우리들에게 종종 깊은 감명을 주는 격조 있는 웃음이 이미 제아미 시대부터 존재하고 있었던 것이다.

교겐은 노와 어떻게 관련되어 왔는가

교겐 붐이 불고 있는 오늘날 어쩌면 교겐에 관심이 쏠린 나머지 노와의 관계를 잊기 쉽지만 교겐은 노와 일체가 되어 지금껏 함께 걸어온 연극이다. 이번에는 교겐과 노의 이러한 관계에 대하여 말하고자 한다.

지금도 교겐은 일반적으로 노와 함께 공연된다. 교겐 배우도 노의 배우와 함께 사단법인 노가쿠협회라는 직능조합에 소속되어 있다. 교겐과 노의 이런 긴밀한 관계, 특히나 오랫동안 노와 합동으로 공연되어 온 역사로 인해 교겐과 노는 본래 같은 원류에서 태어난 예능으로 추정되어 왔다. 즉 교겐과 노는 헤이안시대와 가마쿠라시대의 사루가쿠를 모체로 해서 탄생한 예능, 이라는 생각이 지배적이었다. 그런데 이 둘은 헤이안·가마쿠라시대의 사루가쿠와는 계보상 연결되지 않으며 각각의 기원도 다르다고 하는 주장이 종전 직후 한 역사학자에 의해 제기되었다. 이러한 주장은 노가쿠 연구뿐만 아니라 다른 연구 분야에서도 큰 주목을 받았다. 이 주장은 잡지 『문학文學』 1948년 4월호에 게재된 마쓰모토 신하치로松本新八郎의 「교겐의 면영狂言の面影」에 제기되었는데, 마쓰모토의 주장은 다음과 같은 것이었다.

그런데, 교겐이 노의 부속물로 보조적인 역할을 하면서 오늘날에 계승된 탓에 그 기원도 노에 부속되어 생겨난 것으로 여겨져 왔다. 그뿐 아니라 어떤 사람은 교겐은 노가 생긴 다음 한참 후 무로마치 말기에 시대의 요구에 부응해서 생겨난 것처럼 말하기도 한다. (중략) 하지만 만약에 노가 완성된 예술로써 교겐보다 먼저 생겼다고 한다면 노는 왜 교겐이라는 새로운 연극을 창안할 필요가 있었을까? 노야말로 자신 안에 희극과 세속적인 요소를, 엄숙유현嚴肅幽玄함 이외에 경쾌한 재치를 도입하여 한층 더 고도로 복잡한 예술로 발전할 수 있었다. 그러나 실상은 야마토 4좌四座의 전승에 의해 왜곡되고 부자유스런 형식에 얽매이면서 노는 오로지 종교적이고 비극적인 성격만을 심화시켜 나갔다. 도대체 그 이유를 어디에서 찾을 수 있을까? 거기에는 노를 보충해 줄 뭔가가 존재했었고 그 존재로 말미암아 비로소 노가 그와 같은 발전을 이룰 수 있었음을 암시하는 게 있다. 나는 그 존재가 교겐이라고 생각한다. 교겐이야말로 노가 성립하기 이전부터 있었으며 노와 함께 연출됨으로써 양자가 언제까지고 각각의 형식과 성격을 보존할 수 있었던 것이다. 따라서 본래 교겐은 노와는 별개의 기원을 가지고 있는 것이다.

마쓰모토는 이상과 같은 '노·교겐 별개 기원설'을 제기했다. 여기서 주의해야 할 점은 마쓰모토의 '노·교겐 별개 기원설'이 양자가 별개의 기원을 가진다는 것만을 주장한 것이 아니라, 노도 교겐도 헤이안·가마쿠라시대의 사루가쿠 계보를 잇고 있지 않다고 한 데 있다. 그는 위 인용문의 전 단락에서 노는 그때까지의 헤이안시대나 가마쿠라시대의 사루가쿠 계보를 계승한 것이 아니라 남북조시대의 내란이 만들어낸 '무사계급의 문화적 소산'이라고 주장했다. 또 이 인용문 다음 단락에서는 '교겐도 원래는 남북조시대의 내란이 만들어낸 대중 연예가 발전한 것'이라고 했다. 즉 노와 교겐 둘 다 그 이전의 사루가쿠에서 생겨난 것이 아니라 남북조 동란시기에 각각 별개로 탄생했다는 것이 그의 주장인데, 두 주장 모두 그때까지 제기된 적이 없는 새로운 학설이었다.

또 여기에는 교겐을 노의 부속물로 보는 전통적인 시각을 배척하고 교겐을 독립된 연극으로 보려는 강렬한 주장이 담겨 있다. 그 결과 교겐을 노보다 더 오래된 별개의 연극으로 결론짓기도 했는데, 이런 주장의 배경에는 역사학자 마쓰모토의 다음과 같은 교겐 역사관―노가쿠의 역사관이기도 하다―이 작용하고 있었다. 계속해서 「교겐의 면영」의 내용을 따라가 보도록 하자.

교겐은 말할 것도 없이 당시의 민간사회를 배경으로 한 것이며 등장인물도 다이묘大名[8], 가자冠者[9]에서부터, 지토地頭[10], 모쿠다이目代[11], 쇼야庄屋[12], 백성, 직인, 상인, 여기에 더해 네기禰宜(신관), 야마부시山伏[13], 자토座頭[14]와 같은 예능의 무리까지 등장한다. 이러한 등장인물은 주로 교토 인근 지방의 농촌에서 활동하거나 농촌을 벗어나 교토의 번화가에서 활동하는 사람으로 묘사되었다. 그리고 거기에는 노에서 종종 볼 수 있는, 교토에 사는 지배계급의 시점에서 교토와 농촌을 보는 태도가 전혀 보이지 않는다. 교겐은 철저하게 당시의 농민이 자신의 삶의 터전인 농촌의 입장에서, 또는 지주와 그 일가의 구성원이 각자 자신의 생활을 추구하려는 입장에서 마을이나 농촌, 또는 종교의 세계를 보고자 했다. 이것은 말할 것도 없이 교겐이 노처럼 무사계급이 자신의 계급적 이익을 위해 창안한 것도 아니며, 그 무사계급에 봉사하는 사람들에 의해 만들어진 것도 아니라는 것을 말해 준다. 그것은 다름 아닌 오랜 시간 왕조적·가마쿠라적 전제지배로부터 100년에 가까운 내란을 거치며 자신들의 자유 의지로 독립된 생활을 쟁취해 낸 중세 농민 계층의 기쁨

---

8 헤이안시대 말기에 등장하였으며 시대에 따라 신분적 경제적인 차이를 보인다. 중세시대는 대개 커다란 영지를 소유하고 가솔과 낭도를 거느린 유력 무사를 일컬었으며 에도시대 들어서는 1만 석 이상의 영주로서 쇼군에 대해 직접 봉공의 의무를 지닌 자를 지칭하게 된다.

9 가자(冠者)는 원래 '관을 쓴 성인 남성'의 뜻을 지닌 일반명사였으나 교겐에서는 다로카자(太郎冠者), 지로카자(次郎冠者) 등과 같이 다이묘 또는 주인의 하인 역으로 등장하는 남성의 호칭으로 쓰인다.

10 일반적으로 일본 중세시대 재지(在地) 영주의 한 유형. 혹은, 가마쿠라시대 전국의 장원, 공령(公領) 등에 배속되어 토지 관리와 조세징수 등의 권한을 가진 관리.

11 부임지에 내려가지 않은 상관을 대신하여 지방에 내려가 집무를 대행하는 대관(代官).

12 에도시대 촌락의 장으로 연공(年貢) 징수 및 마을 자치에 관한 행정 일반을 관장했다. 쇼야는 관서지방의 호칭이고 관동지방에서는 나누시(名主)라고 불렀다.

13 일본의 산악신앙 슈겐도(修験道)의 종교적 지도자. 주로 산악에서 수행을 쌓아 초자연적인 능력을 익혀 주술과 종교 활동을 벌였다.

14 앞 못 보는 맹인으로 중세시대 주로 비파를 타며 헤이케모노가타리(平家物語) 등을 낭창하는 예능인으로 활동한 계층.

에 찬 언어이며, 그 위에서 상연된 승리의 제전이었던 것이다. 농민이
이 내란을 통해 얻어낸 문화 혁명의 성과 중 하나가 바로 교겐이었다.
그들이 끊임없이 농촌 중심의 사회를 무대에 올리고 스스로 이를 즐김
으로써, 소박하지만 노는 물론 다른 어떤 문학도 따라가지 못할 풍부한
내용과 창의성을 담을 수 있었던 것이다.

이상에서 보듯이 교겐은 남북조의 동란 중에 농민이 창조해 낸 연극
이라는 것이 마쓰모토의 교겐사관이다. 마쓰모토의 이 글은 남북조의
동란과 근대 일본의 소위 15년 전쟁[15]을 같은 관점에서 바라보고 있다는
느낌이 강한데, 지금 다시 읽어 보니 거기에는 전후라는 시대가 가진 특
유의 문화적·사회적 분위기가 강하게 느껴진다. 또 거기에는 마쓰모토
씨가 오랫동안 억압받아 왔다고 생각하는 농민과 오랫동안 노의 부속물
로 취급되어 온 교겐을 같은 처지로 간주하고, 그늘에 가려진 교겐이 그
위상을 회복해야 한다는 드높은 주장이 담겨 있다. 교겐 찬가와도 같은
이 교겐론은 이전의 교겐 연구에서는 볼 수 없었던 것이었기에 관련된
주변 분야에도 큰 충격을 주었다. 또 이 충격은 앞에서 서술한 쇼와 30
년대 교겐 붐을 일으키는 기반이 되기도 했다.

마쓰모토의 이 글에 대하여 하야시야 다쓰사부로林屋辰三郎는 자신의
글 「중세예능의 사회적 기반中世芸能の社会的基盤」(『文學』 1948년 12월호)
을 통해서 교겐과 노의 원류는 종래 학설대로 헤이안시대 이래의 사루
가쿠임을 주장하며 마쓰모토의 논을 부정했다. 그 결과 이후 '노·교겐
과 헤이안·가마쿠라시대 사루가쿠와의 관계'는 다시 종래대로 사루가

---

15 1931년 만주사변에서부터 1945년 태평양전쟁의 패전에 이르기까지 15년에 걸친 분쟁·전쟁 기간
    을 총칭하는 호칭.

쿠 원류설이 주류가 되어 현재에 이르렀다(제2장). 그러나 하야시야의 글은 마쓰모토가 주장한 또 하나의 논점―노는 지배계급인 무사들의 문화적 소산이며 교겐은 농민이 창안했다는 논점―에 대해서는, 노와 교겐을 떠받치는 사회적 기반이라는 시점에서 마쓰모토설을 일부 비판하면서도 결론적으로는 마쓰모토의 주장과 비슷한 견해를 보였다. 즉, 노에 대해서는 '단순히 무사계습의 문화적 소산이라기보다 상층 귀족의 문화적 소산'이며 '막부를 구성한 상층 무사계급이 농촌으로부터 차출하여 그 성격을 명확히 한 것'이고, 교겐은 '근기近畿 지방 농촌의 하층 무사계급과 묘슈名主[16] 일부를 포함해서 주로 하인층을 주체로 하여 성장하고 도시로 침투해 들어갔다'라는 게 그의 주장이다. 하야시야는 또 다음과 같이 주장하였다.

요컨대 이상세계를 그리며 현실을 도피하는 노와 달리 교겐은 현실세계에 정면으로 부딪쳐 현실을 척결했다. 이로써 노와는 분명하게 대조되는 예능 형식을 창조하게 되었다. 노와 교겐은 각각의 배경을 이루는 계급적 기반이 완전히 대조적인 것과 마찬가지로 그 예술적 성격도 대조적이다. 그런 의미에서 '교겐은 본래 노와 기원이 다르다'는 착각도 일면 진실을 간파한 측면이 있으며 그런 점에서 우리에게 시사하는 바가 크다.

다시 말해서 하야시야는 노·교겐의 원형이 헤이안·가마쿠라시대의 사루가쿠라고 주장한 점에서는 마쓰모토의 주장에 대립하지만, 노·교

---

16 헤이안시대 후기에서 중세시대의 토지 소유자. 영주에 대해 연공과 부역의 의무를 지는 한편, 가족, 종자, 하인 등에게 토지를 경작하게 하였다.

겐을 지탱하는 계급적 기반(사회적 기반)을 다르게 본 점에서는 마쓰모토의 주장과 기본적으로 같다고 할 수 있다.

이후 이 문제―노와 교겐의 사회적 기반 문제―에 대해서는 거의 다시 거론되지 않은 채 현재에 이르렀다. 이상 소개한 마쓰모토 신하치로와 하야시야 다쓰사부로 설로 대표되는 노·교겐의 사회적 기반의 차이에 관한 학설은 이후 교겐 연구에 은근한 영향을 미쳤는데, 현재까지 교겐의 사회적 기반을 하층무사와 하인층으로 보는 견해가 지배적이다. 그러나 교겐을 지탱한 사회적 기반을 그런 식으로 보면, 예를 들어 노·교겐의 실태를 역사적으로 파악할 수 있는 가장 이른 시기인 남북조시대에 이미 교겐 배우가 노의 배우와 함께 무로마치 쇼군의 어용배우의 지위에서 활약했다는 사실을 설명할 수 없게 된다. 우리가 아는 한 교겐도 노와 함께 권력자의 보호를 받고 있었으며, 양자의 사회적 기반이 적어도 남북조시대 이후에는 일치했다고 보는 것이 자연스럽다. 마쓰모토나 하야시야가 노와 교겐의 사회적 기반이 다르다고 본 것은 연극으로써의 이질성을 근거로 삼았기 때문인데, 과연 연극적인 차이만 가지고 노와 교겐의 사회적 기반이 다르다고 결론 내리는 것이 타당할까? 나는 노와 교겐이 헤이안·가마쿠라시대의 사루가쿠를 원형으로 해서 생겨났고 그것을 지탱하는 사회적 기반이 시종일관 같았으며, 그 상태로 현재에 이르렀다고 생각한다. 남북조 이후의 노가쿠의 역사를 고려해 본다면 그렇게 생각하는 것이 역시 자연스럽다. 노와 교겐의 연극적 질의 차이에 대해서는 다른 이유를 찾아야 할 것이다.

어쨌든 우리가 역사적으로 파악하고 있는 남북조시대 이후, 교겐과 노는 일체의 관계에 있었음은 의심할 여지가 없다. 다음은 노와 교겐의 이러한 긴밀한 관계에 관해서 말하려고 한다. 이것은 앞에서 이야기한 바와 같이 전후 시기 일시적으로 문제가 제기되었으나 그 후 벽에 부딪혀 진전을 보지 못한 문제 즉, 창성기의 노와 교겐의 사회적 기반을 어떻게 파악할 것인가—다르다고 볼 것인가 같다고 볼 것인가—라는 문제와 깊이 연관된 내용이기도 하다.

노와 교겐의 긴밀한 관계는 우선 노와 교겐이 한 무대에서 번갈아 상연되는 상연 형태를 보고 알 수 있다. 이런 상연 형태가 존재한 것은 현재는 물론 적어도 제아미시대까지 거슬러 올라갈 수 있다. 예를 들어 제아미의 『슈도쇼』에는 당시의 권진노勧進能나 진지노神事能에서는 노가 세 곡, 교겐이 두 곡으로 구성되어 상연된다고 기록되어 있다. 무로마치시대 기록에는 노만 기록되고 일반적으로 교겐은 기록되지 않았기 때문에 노·교겐이 같이 상연되었다는 기록 자료는 별로 없다. 하지만 아즈치모모야마시대 이후 증가하는 프로그램에서는 노·교겐이 합동상연—번갈아 상연—되었다는 사실을 분명히 확인할 수 있다.

그리고 교겐과 노의 긴밀한 관계를 보여주는 가장 좋은 예로, 대부분 노에서 교겐 배우가 아이(아이쿄겐) 역할로 등장한다는 점을 들 수 있다. 노의 아이에는 '가타리 아이語リアイ'와 '아시라이 아이アシライアイ' 두 종류가 있다. '가타리 아이'는 나카이리中入(노의 전장과 후장을 연결하는 장면)에서 아이가 정면을 향해 정좌하고 마에지테와 관련된 이야기를 들려주는 것이고, '아시라이 아이'는 나카이리나 나카이리 이외의 장면에서 아이가 시테나 와키카타와 응대하는 것을 말한다. 전자는 그것이 없어도 줄거리에 아무런 지장을 주지 않지만, 후자는 그것이 없으면 장면이 연결되지 않는다. '아시라이 아이'로 교겐과 노가—또는 교겐 배우와 노 배우가—얼마나 긴밀한 관계를 맺고 있는지를 잘 이해할 수 있을 것이다. 이러한 '아시라이 아이'는 남북조시대의 강아미 작품인 《지넨코지自然居士》에도 등장하는 것으로 보아 노에 교겐 배우가 등장하는 것이 노 창성기 때부터 지속되어 온 것임을 알 수 있다(원래 '가타리 아이'는 등장한

아이가 와키와 간단한 대화를 나누는 정도였는데 지금과 같이 정좌한 상태로 일정한 줄거리를 가진 이야기를 하게 된 것은 무로마치 후기부터라고 한다).

아이쿄겐과 동일한 현상은 《오키나》에도 볼 수 있다. 《오키나》는 노나 교겐보다 더 오래된 축수祝壽 예능으로 오늘날에도 노의 한 곡목으로

아이쿄겐 《야시마八島》

노의 연기자가 연기하는데, 이《오키나》에도 교겐 배우가 없어서는 안
되는 역할로 등장한다. 즉《오키나》에서는 맨먼저 가면상자(오키나 가면
이 들어 있다)를 든 배우가 등장하는데, 이것이 바로 교겐 배우의 역할이
다. 이어 센자이千歲(《오키나》 전체의 쓰유하라이露払い, 즉 길닦음 역할)가 등장
한다. 센자이는 가미가카리(교토를 중심으로 하는 노의 유파)에서는 시테카
타가 그 역할을 하고, 시모가카리(나라, 야마토를 중심으로 하는 노의 유파)에
서는 교겐카타에서 그 역할을 맡는다. 시모가카리에서는 동일 인물이
가면상자를 들고 나오는 역할과 센자이 역할을 모두 한다(따라서 시모가

《오키나翁》

삼바소三番叟 (모미의 단)

카리의 《오키나》에서는 가미가카리보다 등장인물이 한 사람 적다). 그 다음에 오키나(하쿠시키조白式尉)[17]가 춤을 추는데 이는 시테카타가 담당한다. 춤이 끝나고 오키나가 퇴장하면 이번에는 삼바소三番叟가 두 가지 춤(모미揉, 스즈鈴)을 추는데 교겐 배우가 이 역할을 맡는다. 모미는 가면을 쓰지 않고 추고, 스즈는 검은 색의 구로시키조黑式尉 가면을 쓰고 춘다.

이상은 현행 《오키나》의 구성이고 원형은 아니다. 옛 형식은 삼바소 다음에 '엔메카자延命冠者'와 '지치노조父尉'가 등장해서 장수를 기원하는 춤을 추는 장면이 이어졌다. 이런 형식은 다키기노薪能와 가스가와카미

---

17 《오키나》에는 흰 가면을 쓴 할아버지 신 오키나와, 검은 가면을 쓴 할아버지 삼바소가 등장한다.

야제春日若宮祭 같은 유서 깊은 진지노에서는 막부 말기까지 계승되었으나 일반 무대에서는 이미 제아미 시대 때 사라졌다. 어쨌든 이상과 같은 고찰로 《오키나》에서 교겐 배우의 역할이 없어서는 안 되는 것임을 알 수 있다. 《오키나》는 예나 지금이나 신성시된 연극이다. 그런 점에서도 앞에서 본 《오키나》 속의 교겐 배우와 노 배우의 역할은 원초적인 형태를 전하고 있다고 할 수 있다. 그리고 《오키나》가 노나 교겐보다 역사가 더 오래되었다는 사실은 교겐과 노가 창성기부터 일체관계였음을 단적으로 보여주는 게 된다.

이 밖에 제아미 시대의 간제좌에 '쓰치 다유槌大夫', '요지로与次郎', '요쓰ョッ', '로아路阿' 같은 교겐 배우가 있었다는 사실이 보여주듯(『사루가쿠단기』) 무로마치시대의 사루가쿠좌(노의 좌)에는 교겐 배우가 소속되어 있었다. 물론 에도시대 막부가 고용하고 있던 좌에도 교겐 배우가 소속되어 있었다(제5장 참조). 현재의 노 배우와 교겐 배우가 모두 노가쿠협회의 회원이라는 것도 앞에서 서술했다. 교겐과 노는 오랫동안 이렇게 서로 상부상조하는 관계, 다시 말하면 교겐이 있어 노가 존재하고, 노가 있어 교겐이 존재하는 관계였다. 요즘에는 교겐이 없는 무대나 교겐만 상연하는 무대도 늘어났는데, 역사적으로 보면 이것은 변칙적인 형태라고 할 수 있다. 필자는 때로 노 또는 교겐만 상연하는 공연에 뭔지 모를 부족함을 느낄 때가 있다.

명배우의 일면

노의 배우라고 하면 강아미, 제아미, 곤파루 젠치쿠金春禪竹, 간제주로 모토마사觀世十郎元雅, 간제 모토시게觀世元重(옹아미)와 같은 이름이 떠오른다. 하지만 교겐 배우하면 거기에 필적하는 배우는 물론이거니와 애초에 구체적인 배우의 이름조차 떠오르지 않는다. 한마디로 노와 교겐이 일체라고는 하지만 노와 교겐 사이에는 적지 않은 차이가 있는 것이다. 여기서는 일반적으로 거의 알려지지 않은 과거의 교겐 배우들의 일면을 간단히 소개하기로 한다.

제아미 시대에 쓰치다유, 요지로, 요쓰, 로아(로아미)와 같은 교겐 배우가 있었다. 그보다 한 시대 이전에도 오쓰치大槌, 기쿠菊와 같은 교겐 배우가 활동했다. 그 대부분이 제아미에 의해 이름만 전해질 뿐이어서 그들의 예술적 풍취나 경향 같은 것은 알 수 없는데, 그중 쓰치다유와 기쿠는 제아미의 『사루가쿠단기』를 통해 그 일면을 알 수 있다.

우선 쓰치다유에 대해 『사루가쿠단기』에는 다음과 같은 기사가 실려 있다.

> 뒤의 쓰치다유는 로쿠온인鹿苑院이 발탁한 배우이다. 교겐 연기자는 늘 배우로서 있어야 한다. 갑자기 교겐 연기를 하면 감동이 없다. 쓰치다유가 기타야마北山에 있을 때의 일이다. 하급관리가 다카하시高橋를 지나다 쓰치다유가 오는 것을 보고 부채로 얼굴을 가리고 지나가려고 했다. 그때 쓰치다유가 다가가 살짝 들여다보고 자신도 부채로 얼굴을 가리고 지나갔다. 그러한 마음가짐이 명연기자의 덕목이다.

'뒤의 쓰치다유'는 제아미 시대의 쓰치다유, 즉 2대 쓰치다유를 말한다. 이에 대해 남북조시대의 초대 쓰치다유는 제아미 시대에는 '오쓰치'라고 불리었다. 위 기사는 2대 쓰치다유에 관한 에피소드이다. 기사에 따르면 쓰치다유는 쇼군 요시미쓰에게 발탁된 어용배우로, 요시미쓰의 기타야마 별장(지금의 긴카쿠지金閣寺) 근처에 살고 있었는데, 어느 날 우연히 안면이 있는 요시미쓰의 가신을 기타야마 다카하시 부근에서 만난다. 가신이 '아, 쓰치구나'하며 부채로 얼굴을 가리고 지나려는 것을 쓰치다유가 일부러 다가가 부채 안을 살짝 들여다 본 다음, 가신과 똑같은 포즈로 얼굴을 가리고 지나갔다는 내용이다. 『사루가쿠단기』의 이 기사는 교겐 배우는 무대에서뿐만 아니라 일상에서도 배우로서의 마음가짐을 잊지 말아야 한다는 내용으로, 제아미는 쓰치다유의 일상적인 행동거지를 '훌륭하다'고 칭찬하고 있다. 쓰치다유의 행동 중 어떤 면이 칭찬받을 만한 것인지 현대의 우리들로서는 이해하기 힘든 부분인데, 어쩌면 그때 그의 행동이 무대에서 보인 동작과 같았던 것일까? 갑작스럽게 교겐 연기를 하면 감동이 없다는 말은 무대에서 갑자기 배우같이 행동해도 관객의 기분이 금방 거기에 동조하지 않는다는 의미로, 당시에는 교겐 배우가 일상생활에서도 교겐 배우처럼 행동하는 것이 중요하다고 여겨진 것 같다.

또한 『사루가쿠단기』는 강아미 시대의 교겐 배우 기쿠의 예풍에 대해서도 전하고 있는데, 소개하면 다음과 같다.

또한, 교겐에는 오쓰치大槌, 신좌新座의 기쿠菊가 상과上果에 든 자이다. 기쿠가 《하쓰와카의 노初若の能》에서 연기할 때의 일이다. 이 노는 가문에서 내쳐진 아들이 아버지가 전쟁터에 나갔다는 말을 듣고 자신도 유이가하마由比ヶ浜에 나가 싸우다가 중상을 입은 내용이다. "저 죄인은 누구냐?"라는 물음을 받고 "두렵습니다."라고 말하며 다가가 보니 하쓰와카初若였다. 돌아와 그의 부모에게 아들에 관한 이야기를 고하는 장면을 마음에 들어하시고 그 자리에서 상을 내리셨다. 그런 점을 잘 새겨 두어야 한다.

위 기사에서 제아미는 교겐의 배우 중 '상과上果'라는 높은 경지에 이른 자로 오쓰치와 기쿠를 들고, 이어 기쿠의 연기를 구체적으로 기록하고 있다. 기쿠는 제아미와 같은 사루가쿠 출신의 배우가 아니라 덴가쿠田樂 신좌의 교겐 배우로, 쓰치다유와 함께 쇼군 요시미쓰의 주변에서 어용배우로 활동했던 것으로 추정된다. 상기 기사는 교겐(本교겐)에서의 연기가 아니라 지금은 전하지 않는《하쓰와카의 노》라는 노에서 아이교겐 역을 맡았을 때의 이야기이다. 여기서 기쿠는 전쟁터에서 하쓰와카가 중상을 입은 사실을 그의 부모에게 고하는 역을 연기한 듯하다.《하쓰와카의 노》는 도쿠다 가즈오德田和夫의『오토기소시 연구お伽草紙研究』(三弥井書店, 1988년)에 따르면, 1205년 하타케야마 시게야스畠山重保(하타케야마 시게타다畠山重忠의 아들)가 유이가하마에서 전사한 것을 소재로 한 노로, 이 노에서 기쿠의 침통한 감정연기가 높은 평가를 받았다고 한다. 기쿠가 1374년 악사 도요하라노 노부아키豊原信秋의 집을 두 번이나 방문한 사실은 잘 알려져 있다. 도요하라노 노부아키는 고코곤後光厳과 고엔유後円融 두 상황에게 생황을 가르쳤던 악사인데, 이와 같은 기쿠의 사적은 남북조시대 교겐 배우의 사회적 지위를 추정하는 데 반드시 참조해야 할 부분이다. 또 이 일로 제아미가 덴가쿠 배우와 함께 요시미쓰 주변에서 활동했음을 알 수 있는데, 이 부분은 주의를 요하는 대목이다.

그 후 무로마치시대의 교겐 배우로서는 무로마치 후기 간제좌의 교겐 배우로 활약했던 우사기 다유兎大夫 부자를 꼽을 수 있다. 아버지 우사기 다유는 요시마사義政 쇼군 시절(1449~1473)의 배우이고, 아들 우사기 다유는 요시히사義尚 시대(1473~1489)의 배우이다. 1464년 간제 다유 마타사부로又三郎는 요시마사의 후원으로 부친 옹아미와 함께 3일간에 걸쳐 다다스가와라 권진노紅河原勧進能를 흥행시켰는데 이때 24곡의 교겐 작품 중 9개 곡목에 아버지 우사기가 출연하고 있다. 현존하는『다다스가와라 권진사루가쿠 일기紀河原勧進猿楽日記』편성표에 기록된 배우 이름에는 간제 다유인 마타사부로와 옹아미를 제외하면 우사기 다유가 유일한데, 그에 대한 대우는 거의 간제 다유에 맞먹는 것이었다. 한편 아들 우사기는 1484년부터 1498년 사이에 쇼코쿠지相国寺 녹원원鹿苑院[18] 음량헌蔭涼軒 헌주의 일기『음량헌일록蔭涼軒日録』등에 빈번히 등장한다. 음량헌을 방문한 아들 우사기는 소연회나 식사, 잡담을 즐기는 일이 많았지만 교겐 상연도 꽤 많이 했다. 음량헌은 쇼군의 별궁 같은 곳인데 그런 곳에 아들 우사기가 빈번하게 출입하고 있었던 것이다. 이 역시 간제좌 교겐 배우의 사회적 지위를 단적으로 보여주는 예이다.

무로마치시대의 교겐 배우는 간제좌 등의 좌에 소속되어 있었을 뿐 아직은 유파가 확고하게 형성되어 있지는 않았던 것 같다(제5장 참조). 우사기 다유도 대대로 계승되었다면 우사기류 같은 유파가 탄생하지 않았을까 예상되지만, 우사기 다유의 계보는 2대로 끊긴 것 같고 유파 형성에는 이르지 못했다.

그러나 무로마치 후기부터 교겐에도 유파가 형성되기 시작한다. 교겐의 유파 중 가장 오래된 것은 '오쿠라류大蔵流'인데, 16세기 초 무렵에 활동한 우지宇治(오쿠라) 야타로弥太郎에서 시작된 것으로 추정되며, 4대 당주가 바로『와란베쿠사わらんべ草』의 저자 오쿠라 도라아키라大蔵虎明다. 도라아키라는『와란베쿠사』의 집필 이외에도 교겐 대본이나 아이쿄겐 대본 정리에 심혈을 기울였으며(현존하는 교겐 대본은 이 무렵의 것이 가장 오래되었다),『근대 4좌 배우목록近代四座役者目録』에 의하면 스케일은 작지만 달인의 경지에 오른 배우였다고 한다. 도라아키라 이후 오쿠라류는

---

18 여기서의 녹원원(鹿苑院)은 쇼코쿠지(相国寺)의 탑두(塔頭)로, 요시미쓰 쇼군이 선(禅)을 수양하는 도장(道場)으로 이용한 곳이다.

야에몬가弥右衛門家(본가)와 하치에몬가八右衛門家(분가)로 갈라졌는데, 하치에몬가는 메이지유신 때 대가 끊겼다. 현재의 오쿠라류는 오쿠라가大蔵家(야에몬가) 이외에 교토에 두 시게야마가茂山家와, 도쿄의 야마모토 도지로가山本東次郎家가 있으며 91명의 배우를 거느린 대집단이다.

그 다음으로 성립된 유파는 '사기류鷺流'인데, 도쿠가와 이에야스의 후원을 받았던 사기 니에몬 소겐鷺仁右衛門宗玄(1560~1650) 시대에 성립된 것으로 추정된다. 사기니에몬은 전례와 고사를 충실히 따르지 않는 대신 즉흥적이고 화려한 연기를 잘 하는 배우였던 듯하다. 쇼군 이에미쓰家光 앞에서 《구지자이닌鬮罪人》(기온제祇園祭의 장식 수레에 얽힌 내용의 교겐)을 연기하던 중 무대에서 내려와 죽마竹馬를 타고 걸어 다녔다가 이에미쓰에게 벌을 받기도 했다(『近代四座役者目錄』). 이 사기류도 니에몬 소겐의 조카 덴에몬 마사토시伝右衛門政俊가 간분寛文(1661~1673) 이전에 덴에몬가로 분가함으로써 둘로 나뉘었다. 그러나 니에몬가나 덴에몬가 모두 메이지유신의 타격으로 대가 끊기고 현재 그 잔류가 야마구치山口, 사도佐渡, 나가사키長崎에 남아 있을 뿐이다. 2000년 국립노가쿠도 특별기획공연「사기류 교겐의 발자취를 더듬어鷺流狂言の流れをたどって」에서 현재 남아 있는 사기류 교겐을 한 자리에 모아 상연했는데, 예전 사기류의 자취를 엿볼 수 있는 의미 있는 행사였다.

세 번째로 성립된 '이즈미류和泉流'는 교토에서 궁중의 어용배우로 활동했던 야마와키 이즈미카미山脇和泉守 모토노부元宜(1659년 몰)가 활약하던 시기에 형성된 것으로 보인다. '이즈미카미'는 조정에서 하사한 호로, 이것이 유파의 유래가 되었다(이즈미류는 막부에 고용되지 않았다). 이즈미류의 가장 오래된 대본인 덴리본天理本(덴리대학 도서관 소장)도 야마와키 이즈미카미 모토노부 시절에 쓰였다. 야마와키 이즈미카미 모토노부는 교토에 살면서 오와리번尾張藩에 고용되어 있었기 때문에 교토와 나고야 지방이 이즈미류의 거점이 되었다. 메이지유신 이후에는 야마와키가山脇家(현재 이즈미가)가 나고야에서, 노무라가野村家가 가나자와에서 도쿄로 옮겨와 도쿄가 이즈미류의 새로운 거점이 된다. 현재 이즈미류의 배우는 54명에 이른다. 이에모토 문제로 언론을 떠들썩하게 만든 이즈미 모토야和泉元弥는 야마와키가의 계보를 잇는 배우이고, 교겐 이외에 다른 분야에서도 활동하고 있는 노무라 만노조野村万之丞나 노무라 만사이野村万斎는 명장 노무라 만조野村万蔵를 할아버지로 둔 사촌지간이다.

현재 오쿠라류 시게야마가茂山家의 젊은 배우를 중심으로 한 'TOPPA!' 라는 그룹이 있는데 이 그룹의 이름은 아즈치모모야마시대 궁궐을 드나들며 활약했던 교겐 배우 '톱파トッパ'에서 따온 것이다. 톱파는 무로마치시대 이후 노·교겐에 능한 신사神社의 신관들이 조직한 집단(남도 네기슈南都禰宜衆[19], 남도 네기류南都禰宜流)의 한 사람으로 《다누키노하라쓰즈미狸腹鼓》(《쓰리키쓰네釣狐》와 비슷한 작품으로 오늘날 《다누키노하라쓰즈미》의 원곡에 해당)의 작자이기도 한 배우이다. '톱파'라는 이름은 오랫동안 수수께끼였는데 최근 연구에 따르면 가스가春日신사의 신관으로 교겐 배우였던 '톱파藤馬'로 추정되고 있다(미야모토 케조宮本圭造, 「남도 네기슈의 연희활동南都禰宜衆の演能活動」, 『藝能史研究』138).

교겐이라는 연극의 성격과 매력

노를 관람하러 갔다가 노보다 교겐을 더 감명 깊게 봤다는 이야기를 많이 듣는다. 또 노는 공연이 잘 되었는지 아닌지가 뚜렷이 드러나지만,

---

19 네기(禰宜)는 신사에 종사하는 신직(神職)의 한 명칭, 혹은 신관을 총칭하는 용어.

교겐 무대는 안정적이어서 어떤 무대도 대체로 일정 수준을 넘어서고 있다. 이는 곧 현재 교겐 배우의 수준이 매우 높다는 것과 교겐이 고전극으로써 내용 면에서 뛰어나다는 것을 의미한다. 그렇다면 교겐의 연극적인 성격과 매력은 어떤 것일까?

교겐의 성격과 매력을 논한 사람은 많지만, 그중에서 내가 가장 감명 깊게 읽은 해설은 1970년 예능사연구회가 일본의 고전예능시리즈로 펴낸 『교겐―오카시의 계보狂言, をかしの系譜』에 수록된 기타가와 다다히코北川忠彦의 「교겐의 성격狂言の性格」이다. 기타가와는 교겐의 성격을 '축언성祝言性', '풍자성', '골계성'으로 분류하고 각각에 대해 시대에 따른 변화를 조망하면서 설득력 있는 해설을 전개했다. 그는 또 '교겐의 무대 특성'이라는 절에서 '교겐과 다른 연극의 차이점'이라는 관점에서, '유형성類型性', '연희성演戱性', '장면성場面性', '망아성忘我性'이라는 교겐 특유의 연극적인 특색을 지적했는데, 그중에서도 특히 필자의 인상에 남는 것이 '망아성'이다. 이 '망아성'은 교겐의 성격으로 기타가와가 처음 지적한 것인데, 이에 대해 기타가와는 다음과 같이 설명하고 있다.

망아성, 별로 익숙한 표현은 아니지만 자신을 잊는 것, 즉 어떤 한 가지에 집중해서 상대의 동작과 자신의 동작에 완전히 취해 버리는 것을 의미한다. 일단 화가 나서 다로카자를 쫓아내지만 다로카자가 부르는 노래에 자신을 잊고 흥이 나 화를 푸는 《스에히로가리末広がり》의 주인 나리. 상대방의 종파에 대해 서로 험담을 하지만 염불 경쟁을 하며 춤을 추다가 너무 몰입한 나머지 그만 상대방의 염불을 바꾸어 부르는 『슈론宗論』. 지토地頭에게 가기 전에 마누라와 소송 연습을 하다 허둥대는 바람에 자기 집과 관아, 마누라와 지토를 착각하는 『오코사코右近左近』(『우치사타內沙汰』) 등. 교겐에서 망아성을 예로 들자면 한이 없는데,

앞에서 서술한 『분조文藏』처럼 거의 반 이상이 가타리語り)[20]로 채워지는 특이한 교겐에서도 의식적이든 무의식적이든 망아성을 도입하고 있다. 즉, 처음에는 단정하게 자리에 앉아 말하던 주인이 점점 제풀에 흥이 나자 몸짓까지 더한다. 그것은 "……처럼 생긴 것을 먹었느냐?"며 다로카자에게 질문하는 간격이 점점 더 길어지는 것으로도 알 수 있다. 즉 처음에는 다로카자에게 무슨 음식을 먹었는지 생각나게 할 목적으로 설명하기 시작했으나 점점 자신의 말에 스스로 도취되어 자신을 잊고 혼자서 계속 떠들게 된다는 내용이다. 이런 연출 덕분에 우리들은 극의 구성을 파괴하기 쉬운 이 '가타리' 장면을 별 생각 없이, 또 별 저항감 없이 하나의 연극으로 감상할 수가 있는 것이다.(중략)

교겐 중에는 이렇게 자신의 행동에 도취되거나 상대방의 말에 흥에 겨워 시종일관 열락悅樂의 경지랄까 황홀경에 빠지는, 어린아이와 같이 사랑스럽고, 세상물정에 먼 인물들이 많이 등장한다. 그리고 이러한 등장인물의 성격이 그대로 교겐극의 성격을 형성하고 있는 것이다.

이것이 기타가와가 제기한 '망아성'에 관한 설명이다. 기타가와는 이런 예는 일일이 셀 수 없을 정도로 많다고 했는데 사실이 그러하다. 주인과 지로카자가 집에 있으면서 없는 체하는 다로카자를 불러내기 위해 온갖 노래를 부르다 세 사람 모두 노래에 빠져 춤까지 추게 되는《요비코에呼声》, 임시 고용한 남자에게 협박을 당해 입고 있던 옷을 다 내어주고 닭과 개 흉내를 내야 했던 두 다이묘가 처음에는 마지못해 불렀던 유행가 '오뚝이'의 노래와 춤에 심취하는《후타리다이묘二人大名》, 원숭이를 죽여 화살통 가죽으로 쓰려한 다이묘가 원숭이의 천진스러운 재롱에

---

20 노·교겐에서 한 배역이 상대방에게 어떠한 이야기를 들려주는 것.

《우쓰보자루靭猿》

빠져 급기야 원숭이 춤을 추게 되는 《우쓰보자루靭猿》 등등. 이런 식의
장면을 가진 교겐은 굉장히 많다. 물론 모든 교겐에 '망아성'이 있는 것
은 아니다. 하지만 이를 교겐의 한 특색으로 꼽는 데는 아무 이견이 없
을 것이다.

　내가 '망아성'에 주목하는 이유는 그것이 철저한 허구, 또는 철저한
넌센스 속에서 인간의 본질을 훌륭하게 끄집어내기 때문이다. 예를 들
어 《후타리다이묘》에서는 자신들의 옷을 강제로 벗어야 하는 상황에서
도 강요된 '오뚝이'의 노래와 춤에 그만 심취해 버리는데, 이 '그만'이라
는 측면에 인간의 한 속성이 부각되어 있다. 어떤 상황 속에서 그 상황
과 직접적인 관계가 없는 하찮은 일에 끌리거나 빠져 버리는, 그런 일면
이 우리에겐 있다. 어떤 의미에서 인간의 본질이라고도 할 수 있는 그런
일면을 기타가와는 '망아성'이라 부른 것이다. 그러한 인간의 본질과 관

련된 것을 극작술의 기본으로 삼고 철저하게 허구화하는 수법으로 사랑할 수밖에 없는 인간과, 인간의 어리석음을 그려내고자 한 것이 교겐이라는 연극이 아닌가 싶다.

물론 이것은 현대의 교겐을 바탕으로 한 것이고, 이것이 중세 이후 모든 교겐의 본질이라고 말하기는 어려울 것이다. 또한, 교겐이 시간이 흐르면서 더 세련되어진 것은 확실하기에, 이런 측면에서도 중세의 교겐과 현대의 교겐이 같다고 할 수는 없다. 하지만 중세와 현대의 교겐이 다르다고 해도, 교겐의 연극적인 특색은 정도의 차이는 있을지언정 교겐의 창성기부터 존재하고 있었던 것은 아닐까 싶다. 그것은 제아미가 『슈도쇼』에서 교겐의 이상으로 꼽은 '웃음 속에 즐거움이 담겨 있는 오카시(재미)' 또는 '깊이 있고 격조 있는 오카시'의 경지에서도 찾아볼 수 있지 않을까?

문제는 교겐을 논하는 사람이면 누구나 지적해 온 교겐의 '풍자성'이다. 종래에는 교겐의 풍자에 두 종류가 있다고 했다. 하나는 지배자나 종교와 같은 권위에 대한 풍자, 다른 하나는 인간에 대한 풍자이다. 그리고 교겐의 풍자는 본래 권위에 대한 풍자였는데 시대와 함께 세련되어지면서 인간에 대한 풍자로 변화했다는 것이 오랜 기간 유지돼 온 교겐 연구의 정설이다. 하지만 교겐의 연극적인 성격을 위와 같이 생각하고 있는 나는 이 정설에 회의적이다. 애초에 중세 교겐이 권위에 대한 풍자성을 강하게 가지고 있었다면 그런 연극을 무로마치 쇼군을 위시한 무사계급이 왜 그렇게 애호했는지 설명할 수가 없다. 이런 풍자에 누구보다 예민한 게 지배계층이기 때문이다. 즉 교겐의 풍자는 창성기 이래 기본적으로 인간에 대한 풍자를 주체로 했다는 것이 나의 생각이다.

이것은 교겐의 본질과 관련된 것으로 이런 개설서에서 다룰 내용이 아니기 때문에 그저 하나의 견해로 받아들여 주면 고맙겠는데, 사실 이

와 같은 생각을 하는 사람은 나뿐만은 아니다. 노카미 도요이치로는 『문학』 1947년 8월호에 발표한 「교겐의 풍자와 해학狂言の諷刺と諧謔」에서, 교겐을 풍자의 예술이라고 한 종래의 정설에 반대하며 원칙적으로 교겐은 해학의 예술임을 주장하고 있다. 해학이란 위트와 유머를 의미하는데, 노카미는 해학이야말로 교겐의 거의 모든 작품에 나타나며, 이로써 교겐을 해학의 예술로 보는 게 바람직하다고 주장한다. 또 논문에서는 명확하게 서술하지 않았지만 그는 이러한 해학은 인간에 대한 깊은 관찰이 뒷받침되고 있다고 이해하고 있다.

교겐이 이런 연극이라면 이런 고급스런 연극을 누가 만들었는지가 또 궁금해진다. 에도시대 후기에는 남북조시대의 고승이었던 겐에법인玄恵法印을 교겐의 작자로 추정했는데 물론 하찮은 속설에 불과하다. 노와 달리 교겐의 작자에 관해서는 구체적으로 알려진 사례가 거의 없는데ー앞으로도 그럴 것이다ー, 노의 작자가 노의 연기자였던 것처럼 교겐을 만든 사람도 교겐 배우라고 생각하는 것이 가장 온당할 것이다.

종장

노와 교겐의 미래

- 결론을 대신해서 -

이 책은 오사카대학에서 2년에 한 번 꼴로 개설된 「연극학 강의」를 바탕으로 한 것이다(강의 내용은 노가쿠 전반에 걸친 개설적 내용이었다). 물론 말로 하는 강의와 글로 쓰인 문장은 화제와 구성, 밀도 등이 다르므로 결과적으로 이 책은 실제 강의와는 상당히 달라졌다. 예를 들어 강의에서는 「노의 명작 감상-《아오이노우에葵上》와 《후타리시즈카二人静》-」라는 제목으로 두 작품을 비디오로 감상하는 시간이 꽤 있었지만 이 책에는 없다. 그리고 강의에서는 마지막 2시간에 「노의 재현」이라는 제목으로 《스미다가와隅田川》를 번안한 벤자민 브리튼의 교회극 『컬류강Curlew River』이나, 심장이식을 주제로 한 다다 토미오多田冨雄의 신작 노 《무명의 우물無明の井》, 미시마 유키오三島由紀雄가 쇼와 30년대에 쓴 『근대 노가쿠집近代能楽集』 등을 소개했는데, 이 책에는 싣지 않았다. 한편 이 책에는 강의에서 하지 않았던 이야기나 못했던 것을 많이 수록했다. 전자는 노의 세부적인 변화나 교겐의 역사와 매력이고, 후자는 기존 연구의 문제점을 자세히 파헤친 것인데, 그 결과 이 책은 개설서치고는 다소 세부사항에 치중한 전공서 비슷한 것이 되고 말았다. 그러나 노가쿠 개설서에 대해 독자들이 원하는 것은 일정한 틀에 박힌 안내서가 아니라 이 책처럼 어느 정도 전문적인 내용을 갖춘 책이 아니었을까?

이 책의 바탕이 된 「연극학 강의」의 수강생은 노와 교겐을 본 적도 없는 학생이 대부분이었다. 강의를 통해 처음으로 노와 교겐을 접한 수강생들이 제출한 레포트를 읽어 보면, 노와 교겐의 장래에 대해 대체로 의견이 두 가지로 나뉘었다. 하나는 현대에는 찾아볼 수 없는 표현 방법에서 풍부한 가능성을 발견했다는 것, 다른 하나는 현대사회와 전혀 접점이 없는 노의 장래를 걱정하는 것이었다. 전자는 장래에도 그 양식을 유지해야만 한다고 하고, 후자는 표현을 현대어로 고치는 등 현대에 맞추는 노력이 필요하다고 한다. 숫자상으로는 전자의 의견이 압도적으로 많지만, 후자에 속한 소수 그룹은 머지않아 사라질 운명에 놓인 노가쿠에 대해 깊은 연민을 느끼는 의견도 있었다. 후자와 같은 감상은 그것이 소박한 감상일수록 반년 동안 이래저래 노와 교겐의 매력을 역설해 온 필자의 가슴을 찔렀다. 서로 대립하는 두 가지 의견은 고전극인 노에 아마도 영원히 따라다니는 문제일 텐데, 그렇다면 현시점에서 우리는 노와 교겐의 미래에 대해 어떻게 전망할 수 있을까?

결론부터 말하자면, 필자는 이 두 가지 의견이 모두 옳다고 생각한다. 즉, 노나 교겐은―특히 노는―지금까지와 같이 앞으로도 계속 존속할 가능성도 있고, 없어질 가능성도 있다. 그 경우 지금까지 700년이나 이어온 역사가 아무런 보증이 되어 주지 못할 것임은 물론이다. 또한 노가 없어질지도 모른다는 것에 대해서는 단순한 전승의 중단뿐만이 아니라, 현대 예술로서의 생명력을 잃어버리는, 눈에 보이지 않는 형태의 멸망을 염두에 둘 필요가 있다. 어느 쪽이 될지는 모르겠지만 분명한 것은 이해할 수 없는 것은 더 이상 살아남지 못한다는 진리이다. 바꾸어 말하면 700년 동안 노가쿠가 존속해 온 것은 사람에 따라 각자 다르겠지만 '이해'되었기 때문이다. 그 '이해'란 크게 구분해서 지적인 이해와 감각적인 이해로 나뉘는데, 현대인이 노가쿠에 접근하는 방법은 현저히 후자에 치우쳐 있다는 것이 내 솔직한 인상이다. 특히 노가쿠 연구에 몸담아 온 나는 오랜 세월에 걸친 노가쿠 연구의 성과, 특히 쇼와 30년대 이후의 연구 성과가 많은 노가쿠 애호가들에게 전달되지 않는 상황을 안타깝게 여겨왔다. 현대 노가쿠를 둘러싼 환경에는 그러한 '이해'가 부족한 것은 아닐까?

고전극인 노나 교겐이 갖고 있는 이러한 문제는 사실 어제오늘 시작된 것이 아니다. 가깝게는 서양의 문물이 한꺼번에 밀려 들어온 메이지 시대에도 있었다. 그때까지 비록 '이해'와는 거리가 멀긴 했어도 오랜 전통을 가진 '고상'한 예술로써 그 존재에 어떤 의문도 제기 받지 않았던 노와 교겐은, 서양 연극과 음악이 유입되면서 하루아침에 진기하며 이해 불가능한 '이상한 것異物'이 되어 버렸다. 이케노우치 노부요시池内信嘉가 1902년부터 발행하기 시작한 잡지『노가쿠能楽』는 이 '이물異物'의 전체상을 어떻게든 이해하려고 한 노력의 산물이라고 필자는 생각한다. 이 잡지에는 노와 교겐을 종합적으로 이해하기 위해 역사, 문학, 음악, 미술 등 다방면의 질 높은 이론과 해설이 1943년 종간할 때까지 42년간 매월 실렸다. 거기에는 노를 '개량'해야 한다, 상연 시간을 단축해야 한다는 의견이 진지하게 논의되기도 했다. 현재『노가쿠』에 필적할 만한 노가쿠 종합잡지는 없다. 그러나『노가쿠』에서 보여준 그러한 자세가 장차 우리에게 필요하다고 생각한다.

이 책은 오사카대학의「신세기의 강의」시리즈를 위해 탈고한 글인데, 보충하는 글로 게재한「노는 어떻게 읽어야 하는가」는 오사카여자대학의 가미가타문화연구센터에서 발행한『연구연보研究年報』3호(2002년 3월)에서 전재한 것이다. 이는 2001년 10월 6일 동 센터가 주최한 사카이학堺学 특별강연회「노의 세계를 찾아서能の世界をたずねる」에서 필자가 강연한 것을 정리한 것인데, 제6장「시극으로서의 노」의 내용에 보충이 될까 해서 보충하는 글로 게재했다. 또한 이 책에 실린 공연 사진의 대부분은 노 비평가 누마 구사아메沼艸雨(1992년 몰) 씨가 소장했던 것인데, 누마 씨나 노가쿠 연구가인 오카 료쿠인岡綠蔭 씨 등이 1926년부터 쇼와 50년대에 걸쳐 촬영한 것으로, 1998년에 오사카대학 연극학 연구실에 기증된 것이다. 그리고 스다 고쿠타로須田国太郎의 데생은 2001년에 오사카대학에 기증된 약 5,000장의 노·교겐 데생 중 일부를 사용하였다. 이 책 맨 앞장에 실린 사진은 모두 최근 필자가 감수를 맡았던《간쇼조菅丞

相》와 《다이산모쿠泰山木》의 사진이다. 《간쇼조》는 스가와라노 미치자네菅原道真 1,100년을 기념하여 2002년 4월에 오사카 텐만구天満宮에서 간제류의 오쓰키 분조大槻文蔵가 중심이 되어 부활 상연시킨 노로, 『사루가쿠단기』에 나오는 「텐진天神의 노」로 추정되는 곡이다. 《다이산모쿠》를 부활 상연하게 된 경위는 제9장에서 언급했으며, 여기 실린 사진은 초연 무대를 찍은 것이다. 모두 최근의 노가쿠 동향을 전하는 좋은 자료라고 생각해 싣기로 했다.

어떻게 보면 이 책은 안으로만 깊게 파고든 책으로 비칠지 모르겠다. 하지만 그것은 재료나 화제가 그렇다는 것이고 내용면에서는 노와 교겐의 보편적이고 중요한 문제를 선별하여 논의하려고 노력했다. 그 점에서 필자는 이 책이 안으로 깊게 파고든 외관과는 정반대로 '열린 책'이라고 자부하는데 독자들에게는 어떻게 읽힐지 모르겠다.

이 책이 출판된 것은 오로지 이 책의 커버 디자인을 담당한 쓰지무라 노리코辻村紀子 씨와 오사카대학교 출판회의 편집장인 이와타니 미야코岩谷美也子 씨가 열심히 독려하고 종용해 주신 덕분이다. 쓰지무라 씨는 이 책의 토대가 되는 「연극학 강의」를 열심히 수강한 수강생이기도 한데, 1년 전 강의 때 이와타니 씨를 모시고 와 출판을 결정해 버렸다. 이 책의 내용이 두 분의 기대에 부응하는 것인지 자신할 수 없지만 지면을 통해 다시 한 번 감사드린다.

보충하며

노는 어떻게
읽어야 하는가

이 글은 2001년 10월 6일 오사카여자대학의 가미가타문화연구센터가 주최한 사카이학 특별강연회 「노의 세계를 찾아서」에서 강연한 내용으로, 이 센터의 연구 잡지인 『연구연보』 3호에서 전재한 것이다. 또한 글 중에 미간행이라고 되어 있는 《오미나메시女郎花》에 관한 글은 2003년 코넬대학에서 간행된 『The Noh Ominameshi: A Flower Viewed from Many Directions』(Mae. J. Smethurst 편집)에 일본어로 수록되어 있다.

노를 보는 방법이라는 것

타이틀이 좀 과하기는 하지만 지금부터 이 주제를 가지고 이야기를 하려고 합니다.

오늘 여기 모이신 분들은 당연히 노에 관심이 많으신 분들이라 생각합니다. 혹시 이번 10월에 도쿄나 관서지방에서 열린 노나 교겐의 공연 횟수가 어느 정도 되는지 아십니까? 현대는 노에 관심이 매우 많은 시대여서 그에 대한 다양한 잣대가 있을 것인데, 그중 하나의 유력한 지표가 되는 것이 바로 공연 빈도입니다. 아마 여러분의 상상을 훨씬 뛰어넘을 것이라고 생각됩니다만, 도쿄에서는 근교를 포함해서 약 70회 정도의 노 공연이 이루어지고 있습니다. 여기에는 요코하마의 공연도 포함됩니다. 그러면 하루에 두 군데 이상의 장소에서 노나 교겐이 상연된다는 얘기입니다. 그러면 관서지방에서는 어떤가 하면 교토에서 11회, 오사카에서 12회, 올 10월에만 모두 23회의 공연이 열립니다. 그밖에 고베, 나라에서도 공연이 있으니까 그것을 합치면 대체로 30회 정도 공연이 열리는 셈입니다. 그렇다면 하루 중 어딘가에서는 노나 교겐이 꼭 상연되고 있다는 말이 됩니다. 이것만 해도 굉장히 많은 숫자라고 생각합니다. 이를 전국적으로 계산하면 아무래도 100회가 넘을 것입니다. 한 달에 말입니다. 1년이 아닙니다. 이 역시 굉장한 숫자입니다. 이것만 보아도 현재 노·교겐에 관심이 고조되고 있다는 것은 확실한 것 같습니다.

노·교겐이 이렇게 성황리에 공연된다는 것은 매우 고무적인 일이지만, 한편 그 이면에는 한 가지 큰 문제가 있어 보입니다. 그것은 노를 보는 방법입니다. 그리고 그것은 나아가 노의 연구방법과도 연결되는 문제입니다. 노라는 연극에 관한 연구방법 말입니다. 제가 노에 그런 문제가 있는 게 아닌가, 생각하기 시작한 게 한 10년 쯤 전부터입니다. 그리고 그에 대한 생각은 해가 거듭될수록 점점 더 강해지는데, 오늘은 제가 평소에 생각했던 의문점을 정리해서 이야기하고 싶습니다. 그래서 「노는 어떻게 읽어야하는가」라는 좀 주제넘은 제목을 붙인 것입니다.

조금 전 고바야시 겐지小林健二 씨의 강연은 에도시대 노 연기자에 관한 것이었습니다. 즉 조금 오래 된 시절의 노에 대해서, 연기자라는 소위 노의 외면에 관한 이야기가 강연의 첫머리에 나온 셈입니다. 그에 비해 제 이야기는 우연찮게도 현재 노의 내용에 관한 것입니다. 오늘 강연회의 전체 테마가 「노의 세계를 찾아서」인데, 마침 우리 두 사람의 강연 내용이 서로 균형을 맞춘 셈입니다.

이제 본론으로 들어가 준비한 네 장의 자료를 보시면서 이야기를 들어주시기 바랍니다. 좀 전에 제가 현재 노를 보는 방법에 의문을 가지고 있다고 말씀드렸습니다. 10년 전부터 그런 생각을 하기 시작했는데 처음에는 그런 의문을 말로 하는 데 그쳤다면, 3~4년 전부터는 실천도 하고 있습니다. 실천이란 연구하여 글을 쓴다는 것입니다. 즉 처음에는 화두를 던지는 데 그쳤지만 최근에는 실제 그 제목으로 논문을 쓰는 것으로 실천하고 있습니다. 따라서 오늘 그 두 가지 면, 즉 제 자신의 이념과 실천을 먼저 소개하고 그 다음에는 아직 글로 쓰지 않은 것에 대해 좀 더 구체적으로 이야기하려고 합니다. 이 이야기는 추상적인 이론만으로는 납득하기 어렵기 때문에 구체적인 자료를 제시하면서 이야기를 진행해 나가야 할 것 같습니다.

'작의' 또는 '의도'라는 것

먼저 현재의 노를 보는 방법에 대해 제가 어떤 의문을 가지고 있느냐

하는 것인데, 이것을 비교적 간단하게 정리한 문장을 자료의 맨 앞에 올려놓았으니 참고하시기 바랍니다. 「노를 어떻게 읽을 것인가?」라는 타이틀의 글입니다. 1998년에 후쿠오카여학원대학福岡女学園大学의 공개강좌가 후쿠오카 시내 호텔에서 있었는데 그때 제가 이런 제목으로 이야기를 했습니다. 그때 전체 테마가 「세계 속의 노」였고 두 개의 강연이 있었습니다. 또 한 분은 다시로 게이치로田代慶一郎 선생님이었습니다. 이 글은 그때 강연의 요지를 정리한 것입니다. 저의 기본적인 생각이 분명하게 나타나 있으니 한번 읽어 보도록 하겠습니다.

　오늘의 테마가 「세계적인 노」인데, 정말 현재의 노는 그와 같은 상황에 놓여 있다고 생각합니다. 작년 가을 약 보름 동안 처음으로 미국에 갔다 왔습니다. 목적은 피츠버그대학에서 개최된, 노《오미나메시女郎花》에 관한 국제회의에 참석하기 위해서였는데, 그 전에 프린스턴대학과 버지니아대학에서 각각 몽환노와 노 무대에 관해 간단한 강연을 했습니다. 이 두 강연은 물론 일본어로 했고 프린스턴대학에서는 통역이 없었지만 모두가 저에게는 매우 기분 좋은 반응들을 보여주었습니다. 그 다음《오미나메시》국제회의에서는 3일 동안《오미나메시》한 곡을 윤독하는 형식으로 작품 검토가 이루어졌는데, 이때 일본어로 했습니다. 즉 노에 관심이 있는 사람들과 연구자가 해외에 적지 않고, 노에 관한 국제회의가 해외에서 기획되어 일본어로 행해지는, 그런 시대인 것입니다. 과연 「세계적인 노」라는 걸 실감하게 되는데 그것은 그것대로 대단히 고무적인 일이었습니다. 하지만 한편으로는 현재 노는 그것을 보는 방법과 관련하여 큰 혼란에 직면해 있는 것 같습니다. 매우 이상한 일이지만 노라는 연극에서는 개별 작품의 '의도'나 '주제'를 그다지 문제 삼지 않는 경향이 있습니다. 이것은 다른 예술장르에서는 좀처럼 생각하기 어려운 현상입니다. 예를 들어 노가쿠사전이나 공연 팸플릿 같은 것을 봐도 겨우 줄거리 몇 줄이 실려 있을 뿐, 그 작품의 의도나 주제에 관한 내용은 없습니다. 또 그런 내용이 실려 있더라도 그 작품에 대한 정확한 파악이 되어 있지 않는 경우가 적지 않습니다. 이러한 경향은 출전 연구 등 세부적인 면에서는 큰 진전을 보았지만, 노를 하나의 연극으로 파악하려는 관점이 결여된 연구 경향이 반영된 결과라 사료됩니다. 유명한 《이즈쓰》를 일례로 들어보면 현재 《이즈쓰》의 주제는, '이즈쓰 여인의 수줍은 사랑이야기' 또는 '기다리는 여인'으로 상징되는 '기다림' 등으로 설명되고 있습니다. 그러나 간제의 가미가카리 텍스트뿐만 아니라 곤파루같은 시모가카리 텍스트도 참조해 가며 꼼꼼하게 텍스트를 읽어 보면 전장과 후장에서 작자가 호소하려는 것이 '연모'와 '회고'의 정이라는 것을 잘 알 수 있습니다. 따라서 현재 《이즈쓰》의 주제와 관련해서는 전자는 딱 맞지도 않지만 그리 동떨어진 이야기도 아니고, 후자는 좀 정답에서 벗어난 것이 됩니다. 그 유명한 《이즈쓰》만 보더라도 상황이 이렇습니다. '세계적인 노'의 매력을 더 깊이 알기 위해서는 개개의 곡을 선입관 없이 읽고 그 곡에서 '작자의 의도'나 '주제'를 올바로 파악하는 것이 무엇보다 필요하다고 생각합니다.

이상은 제가 1998년에 쓴 글입니다. 이 밖에도 이와 비슷한 글을 짧기는 하지만 몇 개 더 썼습니다. 이런 느낌이 해마다 더 강해지고 있다는 말씀인데, 요컨데 어떤 작품이 어떤 의도를 가지고 있는지에 대한 관심이 노의 경우 너무나 적은 게 아닌가 하는 겁니다. 그에 비해 이 부분이 볼만하다든지, 이 형식은 이러하다는 식의 설명은 상당히 자세하게 하는 경향이 있습니다. 물론 그런 설명도 필요하지만 그보다 더 중요한, 도대체 작자가 이 작품에서 무엇을 주장하려는 것인가에 대해서는 별로 설명이 없습니다. 저는 바로 이런 점이 매우 이상하다는 것입니다. 그 실례를 하나 소개하겠습니다.

좀 전에 말씀드렸듯이 오늘은 마지막에 《유야熊野》의 해석에 관한 이야기를 하려고 하는데, 작품 《유야》에 관한 사전이나 주석서의 설명은 자료 두 번째 페이지를 보시기 바랍니다. 처음 자료는 가장 최근에 나온, 이와나미 출판사 신일본고전문학대계의 『요쿄쿠 백 곡』입니다. 거기에는 "고향에 병들어 누워 계시는 노모를 걱정하는 유야의 마음을 시적인 정취로 풍부하게 그리고 있다"고 되어 있고, 그 다음에는 "작품 전체를 관통하는 것은 자신을 사랑으로 길러 주신 어머니에 대한 사랑", 즉 '노모에 대한 마음'이라고 쓰여 있습니다. 그런데 이와 같은 내용을 기술한 것은 의외로 적습니다. 그 다음 자료는 쇼가쿠칸小學館에서 출판된 일본고전문학전집의 『요쿄쿠집』입니다. 자료의 '주제' 부분을 보시기 바랍니다. 거기에는, "화려함 속에서도 내면의 슬픔에 잠긴 여인의 모습을 부각시키고 있다", 이것이 작자의 의도라고 설명하고 있습니다. 이 두 자료는 작품의 의도나 주제에 관해 설명하고 있는 사례입니다. 하지만 다음 쇼가쿠칸에서 최근에 출판된 『노·교겐도전能·狂言図典』에는 주제에 해당하는 설명이 없습니다. 즉 대강의 줄거리밖에 없습니다. 그리고 헤본샤平凡社에서 출판된 『노·교겐사전』, 이 책은 비교적 널리 사용되는 책으로 저도 애용하고 있습니다만, 여기에도 주제나 의도에 관한 기술은 없습니다.

좀 구체적으로 살펴보았습니다만, 이런 식으로 주제나 의도에 관한 설명이 없는 것이 의외로 많습니다. 《유야》는 비교적 그런 설명이 잘 되어 있는 작품인데도 이렇게 보면 주제나 의도에 대한 설명이 거의 없는, 즉 대강의 줄거리만 기술된 것이 많습니다. 이런 현상은 다른 연극이나 문학 장르에서는 찾아보기 힘든 현상인데, 노는 이러한 상황에 놓여 있는 것입니다. 아마 가부키나 분라쿠도 마찬가지일 것입니다. 요컨대 고전극 전체에 그러한 경향이 나타나는 것 같습니다.

이 대목에서 잠깐 용어에 대해 설명해 둘 필요가 있을 것 같습니다. 조금 전에 소개한 짧은 글 속에서도 저는 '의도'라든가 '주제'라는 표현을 사용했습니다. 자료에는 이와나미 강좌 『일본문학사』에 쓴 「노의 성립과 전망」이라는 글에서 「제아미 노의 주제와 취향」이라는 절의 일부를 발췌해 두었는데, 거기에는 주제라든가 취향이라는 표현을 사용했습니다. 조금 전에 저는 '취향'이라는 용어는 사용하지 않았습니다. 제가 노라는 연극작품을 해석할 경우 '주제'라든가 '취향', '의도'라는 표현을 어떤 식으로 사용했는지에 대해서 이 자료를 보시면 이해하실 수 있을 것입니다. 거기에 제시한 도표를 보아 주십시오. 이 도표에서도 저는 전체적으로 조금 전 문장에서와 같은 내용을 주장했습니다. 요컨대, 저는 작품이란 이러한 구조를 가지고 있다고 생각합니다. 즉, 작품에는 작자가 구상한 것이 있습니다. 이 구상이라는 것은 환언하면 '작의作意'나 '의도'라는 말로 표현할 수 있을 것입니다. 저는 이것들을 동일한 의미로 사용하고 있는데, 작품에는 구상이라든가 작의라든가 목적이라는 작자의 의도가 전체적으로 있습니다. 그리고 작품에는 그것과 별도로 주제라는 요소가 있습니다. 이 주제라는 것을 저는 작자의 메시지, 특히 관념적인 메시지라고 일단 정의하고 있습니다. 그리고 또 하나는 취향이라는 요소가 있습니다. 거기에도 써 놓았지만 제가 말하는 취향이란 작품 전체, 또는 어떤 장면에 대한 아이디어나 볼만한 장면, 이런 것을 저는 취향이라 부르기로 했습니다. 예를 들어 《이즈쓰》의 경우, 무대 위에 우물 모양의 소도구가 나옵니다. 그것도 취향입니다. 그리고 주인공이 남장한 모습으로 등장하는데 이것도 취향에 속합니다. 이런 취향을 바탕으로 해서 작자가 호소하려고 하는 주제가 당연히 있기 마련입니다. 이러한 것을 종합한 것이 작자의 의도라고 저는 생각합니다. 이것은 저 혼자만의 생각이라기보다 다른 누가 생각해도 이렇게 될 것입니다. 그리고 이것은 노에 한정된 것이 아니라 어느 작품이라도, 어떤 연극이나 문학이라도 작품으로 불리는 것은 모두 이런 구조로 되어 있을 것이라 생각합니다. 지극히 당연한 것을 다시 한 번 확인한 셈인데, 현대 노에는 그중 가장 중요한 구상 또는 작의와 의도에 대한, 혹은 주제에 관한 언급이 너무 적다는 것이 저에게는 큰 의문점입니다. 그 대신 노에 관한 해설에서 자주 언급되고 있는 것이 제 용어로 말하자면, 취향입니다. 이 도표를 통해서도 이해하실 수 있겠지만, 취향이란 그 작품에 내재하는 요소 중 하나입니다. 물론 주제도 요소의 한 부분입니다만.

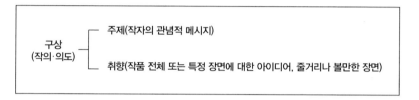

요컨대, 노에서는 취향과 같은 부분적인 것에 대해서는 자세한 해설을 붙이면서 주제라든가, 주제나 취향을 포함한 작품 전체의 의도라든가, 그런 전체적인 것, 또는 기본적인 것에 대한 언급은 적다는 것입니다.

이 얘기는 노를 접해 본 경험이 있는 분이라면 납득하실 수 있을 것입니다. 우타이가 좋았다든가, 배우의 모습이 아름다웠다든가 하는 말은 자주 합니다. 그러나 도대체 이 노는 무엇인가, 무엇을 호소하려는 것인가, 라는 화제에 대해서는 갑자기 말문이 막혀 버립니다. 그런 경험을 하신 적은 없으신가요? 말문이 막히는 것도 당연한 것이, 답은 어디에도 제시되어 있지 않습니다. 애초에 연구자 자신에게 그러한 시점이 별로 없습니다. 저는 어쩌다 10년 전부터 그런 의문을 품기 시작했기에 오늘 이 자리에서 이런 이야기를 하고 있는 것입니다. 노 감상법에 있어 문제점이란, 대체로 이런 것입니다.

'작의' 파악—그 실제 사례—

저도 처음에는 이런 제목으로 문제 제기만 했을 뿐 실제로 파악해 보지는 않았습니다. 물론 말만 해서는 설득력을 얻지 못하니 언젠가는 구체적으로 글을 써야겠다고 마음먹고 있었습니다. 그래서 최근 3~4년 동안 조금씩 논문으로 써 둔 게 있어서 여기서 잠깐 소개하자면 다음과 같습니다.

① 제아미에 있어서 '무상'이라는 주제와 그 표현-《기요쓰네》독해를 통하여 世阿弥における「無常」の主題とその表現-《清経》の読み解きをとおして-
(『日本の美学』1999년 7월, 9쪽)

②《다다노리》를 독해하다-노의 '작의' 파악을 위하여《忠度》を読み解く-能における「作意」の把握をめざして-
(ミネルバ書房, 『日本の芸術論』, 2000년 4월, 26쪽)

③《다이산모쿠》의 주제와 취향-제아미의 '작의'를 생각하다《泰山木》の主題と趣向-世阿弥の「作意」を考える-
(『観世文庫設立10周年記念能』, 2001년 2월, 8쪽)

④ 우쓰세미가 말하는 히카루겐지의 연정과 고뇌-부활곡《바둑》의 주제와 취향 空蝉が語る光源氏の恋情と苦悩-復曲《碁》の主題と趣向-

(大槻能楽堂会報,『おもて』70호, 2001년 9월, 1쪽)

⑤《가키쓰바타》를 독해하다-'중생을 제도하는 나'를 둘러싸고《杜若》を読み解く-「衆生濟度の我」をめぐって-

(日本演劇学會紀要,『演劇学論集』39호, 2001년 10월, 11쪽)

⑥《오미나메시》를 읽다-그 작의 파악을 위하여《女郎花》を読む-その作意の把握をめざして-(코넬대학교,『女郎花國際會議論集』(가칭)(미간행, 9쪽)

　지금까지 위와 같은 글을 썼는데, 어떤 내용을 썼는지 간단하게 소개하고자 합니다. 이를 통해 제가 생각하고 있는 것을 조금 더 구체적으로 이해하실 수 있을 것입니다.

　먼저《기요쓰네淸経》입니다. 기요쓰네는 다이라平 씨 가문의 무장으로,『헤이케모노가카리』에서는 부젠豊前의 야나기가우라柳が浦에 빠져 자살한 인물로 나옵니다. 노《기요쓰네》는 그 기요쓰네가 자신의 아내의 꿈에 나타나는 설정으로 이루어진 제아미 작품입니다. 종래 이《기요쓰네》라는 작품은 부부애를 그린 것이라는 것이 대체적인 평이었습니다. 분명 이 작품에서 주인공 기요쓰네는 교토에 남겨진 아내의 꿈속에 망령이 되어 나타납니다. 그리고 자신의 죽음에 관한 이야기를 들려줍니다. 그런 점에서 이 작품은 부부애를 그린 작품으로 이해되어 왔던 것입니다. 혹은 반전反戰의 메시지를 담고 있다는 견해도 있지만, 일반적으로는 부부애에 초점이 맞추어져 있습니다. 그에 대해 저의 견해를 말씀드리자면, 요시쓰네는 현세의 무상함을 확실하게 인식하고 있었고, 그로 인해 바닷물에 뛰어들어 자살한 인물입니다. 이 점은『헤이케모노가타리』에도 나와 있고, 특히 노에는 더 분명하게 나와 있습니다. 그런 요시쓰네에게 교토에 남겨진 아내는 화가 난 것입니다. 돌아온다고 약속해

놓고 자기 맘대로 죽어 버린 남편에게 화를 내고 있는 것이지요. 《요시쓰네》는 그런 이야기입니다. 그래서 보통은 여기에 그려져 있는 게 부부애라고 흔히들 얘기하게 되는 것이지요. 그러나 다시 한 번 《요시쓰네》를 찬찬히 읽어 보면, 아무래도 그게 전부는 아닌 것 같다는 생각이 듭니다. 요시쓰네는 처음부터 깨우친 인물로 등장합니다. 그것은 그가 등장할 때의 문장에서 분명히 드러나는데, 그 문구에 선승禪僧들의 어록에 있는 문장이 쓰인 탓에 올바로 해석되지 못하고 있었던 것입니다. 그러나 그 문구를 해석해 보면, 요시쓰네라는 인물이 깨달음을 얻은 인물로 등장하고 있음을 알 수 있습니다. 그리고 그는 이 세상이 얼마나 무상한지를 아내에게 호소하고 있습니다. 좀 더 말하자면, 그러한 진리를 아내에게 들려주기 위하여 아내 앞에 나타난 것으로 읽힙니다. 그에 대해 아내는 무상이라는 진리를 이해하지 못하는 것이지요. 그렇기 때문에 죽은 남편에 대한 원망이 아직껏 남아 있는 것입니다. 즉, 현세의 무상이라는 진리를 분명히 인식하고 있는 요시쓰네와 그것을 인식하지 못하고 현세적인 감정에 사로잡혀 있는 아내의 대립, 저는 《요시쓰네》를 그렇게 읽고 있습니다. 또, 오늘은 여성분들이 많아 혼날 것을 각오하고 좀 더 말씀드리자면 특히나 현세적인 것에 사로잡히기 쉬운 여성과, 특히나 관념적인 것에 치닫기 쉬운 남성의 대립, 《요시쓰네》를 그렇게 읽을 수도 있지 않을까 하고 저는 생각합니다. 이는 좀 과잉 해석한 감도 없지는 않습니다만, 어쨌든 저는 이런 글을 썼습니다. 이 글을 쓴 『일본의 미학日本の美学』이라는 잡지는 노 연구자들은 잘 보지 않는 잡지라 제가 쓴 글이 어떤 식으로 평가받고 있는지는 잘 모르겠지만, 이런 취지의 글을 30장이나 되는 매수를 들여 제 나름대로는 정성껏 쓴 셈입니다.

　다음은 《다다노리忠度》입니다. 다이라노 다다노리平忠度는 다이라 가문의 무장으로, 오카베 로쿠야타岡部六弥太라는 관동 지방 무사의 칼에 목숨을 잃었습니다. 이 작품에 대해 제가 무엇을 썼냐 하면, 주인공이 누구인가 하는 것입니다. 물론 《다다노리》의 주인공은 다다노리입니다. 그는 전반부에서는 늙은 산山사람으로 나타나고, 후반부에는 무장의 모습을 하고 등장합니다. 무대는 다다노리가 죽어 간 스마입니다. 거기에 와키인 행각승이 찾아옵니다. 승려 앞에 늙은 산사람의 모습을 한 다다노리가 나타나 어린 벗나무 아래 다다노리가 묻힌 이야기를 들려줍니다. 그 후 무장의 모습을 한 다다노리의 망령이 나타나는 것입니다. 몽환노의 전형적 스타일이지요. 여기서 문제가 되는 것은, 현재 우리들은 후반부에 등장하는 무사가 처음부터 다다노리의 망령이라고 생각하고 보고 있다는 것입니다. 그런데 텍스트를 읽어 보면, 무대에 등장한 무사는 한동안 자신이 다다노리라고 하지 않습니다. 그러다가 곡의 최종부에서 다다노리가 오카베노 로구야타에게 죽임을 당한 이야기를 끝마치고 난 후, "이상으로 제 최후에 관한 이야기는 끝이 났습니다. 이제 아시겠지요. 저는 저기 저 벗나무 아래 묻혀 있는 다다노리랍니다."라고 말합니다. 이 문구에 주의를 기울여 보면 당연히 '그럼 그 이전의 그는 도대체 누구였는가?' 하는 의문을 품지 않을 수 없습니다. 그런데 종래에는 그런 의문을 품지 않고 처음부터 거기에 나타난 것은 다다노리라고 생각한 것입니다. 거기에는 이유가 있습니다. 예를 들어 아이쿄겐 부분에서 전반에 나타난 노인이 다다노리라고 설명을 합니다. 또 후반부의 첫머리에서는 무장의 모습을 하고 나타난 망령에게 와키인 행각승이 '그럼 이 다다노리는'이라는 대사를 합니다. 이런 문구들이 관객들로 하여금 거기에 나타난 것이 다다노리라고 믿게 한 것입니다. 그래서 후반에 등장한 무사가 처음부터 다다노리라는 전제하에 작품을 보고 있었던 것입니다. 그러나 현행의 아이쿄겐은 성립 당시의 원작이 아니니 그것을 그대로 신용할 수는 없습니다. 무장의 망령이 다다노리라고 정체를 밝히는 것은 곡의 최종부이고, 그 전까지 무장은 자신이 다다노리라고 명확하게 밝히지 않았습니다. 또한, 사실 좀 전에 소개한 '그럼 이 다다노리는'이라는 문구도 간제류와 호쇼류의 가미가카리[1]에 나오는 문구입니다. 곤파루류 등 시모가카리에는 '그럼 그 다다노리는'으로 되어 있습니다. '이 다다노리'가 아니라 '그 다다노리'인 것입니다. 물론 제아미가 쓴 것은 둘 중 어느 한 쪽일 터이니, 이 둘 중에서 어느 쪽이 원형이냐가 문제가 되는데, 대개는 시모가카리의 문구가 원형인 경우가 많습니다. 하나하나 조사해 보면 대개는 그렇습니다. 여기서 잠시 정리를 해 보면, 거기에 나타난 무장의 망령을 향해 와키인 행각승이 가미가카리에서는 '이 다다노리'라고 말하고, 시모가카리에서는 '그 다다노리'라고 말을 합니다. '그 다다노리'라고 한 경우에는 그 근처에 있는 어린 벚나무, 즉 다다노리의 묘비를 가리키는 것이 됩니다. 즉, '거기 묻혀 있는 다다노리는'이라는 의미가 되는 것입니다. 그러니까 자신 앞에 나타난 망령을 와키는 다다노리라고 인식하고 있지 않은 것입니다. 시모가카리에서는 말이지요. 그러나 가미가카리의 '이 다다노리'가 되면 눈앞에 있는 무장이 다다노리라는 느낌을 주게 됩니다. 원래는 '그럼 그 다다노리는'이었던 것이 눈앞에 다다노리가 있는데 '그'라고 표현하는 것은 이상하다고 생각한 사람들이 '이'로 바꾸어 버린 것입니다. 문구가 바뀐 시기는 무로마치시대로 거슬러 올라갑니다. 그러나 그 후에 곡이 끝날 무렵에 "이제 제 정체를 아시겠지요."라는 문구가 오므로, 그때까지 망령은 자신의 정체를 밝히지 않았다고 보는 것이 자연스럽습니다. 요컨대, 와키 앞에 나타난 인물에 대해 다이라 씨의 패장이라는 것은 알고 있었으나 그것

---

1 노의 시테카타 다섯 유파 중, 교토에 본거지를 둔 간제류, 호쇼류를 말한다. 이에 대해 노 성립 당시 나라(奈良)에 본거지를 둔 유파를 시모가카리(下掛り)라 한다. 제9장 「사장의 변화」 참조.

이 누구인지에 대해서는 곡의 마지막 부분까지 몰랐다는 형태로 《다다노리》는 만들어졌습니다. 즉, 누군지도 모르는 패장이 다다노리의 최후의 이야기를 들려주고 있었던 것입니다.

등장인물의 이름이 감추어져 있다가 마지막에 밝혀진다. 어째서 이런 빙 둘러 오는 번거로운 형태를 취하게 된 것일까. 이에 대해서는 다다노리의 노래가 『센자이와카슈千載和歌集』[2]에 실명이 기록되지 않은 채 '작자 미상'으로 처리된 것과 관련이 있다고 생각합니다. 『헤이케모노가타리』에도 그렇습니다만, 노 《다다노리》에서도 다다노리가 죽임을 당할 때 사람들은 그가 누구였는지 몰랐다고 되어 있습니다. 그때 오카베 로쿠야타는 전리품으로 빼앗은 적의 화살통에 단자쿠短冊[3]가 붙어 있는 것을 발견합니다. 거기에는 "나그네 가는 길에 날이 어두워, 벚나무 그늘 아래 깃들어 누우면 벚꽃이 오늘 밤 주인이구나行きくれて木の陰下を宿とせば花や今宵の主なるまし."라는 노래가 적혀 있고 마지막에 '다다노리'라고 서명이 되어 있었습니다. 그리하여 그가 다다노리라는 게 겨우 판명되었습니다. 그런데 노 《다다노리》에서는 그 같은 다다노리의 마지막을 정체 모를 다이라 무장의 망령이 들려주는 형식으로 되어 있고, 마지막에 가서야 사실은 그 망령이야말로 다다노리였다고 말하고 있습니다. 다다노리는 『센자이와카슈』에 '작자 미상'으로 실명이 감춰진 인물입니다. 다다노리에게는 그런 한이 있습니다. 게다가 그의 마지막 가는 길에서조차 그가 누구인지 사람들이 금방 알아채지 못했습니다. 그런 사실에 입각하여 노 《다다노리》는 무장의 망령이 계속해서 자신의 정체를 밝히지 않는 형식을 취하고 있다는 게 제 생각입니다. 그 결과 노 《다다

---

2 12세기 말에 성립한 칙찬(勅撰) 와카집(和歌集). 수록된 노래 수 1,288수.
3 글씨를 쓰거나 시를 쓸 때 사용하는 두껍고 길쭉한 직사각형의 종이.

노리》에서 보이는 주인공 다다노리의 집착의 핵심은, 『센자이슈』에서 '작자 미상'으로 처리된 것에 대한 원망이 아닐까 생각합니다. 이런 견해는 물론 종래에도 있었습니다. 하지만 노에서 그 집착이 이런 취향으로 그려지고 있는 것에는 아무도 주의를 기울이지 않았습니다. 이런 취향을 이해했을 때에야 비로소 다다노리의 집착이 한층 더 연극적인 형상으로, 우리들에게 감명을 안겨다 주게 되는 것입니다.

《다다노리》는 제아미 작품으로 잘 알려진 곡입니다. 제 이해가 올바르다면, 그런 《다다노리》조차도 이런 기본적인 것들이 제대로 이해되지 못했다는 것입니다. 올바로 이해되지 않은 채 《다다노리》는 명작이라고 평가되어 온 것입니다. 그러나 어떤 점에서 명작인가 라는 것에 대해서는, 사실은 그리 깊이 있는 이해에는 도달하지 못했던 것이 아닐까요? 《다다노리》에 대해서 제아미 자신은 '상과上果'라는 최고의 평가를 내리고 있습니다. 제아미가 그렇게 말했으니 훌륭한 작품이겠지, 우리가 너무 안이하게 생각해 온 것은 아닐는지요. 일이 그렇게 된 데에는 역시 이 작품이 무엇을 말하고 싶은 것인지에 대한 기본적인 관심이 예전부터 적었던 탓은 아닌지 생각해 봅니다. 노를 보고 있으면 여러 가지로 의문스러운 장면이 있는데, 그 의문을 의문시하지 않은 채 감상하는 일이 오랜 관습처럼 굳어져 버린 것입니다. 고전이란 보통 그런 식으로 감상되지만 앞으로는 좀 더 그런 점에 주의를 기울일 필요가 있다고 생각합니다.

다음, 《다이산모쿠》는 흔히 《다이산푸쿤泰山府君》이라고 불리는 곡입니다. 이 노는 태산부군泰山府君이라는 지옥신이 주인공입니다. 한 선녀가 나타나 사쿠라마치 추나곤桜町中納言이라는 귀족(와키)이 아끼는 벚꽃을 꺾어 가 버립니다. 후반에 그 선녀가 그 꽃을 손에 쥐고 다시 나타납니다. 거기에 태산부군이 나타나 선녀가 꺾은 꽃을 원래 나무에 갖다 붙이고, 일주일밖에 안 되는 벚꽃의 생명을 세 배로 늘려 주는 기적을 보이면서 곡이 끝납니다. 태산부군이라는 신은 인간의 수명을 관장하는 신입니다. 그 신이 노에서는 벚꽃의 생명을 늘려준다는 설정으로 나옵니다. 시테는 명계의 무시무시한 귀신입니다. 이제까지 이 노는 무시무시한 귀신이 벚꽃을 꺾은 선녀를 응징한다는 식으로 이해되어 왔습니다. 그런 견해에 대해 저는, 이 노의 주제는 '가는 봄을 애석해 하는 마음惜春'이라는 관념이라고 주장하고 싶습니다. 이 작품에서 태산부군도 선녀도 사쿠라마치 추나곤도 모두 지는 벚꽃과 가는 봄을 아쉬워하는 인물들입니다. 그래서 마지막에는 그들의 바람이 이루어지는 결말을 취하고 있는 것입니다. 물론 무시무시한 지옥신이 선녀를 응징하는 측면이 아예 없는 것은 아닙니다. 하지만 그것은 부분적인 것이고 전체적으로 보면 가는 봄을 아쉬워하는 주제가 일관되게 나타나 있다고 봅니다.

다음, 《바둑碁》은 마침 일주일 전에 오쓰키노가쿠도에서 부활 상연된 작품입니다. 이 곡은 이제까지 전승이 끊긴 곡이었으므로 해석에도 정설이 있을 리 없습니다. 논문은 제목에도 있듯이, 《바둑》의 주제는 『겐지모노가타리』에도 등장하는 우쓰세미空蟬의 연정과 고뇌라는 제 생각을 간단하게 적은 것입니다.

다음은 《가키쓰바타杜若(제비붓꽃)》입니다. 이 노에 대해서는 일반적으로는, '현란한 이세모노가타리伊勢物語4 에마키絵巻다'라는 식으로 이해되었습니다. 한편 연구자들의 세계에서는 그러한 이해와는 별도로 본질을 파고든 올바른 해석이 있습니다만, 아직 일반에게는 널리 보급되지 않았습니다. 여기서 올바른 해석이란 신초샤新潮社 일본고전문학집성의

---

4 헤이안 시대 초기에 성립한 우타모노가타리(歌物語). 실존 인물인 가인(歌人) 아리와라노 나리히라(在原業平)를 연상하게 하는 남자 주인공을 내세워 주로 남녀의 사랑 이야기를 중심으로 풍류적 삶을 그린 125편의 설화로 구성되었다.

『요쿄쿠집』에 있는 이토 마사요시伊藤正義 선생의 해석을 말합니다. 여기에 그야말로 적확하고도 올바른 독해법이 제시되어 있습니다. 그러나 상당히 전문적이고 압축적인 설명으로 되어 있어 일반 애호가들에게는 좀 어렵습니다. 그 결과 일반 애호가들의 세계에서는 《가키쓰바타》라는 노는 제비붓꽃의 정령이 아름다운 여성의 모습으로 등장해서, 이 여성은 한편으로 니조二条의 태후[5]이기도 합니다만, 몽롱하게 아름다운 춤과 노래를 선보인다는 정도로밖에는 이해되지 않았습니다. 그러나 그런 설명은 현대인인 우리들에게는 아무래도 잘 납득이 가지 않는 이야기입니다. 만약 그런 작품이라면 굳이 노로 만들 이유가 없습니다. 무용만으로도 좋을 것이니까요. 그러나 《가키쓰바타》는 노라는 연극입니다. 당연히 작품이 말하고자 하는 것이 무엇인지가 문제시되어야만 합니다.

그러면 이토 선생의 고전집성 해설에는 어떻게 설명되어 있는지 먼저 보기로 하지요. 거기에는 주로, 《가키쓰바타》에서 줄곧 얘기되는 중세의 『이세모노가타』에 대한 이해, 그중에서도 아리와라노 나리히라상像에 대한 설명이 나옵니다. 그 나리히라상은 가마쿠라시대와 무로마치시대의 『이세모노가타리』 연구서―「고주古注」라고 불립니다―에 실려 있는 것과 같은데, 이는 현대인인 우리들이 가지고 있는 『이세모노가타리』의 지식과는 완전히 다릅니다. 요컨대, 노 《가키쓰바타》는 그런 지식을 바탕으로 하고 있는 것입니다. 따라서 우리들에게는 상당히 위화감이 느껴집니다. 그런 나리히라상이 노라는 냉동고에 보존되어 온 것입니다. 현대인들에게는 당시의 문화가 거의 계승되지 않았는데, 노 안에는 그게 남아 있는 겁니다. 따라서 노에서 이야기하는 내용은 현대인들에게는 대단히 난해합니다. 난해하니까 '현란한 이세모노가타리 에마

---

5 헤이안시대 세이와(清和) 천황의 비.

키'라는 식으로 이해 가능한 범위에서 설명이 끝나고 마는 것이지요. 그렇다면 중세에 나리히라는 어떻게 이해되었을까요? 나리히라는 단순한 플레이보이가 아니라는 것입니다. 「고주」에서는 삼천 몇 백 명이라는 여성과 관계를 맺었다고 되어 있고, 그것은 인간을 구제하기 위한 행위였다고 나옵니다. 왜냐하면 나리히라는 본래 인간이 아니라 관음보살인데, 그 관음보살이 나리히라라는 가인歌人의 모습을 빌어 인간세계에 나타났다, 그리고 인간들을 구제하기 위해 삼천 몇 백 명이나 되는 여성과 사랑을 나누었다, 이런 해석입니다. 이런 해석 뒤에는 와카和歌라는 것을 단순한 소일거리가 아닌 보살의 행위와 대등한 것으로 보는 사상이 내재해 있습니다. 《가키쓰바타》가 말하고 있는 것은 그런 '와카 신성관'이라 할 만한 사상이라고 생각합니다. 그리고 《가키쓰바타》에는 또 한 가지 주의할 만한 취향이 있습니다. 그것은 이 작품에 두 가지 성불이 묘사되어 있다는 것입니다. 그중 하나는 와키승의 추선 공양에 의해 초목인 제비붓꽃이 성불한다는 구조인데 이것은 곡 전체의 구조이기도 합니다. 이런 구조 안에서 제비붓꽃의 정령이 나리히라의 이야기를 들려줍니다. 거기서 정령은 보살 나리히라의 은덕으로 부정한 자신도 성불할 수 있었다는 또 하나의 성불을 이야기합니다. 이처럼 본 작품에는 두 가지 성불 구조를 담고 있는 취향이 구사되고 있습니다.

　설명이 장황했습니다만, 이상의 이야기는 제 의견이 아니라 이미 일본고전문학집성 해설 부분에 나와 있는 이야기입니다. 제 논문에 쓴 것은 이런 이야기가 아닙니다. 제 글의 제목에는 「'중생을 제도하는 나'를 둘러싸고」라는 부제가 붙어 있는데, 《가키쓰바타》에서는 시테인 니조 황후가 나리히라의 이야기를 들려주는 중간에 "중생을 제도하는 나를 사람들은 아는지 모르는지?"라는 문구가 나옵니다. '중생을 제도하는 나'란 물론 보살인 나리히라를 말하는 것입니다. 여기서 이야기되는 것은 계속 나리히라의 이야기입니다. 여기서 '나'라는 말이 사용되고 있는 것을 보면, 말을 하고 있는 것은 니조 황후이지만 실질적인 화자는 나리히라라는 생각이 듭니다. 논문에서는 바로 그 점에 대해 썼습니다. 이것은 이제까지 거의 주목을 받지 못한 부분입니다. 그러나 이 '중생을 제도하는 나'라는 문구는 쇼가쿠칸 『요쿄쿠집』의 《가키쓰바타》의 해석에 영향을 미치고 있습니다. 거기서는 시테가 니조 황후이기도 하고, 나리히라이기도 하다고 설명되어 있기 때문입니다. 쇼가쿠칸의 『요쿄쿠집』에는 현대어역이 달려 있는데 거기에는 시테인 니조 황후 옆에 괄호를 붙여 나리히라라는 부기를 달아 놓았습니다. 왜 그런 해석이 되었는가 하면, '중세를 제도하는 나'는 이야기를 하고 있는 인물의 대사입니다. 말하고 있는 인물이 '나'라고 말한 것입니다. 그 '중생을 제도하는 나'는 나리히라를 말합니다. 그렇다면 말하고 있는 게 나리히라였나보다고 생각하고 싶은 건 당연합니다. 쇼가쿠칸의 『요쿄쿠집』은 그렇게 생각한 것 같습니다. 그러나 시테가 등장했을 때 자신은 제비붓꽃의 정령이라고 분명히 밝히고 있습니다. 이를 종합해서 쇼가쿠칸의 『요쿄쿠집』에서는, 시테가 제비붓꽃의 정령(니조 황후)이기도 하고 나리히라이기도 하다는 해석에 이른 것 같습니다. 그러나 아무리 노라고 해도 이런 다중인격적인 인물은 도저히 받아들이기 힘든 법입니다. 그런 애매한 부분이 바로 노의 매력이라고 생각하는 사람도 있는 모양입니다만, 그것은 단지 우리의 이해부족에 기인한 것은 아닐까요? 결론부터 말하자면, 이 해석은 잘못된 해석이라 생각합니다. 왜냐하면, 중세 『이세모노가타리』의 비전秘傳 등에 의하면 나리히라가 부른 노래 가운데 자신을 '중생을 제도하는 나'라고 한 부분이 몇 군데 있기 때문입니다. 이를 보면 '중생을 제도하는 나'는 나리히라의 대명사처럼 사용되고 있음을 알 수 있습니다. 《가키쓰바타》의 '중생을 제도하는 나' 역시 그렇게 생각하면, 여기는 제비붓꽃이 들려주는 나리히라의 이야기로 일관하고 있다고 볼 수 있습니다.

그러나 결론은 틀릴지언정 저는 이 쇼가쿠칸『요쿄쿠집』의 자세가 노를 독해하는 데 있어 어떤 부분이 누구의 대사인지를 꼼꼼하게 생각했다는 점에서 높이 평가합니다. 과반수가 넘는 노의 문장을 지우타이가 담당하는데, 그게 실제 누구의 대사인지에 대해서는 그다지 문제시되고 있지 않습니다. 지우타이의 노래는 대부분 누군가의 대사입니다. 그리고 대부분은 시테의 대사인 경우가 많은데, 이런 점을 현대어역 안에 명시하고자 한 것이 쇼가쿠칸의『요쿄쿠집』이라고 생각합니다. 그런 점에서 저는 그 자세를 높이 평가하고 싶습니다.《오미나메시》는 아직 책으로 나오지 않았습니다. 이에 대해서는 꽤 오래 전에 쓴 글이라 내용을 잘 전달할 수 있을 것 같지도 않아 여기서는 생략하도록 하겠습니다.

이제까지 제가 쓴 글 중 몇 가지를 소개해 왔습니다만, 이처럼 노에는 현대인이 잘 이해할 수 없는 부분이 많이 있습니다.《가키쓰바타》같은 경우는 특히 더 그렇습니다. 그런 노가 현재에도 상연되고 있는 것입니다. 그렇기 때문에 이해가 안 가는 부분이 있는 것은 당연한데, 다행히도 연구가 많이 진척되어 여러 가지가 해명되었습니다. 따라서 현재는 작자의 의도를 복원할 수 있는 재료가 꽤 구비되어 있는 시대가 되었습니다. 우타이본謠本[6]만 해도 얼마 전까지만 하더라도 간제류 텍스트밖에 볼 수 없었습니다. 하지만 지금은 그렇지 않습니다. 제가 요전에《바둑》의 복원 작업을 할 때 텍스트를 정리했는데, 무로마치시대 것을 포함해서 20개 정도를 금방 찾아볼 수 있었습니다. 이제 그런 시대가 된 것이죠. 이렇게 되면 여기는 어떤 본문이 맞는가 하는 것을 대개는 알

---

6 노의 사장(詞章) 옆에 음절을 나타내는 부호를 병기하여 요쿄쿠를 노래로 부를 수 있게 만든 텍스트.

수 있게 됩니다. 노에 대해 올바른 독해를 할 수 있는 기반이 이제 정비된 셈이죠. 지금까지는 자료의 한계 때문에 노를 과학적으로 읽는 작업이 충분히 이루어지지 못했습니다. 하지만 이제 자료도 정비되었으니 앞으로는 그런 부분에도 더욱 관심들을 가지게 될 것이라는 게 제 생각입니다.

사나리 겐타로의 제언

이제 슬슬 좀 더 구체적인 이야기로 접어들어야 하겠는데, 그 전에 한 가지 제가 하고 있는 이야기를 반세기 전에 주장했던 분의 얘기를 먼저 소개하고 싶습니다. 바로 사나리 겐타로佐成謙多郞 씨가 『국어와 국문학』 1929년 6월호에 실은 「요쿄쿠 연구법謠曲の研究法」이라는 글입니다. 사나리는 쇼와 초년도에 나온 『요쿄쿠대관』이라는 매우 훌륭한 주석서를 정리한 분이십니다. 이 논문은 바로 『요쿄쿠대관』이 막 간행되었을 무렵의 글입니다. 사나리는 교토대학 국문과 출신으로 그 후 도쿄에서 교직에 몸담으셨고, 마지막에는 가마쿠라에 있는 시로유리대학白百合大學에서 근무했던 것으로 추정됩니다. 그가 쓴 서문을 읽어 보겠습니다.

중등학교 현행 국어 독본에는 대개 어느 교과서에나 2~3편의 요쿄쿠가 실려 있고, 특히 고등 정도의 학교에서는 요쿄쿠를 국어의 한 과로 채택하여 가르치는 곳이 많은 것 같다. 하지만 그것을 희곡으로서든 아니면 희곡 이외의 별종의 것으로든, 하나의 정리된 문예로서 어린 학생들이 납득할 수 있게끔 가르치는 것은 얼마나 힘든 일인가? 내 자신의 경험으로 볼 때 나는 그렇게 생각한다. 일찍이 어느 박사가 요쿄쿠를 비평하기를 '온갖 수를 놓은 비단 천으로 만든 찬찬코[7]' 같다고 비유한 바 있다. 또 다른 박사는 이에 찬동하면서 '요쿄쿠는 고우타小歌[8]의 집합체'라고 말하기도 하였다. 그것은 요쿄쿠라는 것이 부분적으로는 미사여구로 장식한 화려한 것이지만, 전체적으로는 일관된 의미로 연결되지 않은, 통일된 내용이 없는 것이라는 견해에서 나온 비평에 다름 아니다. 과연 요쿄쿠에는 등장인물의 대사로만 전개되는 보통 희곡과는 달리, 등장인물의 대사 외에 그의 심리와 행동 내지 주변의 정경을 설명하는 서사문 즉, 지문이 있다. 그러나 지문이 있다고 해서 보통의 소설과 같은 체재를 구비하고 있느냐 하면, 그렇지도 않다. 왜냐하면 등장인물의 연기에 의해 관객들이 쉽게 이해할 수 있는 곳에서는 다른 희곡과 마찬가지로 지문에 의한 설명을 생략하므로 이것을 소설과 같이 취급하면 대단히 많은 문제가 생기고 만다. 결국 요쿄쿠는 희곡도 아닌 것이 소설도 아닌, 일종의 독특(특수)한 양식을 가지고 있는, 참으로 이상한 것이다. 게다가 부분적으로 보아도 요쿄쿠는 요소요소에 엔고緣語, 가케코토바掛詞, 조코토바序詞 같은 수사가 번잡스러울 만큼 빈번히 사용된다. 그리하여 이를 부르거나 듣고 있을 때에는 화사하고 기분 좋던 것이, 문장을 따라 해석하려고 하면 곳곳에서 전후 의미가 모순되는 문제에 봉착한다. 이를 두고 '온갖 수를 놓은 비단 천으로 만든 찬찬코'라느니 '고우타의 집합체'라며, 애초에 곡 전체를 통일되고 정연하게 해석하는 것은 무리라고 단정해 버리면 그뿐이다. 하지만 요쿄쿠 자체의 문예적 가치를 인정하고 그것이 역사에 끼친 현저한 영향을 통감하며 올바로 이해하고자 한다면 그것은 상당히 지난한 작업이 되

---

7 솜을 두어 만든 아동용 소매 없는 웃옷.

8 무로마치시대 민간에 유행했던 짧은 가요. 혹은 노·교겐 중에 무로마치 속요를 삽입한 부분.

는 것이다. 요쿄쿠는 이렇게 어려운 것이라 각오하고 따라서 항상 불안함을 간직한 채, 현재 나는 국어교사의 한 사람으로 요쿄쿠문의 해석을 담당하고 있다. 여기서 내가 취한 참으로 평범한 연구법을 들려주고 많은 분들의 가르침을 얻음으로써 이 방면의 연구를 분명히 하고, 가능하면 하루빨리 어린 학생들도 쉽게 이해할 수 있는 수업을 하고 싶은 바람이다.

이상이 서문이고 이하 6절로 이루어진 문장이 더 있습니다. 먼저 「성인成因의 연구」. 이것은 역사적 연구에 해당합니다. 다음이 「사장詞章의 검토」, 「사장의 보수補修」. 여기서 그가 말하는 것은 요쿄쿠를 올바로 읽기 위해서는 현행의 우타이본만으로는 부족하다는 것입니다. 그리고 「사장의 주석」, 「종합적 연구」, 「가치 비판」의 구성으로 나아갑니다. 이런 구성으로 선생은 하나의 작품에 대해 전체적인 시야에서 생각할 필요가 있다고 주장하고 있습니다. 저는 이 글을 읽고 동지를 얻은 기분으로 그의 견해에 크게 동감했습니다. 요쿄쿠를 '온갖 수를 놓은 비단 천으로 만든 찬찬코'라고 평한 것은 쓰보우치 쇼요坪內逍遙입니다. 제가 이 말을 알게 된 것은 노와는 무관하던 젊은 시절, 미시마 유키오의 수필을 통해서였습니다. 물론 그때는 그게 쓰보우치 쇼요가 한 말인지도 몰랐습니다. 내용인 즉, 노에 관심을 가지고 있던 젊은 시절의 미시마가 자신이 존경하는 야스다 요주로保田与重郎에게 노의 문제를 어떻게 생각하느냐고 묻자, 야스다가 '그건 온갖 수를 놓은 비단 천 같은 것'이라고 대답한 것에 대해 저이 실망했다는 내용입니다. 저는 그때 처음으로 노의 사장은 '온갖 수를 놓은 비단 천 같은 것이구나'라고 생각했는데, 나중에 가서야 그게 쓰보유치 쇼요가 한 말이라는 것을 알게 되었습니다. 이 말의 배후에는 노의 사장은 하나의 통일된 내용을 가지고 있지 않다는 인식이 작용합니다. 그 같은 인식은 현재까지도 그리 변하지 않은 것 같습니다. 즉, 많은 사람들이 노의 사장을 '온갖 수가 놓인 비단 천' 같은 것이라 생각하며 노를 연기하고, 노를 보고, 노를 연구해 온 건 아닐까요? 그러나 사실 노는 그렇지 않습니다. 노에는 확실한 작가의 의도, 즉 작의가 있다고 저는 생각합니다. 그걸 이제까지 우리가 몰랐던 것뿐입니다. 사나리는 1929년이라는 시점에서 당시의 일반적인 시각에 대해, 노에는 특정한 의도가 있으며 그것을 전체적으로 검토할 필요가 있다는 것을 설파했습니다. 상세한 내용은 생략하겠지만 마지막 「가치비판」만은 발췌해 놓았으니 한번 읽어 보시기 바랍니다. 거기에는 "거슬러 올라가 원작자의 의도와 주장을 들어 보고 이를 현행 요쿄쿠와 그 실연實演에 투영해 보아야 한다."라는 주장이 실려 있습니다. 사실 저는 작의라는 말이 이제까지 잘 쓰이지 않은 말인 줄 알았습니다. 그래서 이 말에 일종의 저항감을 느끼는 분도 있을 거라 생각했습니다. 그런데 이런 선각들이 '작의'라는 말을 사용하셨으니 저도 크게 안심이 됩니다. 하지만 그 후에는 왠지 잘 쓰이지 않게 된 것 같습니다. 그건 역시 노라는 연극을 '온갖 수가 놓인 비단 천'이라 보는 시각이 일반화되고, 노의 전체상을 보려는 시각이 점점 엷어진 결과라고 생각합니다. 따라서 저는 노라는 연극에 대해서 부분이 아니라 작품 전체를 종합적으로, 그리고 통일적으로 파악할 필요가 있다고 봅니다. 그런 자세가 이미 사나리 선생의 문장 속에 매우 명료하게 나타나 있어 제 다짐을 새롭게 해 주었습니다. 이 글을 알 게 된 것은 비교적 최근의 일인데, 이런 선각자가 있었음을 여러분께 소개드리고 마지막으로 조금 구체적인 내용을 말씀드리며 강연을 끝맺을까 합니다. 여기 아직 글로 다듬지 않은 내용이지만 노《유야》를 작의라는 시점에 입각하여 읽어 보도록 하겠습니다.

《유야》를 읽다

《유야》에 대한 일반적인 이해는 아까 잠시 소개해 드렸습니다. 대개는 그런 식으로 생각들을 합니다. 즉, 어머니의 병을 걱정하는 유야의 심정, 그게 중심이라고 말이죠. 그런 《유야》의 평가에 대한 이야기를 좀 더 소개하고자 합니다. 나누어 드린 자료는 사나리 겐타로의 『요쿄쿠대관』「해설·개평」 부분입니다만, 거기에 다음과 같은 글이 실려 있습니다.

> 먼저 인물의 성격을 보면, 와키 무네모리宗盛는 남을 배려해 주는 마음이 없고 자기 고집이 강한데, 정이 담긴 시가를 보고는 절절하게 감동한다. 제멋대로지만 풍류를 아는 다이라 귀족의 모습이 잘 투영되어 있다. 시테 유야는 남편의 명에 반항할 수도 없고, 노모에 대한 걱정을 떨쳐버릴 수도 없는, 유약하고도 세심한 성격이 잘 그려져 있다.

이런 식의 개설이 기술되어 있습니다. 봄이 한창인 어느 날 다이라노 무네모리가 기요미즈데라淸水寺에 꽃구경을 가려 합니다. 그리고 그의 애첩인 유야를 함께 데려가려 하지요. 하지만 유야는 병석에 누운 어머니가 염려되어 고향 도오토오미遠江에 돌아가고 싶다고 말합니다. 그러나 무네모리가 유야를 돌려보내 주지 않습니다. 유야는 시름에 잠긴 채 무네모리와 함께 벚꽃이 만개한 교토의 시가를 지나 기요미즈데라를 향합니다. 이때의 정경을 묘사한 문장이 굉장히 아름답습니다. 기요미즈데라에 도착해 꽃구경이 시작되고 연회가 벌어집니다. 거기서 유야는 그 자리의 접대를 책임지게 되는데 고향에 계신 어머니를 그리며 노래를 읊습니다. 그 노래에 감격한 무네모리는 그녀에게 고향에 가도 좋다고 허락을 해 줍니다. 그래서 유야가 곧장 고향으로 돌아가는 것으로 곡은 끝이 나게 되는 거지요. 꽤 유명한 이야기라 알고 계신 분도 많으리라 생각합니다. 이 《유야》에 대해 사나리가 위와 같은 해석을 하고 있는 것입니다.

《유야熊野》 ①

이번에는 최근의 해석들을 좀 더 보려 합니다. 나누어 드린 자료는 하야시 노조무林望 의 「유야를 읽다熊野を読む」라는 글인데, 1995년에 잡지 『간제觀世』에 발표한 것입니다. 비교적 긴 글이지만 여러분은 밑줄 친 부분만 보시면 대강 하야시가 말하려고 한 내용이 무엇인지 알 수 있을 것입니다. 여기서도 오로지 와키 무네모리의 인물상에 초점을 맞추어《유야》를 논하고 있습니다. 거기 밑줄 친 부분을 따라가 보면, "이 이야기가 전하는 무네모리의 성격은 '배려 없음'과 '제멋대로'에 '우유부단하고 미련한 남자"라고 되어 있습니다. 또 "여기에서 드러난 무네모리의 성격은 '우유부단'에 '겁쟁이, 미련, 비굴'이다"라고 말하고 있습니다. 주의할 것은 그 다음 문장인데, 거기에는 "와키 무네모리는 『헤이케모노가타리』의 무네모리상을 그대로 끌고 온 것이다"라고 되어 있습니다. 《유야》에 대해 이런 식의 해석이 이루어져 왔던 것이죠. 무네모리는 『헤이케모노가타리』가 그리고 있는 대로 '남에 대한 배려가 없고, 제멋대로에다 우유부단하며 겁쟁이에 비겁하고 미련하며 비굴한 인물인데, 그것이 노의 무네모리다'라는 해석입니다. 더욱이 "객석의 관객들 뇌리에 떠오른 인물의 이미지는, 이상과 같은 '질리도록 멍청한 바보 나리'였을 것이다.", "이렇게 이 곡은 단도직입적으로 주인공 유야에 대한 동정으로 곡의 정조를 규정할 수 있다.", "그런 지독한 남자에 속박 당한 여성에 관한 이야기이다" 등 하야시는 《유야》를 이런 식으로 읽어야 한다고 주장했습니다. 마지막으로 유야의 귀향을 허락하는 장면에 대해서는, "둔감거사 무네모리도 드디어 감동을 받고 귀향의 말미를 주는 사태가 벌어졌다."라고 기술하면서 "즉, 무네모리는 마지막의 마지막까지 멍청하고 제멋대로인 데다, 변덕스럽고 미련스런 남자로 조형되고 있다."라고 결론짓고 있습니다. 여기 오신 분 중에는 《유야》를 보신 분들도 많을 거라 생각하는데, 만약 《유야》가 그런 작품이라고 한다면 이런 불쾌한 인물이 등장

하는 노를 보고 싶지 않을 것 같습니다. 여러분 생각은 어떠신지요? 어쨌든 이런 해석이 있다는 것도 여러분께 소개해 두는 바입니다.

　다음 소개할 것은 이토 슌타로伊藤俊太郎가 쓴 「《유야》를 읽다《熊野》を読む」입니다. 《유야》에 대해서는 왠지 이렇게 여러 해석이 나와 있습니다. 이토 씨는 도쿄대학 의학부 교수였던 분인데, 이 글은 1987년 『간제』에 실렸습니다. 이 글은 좀 전에 말씀드린 다시로 게이치로田代慶一郎가 마이니치신서毎日新書에서 낸 『요쿄쿠를 읽다謡曲を読む』에 있는 '유야'론에 입각해, 다시로 설과는 다른 이론을 펼친 것입니다. 따라서 이 글을 읽으면 이 두 사람이 《유야》에 대해 어떤 해석을 하고 있는지를 함께 볼 수 있습니다. 다시로 씨의 설이란 거기 인용되어 있다시피, "이 요쿄쿠를 이해하는 데 있어 이제까지 간과되어 왔던 숨겨진 중요한 테마가 있다. 그것은 무네모리에 대한 유야의 애정이다. 유야는 이 요쿄쿠 안에서 무네모리에 대한 사랑을 한마디도 입에 담지 않는다. 그러나 그것이 사실은 《유야》를 이해하는 열쇠이며, 그 하나만 이해하게 되면 《유야》의 평이하지도, 아니 기괴하지도 않은 깊은 정서를 맛볼 수가 있는 것이다."라는 것입니다. 《유야》의 마지막 장면에서 '꽃을 저버리는 기러기'라는 문구가 나오는데, 이 꽃에는 무네모리라는 의미가 담겨 있다는 게 다시로 씨의 견해입니다. 이토 씨는 이러한 다시로 설에 대해 '《유야》를 한 편의 러브스토리로 이해해도 좋을까?'라는 의문을 제시하면서 자신의 설을 전개하고 있습니다. 이토 씨의 견해는, "여기까지 썼으면 이제 분명해질 것이다. 《유야》가 내포하고 있는 전반부의 근본 테마는 '생과 사의 투쟁'이다."라고 그 주제를 생과 사의 대립이라는 관점으로 보고 있습니다. 또 이토 씨는 '유야'라는 이름에도 주목하고 있습니다. 유야는

한자로 '熊野'라고 씁니다. 즉 구마노熊野9가 되는 것이지요. 이 '구마노'
는 삶과 죽음의 토지입니다. 따라서 이러한 관점에서 보면 《유야》의 주
제는 생과 사의 투쟁이 된다, 이런 논법입니다. 다소 억지스런 감이 없
지 않습니다만, 유야의 어머니가 병석에 누워 있으므로 죽음의 요소는
분명 있다고 할 수 있습니다. 또한 봄이 한창인 계절적 공간을 생각하면
그것은 역시 생의 상징이기도 합니다. 이토 씨는 이런 식으로 자신의 해
석을 내놓고 있습니다. 좀 전에 본 하야시 노조무 씨의 해석과는 상당한
차이가 있습니다.

여기서 다시 하야시 씨의 해석으로 돌아와 보면, 하야시 씨의 해석은
그 전에 소개한 사나리 씨의 해석을 필요 이상으로 확대한 것이 아닌가
하는 생각이 듭니다. 즉 사나리 씨는 무네모리가 다소 제멋대로인 점이
있다고 말하면서 한편으로는 풍류를 아는 귀공자라고도 표현하였는데,
이 '풍류를 아는 귀공자'라는 지적을 완전히 무시하고 제멋대로의 속성
을 확대하여 계승한 게 하야시 씨의 해석이 아닌가 하는 생각입니다. 그
에 대해 다시로 선생처럼 무네모리에 대한 사랑이 그려지고 있다는 해
석도 한편에는 존재합니다. 이것은 말할 것도 없이 하야시 씨와는 대척
점에 있는 해석이지요. 이에 대해 이토 슌타로 씨는, '아니다 생과 사의
투쟁이 주제다'라고 주장합니다. 백화난만百花爛漫, 수습이 어려울 정도
의 다양한 해석입니다. 그렇다면 이걸 어찌 하면 좋을까요?

여기서 다시금 아까 소개한 사전을 펼쳐 보도록 하겠습니다. 이미 소
개한 바와 같이 '어머니의 병환에 대한 유야의 걱정, 슬픔'이라고 나와
있습니다. 이건 일단 납득이 갑니다. 이런 내용을 그리고 있는 것은 틀

---

9   미에(三重)현 남부에서 와카야마(和歌山)현 남부에 걸쳐 있는 지역으로, 많은 산맥으로 연결되어
    있어 고래로부터 일본의 산악신앙 슈겐도(修驗道)를 비롯한 일본 신앙의 성지로 추앙받고 있다.

림없습니다. 그러므로 이것은 일단 온당한 해석이라고 여겨집니다. 이에 가장 가까운 것은 역시 이토 씨의 해석이 될까요? 무네모리에 대한 사랑이라는 해석은 문장 상에서 정확하게 인정할 수 없는 부분이라 역시 무리가 있다고 봅니다. 이제 별로 시간이 없으니, 이쯤에서 《유야》는 어떻게 읽을지에 대한 제 생각을 간단하게 말씀드리겠습니다.

이런 이야기는 '나는 이렇게 생각한다'고 말하는 것만으로는 부족합니다. 그래서 일단 《유야》의 본문을 전부 자료에 올려 두었습니다. 이 본문은 『요쿄쿠대관』에서 가지고 온 것입니다. 즉, 현행 간제류의 사장입니다. 그것만으로는 부족하다는 이야기를 좀 전에 말씀드렸는데, 그런 점에서 간제류와 다른 곤파루류의 사장을 그 밑에 병기해 두었습니다. 대체로 무로마치시대부터 이런 차이가 생겨났습니다. 대강 훑어보아도 둘 사이에 꽤 많은 차이가 있다는 것을 알 수 있을 것입니다. 그러나 대부분 본질적인 차이는 별로 없습니다. 하지만 게 중에는 작품의 본질과 관계된 차이가 나는 경우가 있습니다. 나누어 드린 자료에는 본문을 전부 11단으로 나누어 각 단별로 그 단에 어떤 내용이 담겨 있는지를 메모해 두었습니다. 11단으로 나누어 놓은 이 텍스트를 따라 읽으면서 《유야》가 어떤 내용의 노이고, 어떻게 전개되고 있는지를 확인해 두었으면 합니다.

제1단은 와키가 등장하는 장면입니다. 와키는 다이라노 무네모리입니다. 여기는 '이 봄의 꽃을 구경하러'라는 대사를 읊는 장면입니다. 이게 제1단의 내용입니다. 제2단은 짧지만 쓰레가 등장하는 장면입니다. 쓰레는 아사가오朝顔라는 여성인데, 유야의 어머니를 모시는 시종으로 고향 도오토오미에서 쿄토로 찾아옵니다. 그녀는 유야를 데리러 상경한 것입니다. 2단은 아사가오가 도오토오미에서 교토로 이르는 동안의 미치유키道行¹⁰를 다루고 있습니다. 제3단은 교토에 도착한 아사가오와 유야가 대면하는 장면입니다. 유야는 여기서 어머니의 편지를 받게 되죠. 편지를 본 유야가 어머니의 위독함을 알고 슬퍼하는 장면이 나옵니다. 다음은 제4단이군요. 여기서는 유야와 무네모리가 어머니의 편지를 함께 읽는 장면이 나옵니다. 편지의 첫머리는 "감천전#泉殿¹¹ 봄밤의 꿈은 고통의 씨앗이 되고, 여산궁驪山宮¹² 가을밤에 쳐다보던 달도 끝이 있나니."라는 문구로 시작됩니다. 다음의 제5단은 다시 시테와 와키가 응대하는 장면입니다. 여기서 무네모리는 편지를 읽고도 유야의 귀향을 허락해 주지 않고 꽃구경을 위한 우차牛車를 준비하라고 명을 내립니다. 유야도 동행할 것이니 외출할 차비를 하라는 것입니다. 이렇게 전반부가 끝이 납니다. 제6단은 시테와 와키의 미치유키 장면입니다. 기요미즈데라까지의 경치가 기가 막히게 아름다운 명문으로 묘사되는 구절입니다. 그 다음의 제7단은 계속해서 시테와 와키의 미치유키 장면입니다. 이 단에서는 만개한 벚꽃의 아름다운 경치와 어둡게 침잠해 있는 유야의 내면이 절묘한 묘사로 대비됩니다. 제8단은 기요미즈데라에 도착한 와키와 시테의 응대 장면입니다. 이 단에서는 시테의 춤이 펼쳐집니다. 말하자면 주연의 흥을 돋우기 위해 유야가 춤을 추는 장면입니다. 다음의 제9단은 짧지만 여기서 '나카노 마이中ノ舞'라고 하는 춤이 추어집니다. 시테가 춤을 추는 장면으로, 내용적으로는 무네모리의 요청에 유야가 춤을 추는 것으로 되어 있습니다. 이는 꽃구경을 겸한 주연이 벌어지

---

10 제6장 각주 8번 참조.

11 감천궁은 한무제가 지은 별궁으로 『백씨문집(白氏文集)』에 의하면 무제가 그의 애첩이었던 이 부인의 모습을 감천궁에 그리게 했다고 한다.

12 당나라 때의 별궁으로 『백씨문집(白氏文集)』 「장한가(長恨歌)」에 의하면 이곳에서 당현종과 양귀비가 사랑을 맹세했다고 전한다.

《유야》②

는 장면입니다. 이어지는 제10단에서는 유야가 춤을 추는 도중에 비가
내리기 시작합니다. 그리고 내리는 비에 꽃이 지는 것을 유야가 슬퍼합
니다. 꽃이 진다는 것은 물론 어머니의 목숨이 위태롭다는 의미를 함축
하고 있습니다. 유야는 그런 심정을 담은 노래를 종이 위에 써서 무네모
리에게 건넵니다. 무네모리가 그것을 받아드는 장면이 제10단입니다.
다음 제11단의 모두에서는 유야의 노래를 무네모리가 받아 읽습니다.
그 노래는 "어찌 하리오. 도성의 봄도 아쉽지만, 정든 고향의 꽃이 지는
데."라고 되어 있습니다. '도성의 봄도 아쉽다. 도성의 꽃이 지는 것도
안타깝지만 정든 고향의 꽃, 즉 어머니의 안부가 걱정스럽다'는 내용이
지요. 이렇게 도성의 꽃과 어머니의 목숨을 대비시킨 노래를 읊은 것이
지요. 이 노래에 감격한 무네모리가 유야의 귀향을 허락하게 됩니다. 마

지막으로 유야가 고향으로 돌아가면서 읊은 노래 역시 명문이라고 생각하는데, 어쨌든 유야는 대체로 이런 내용으로 전개되는 작품입니다.

아까 말씀드린 대로 유야의 병든 어머니를 걱정하는 마음, 그로 인해 무겁게 가라앉은 유야의 내면이 작품에 그려지고 있는 것은 분명합니다. 그러나 이 외에도 이 작품에서 더 강조되는 것이 있습니다. 그게 무엇인가 하면, 그것은 지나가는 봄을 아쉬워하는 마음입니다. 그러한 정조가 곡 전체를 가득 채우고 있다고 저는 생각합니다. 예를 들어 제1단의 무네모리의 대사에서, "이 봄뿐인 꽃구경을 함께 하고자."라는 대목이 나옵니다. 무네모리는 '이 봄뿐この春ばかり'이라고 말하고 있습니다. 즉, 이 봄의 꽃은 올해만의 것이라고 말하고 있는 것입니다. 그는 올봄의 꽃은 올해만의 것으로 무엇과도 바꿀 수 없는 것이라고 말합니다. 그리고 제2단에서 등장한 쓰레의 첫 대사 역시 "꿈속에서도 가는 봄이 아쉬워, 꿈속에서도 가는 봄이 아쉬워, 꽃필 무렵 서울의 꽃을 찾아왔네."라고 합니다. 주인의 심부름으로 상경한 아사가오도 덧없는 봄과 봄꽃을 아쉬워하는 심정을 먼저 읊으며 등장하고 있습니다. 제3단, 제4단을 건너뛰고 제5단을 보면, 여기서도 무네모리는 "노모의 병이 그렇다 해도, 이 봄뿐인 꽃구경을 함께 하자거늘 어찌 외면한단 말인가."라고 말합니다. 즉, 노모의 병이 그렇더라도 '이 봄뿐인 꽃구경을 함께할 벗'이라며, 첫머리에서와 마찬가지로 '이 봄뿐인 꽃'에 집착하고 있습니다. 여기서 그 아래 첨부한 곤파루류의 문장을 함께 보아 주십시오. 방금 본 간제류의 문구는 '이 봄뿐인 꽃구경을 함께 할 벗'이었습니다. 즉, '이 봄만은 꽃구경을 함께 할 벗으로 나와 동행해 주시오. 어찌하여 함께 꽃구경할 벗인 나를 외면할 수 있다는 말입니까'라는 의미입니다. 그런데 이 부분이 곤파루류에서는 "이 봄뿐인 한창 핀 꽃, 어찌 외면할 수 있단 말이오."라고 되어 있습니다. 즉, '꽃구경을 함께 할 벗'이 아니라 '한창

핀 꽃'입니다. '꽃구경을 함께 할 벗'이라면 당연 유야를 가리키는 게 되지만, '한창 핀 꽃'은 그야말로 꽃 그 자체를 의미합니다. 와키 무네모리는 여기서 '한창 핀 꽃'에 집착하고 있는 것이 됩니다. 그에 대해 시테는 "말씀을 되받아 송구하오나, 꽃은 봄이 되면 다시 피지만 이쪽은 덧없는 인간의 목숨, 영영 이별이 될지도 모릅니다. 부디 말미를 주십시오." 라고 말합니다. 이건 간제류의 문구입니다. 곤파루류에서는 "말씀을 되받아 송구하오나, 지금 이 순간에도 어떻게 되셨을지. 도성의 꽃은 지는데, 꽃은 봄이 되면 다시 피지만, 이쪽은 덧없는 인간의 목숨……."이라고 되어 있습니다. 이중에 '지금 이 순간에도 어떻게 되셨을지, 도성의 꽃은 지는데'가 간제류에는 없는 문구입니다. 여기서 유야는 '지금 이 순간에도 어떻게 되셨을지'라며 어머니의 안부를 걱정하고 있습니다. 걱정하면서도 한편으론 '도성의 꽃은 지는데'라며 도성의 꽃에 대한 애석함도 토로하고 있습니다. 이런 것들이 곤파루류의 문구에는 읽힙니다. 이런 문구가 간제류의 텍스트에서는 사라진 것입니다.

그 후의 제6단, 제7단에서는 꽃이 만개한 교토의 풍경이 흠뻑 묘사되고 있습니다. 이 장면은 봄의 충만함과 유야의 슬픔이 대조적으로 그려지고 있는 부분입니다. 그 어느 쪽도 중요하지만 여기서는 곡 전체의 '가는 봄을 아쉬워하는 석춘'의 테마가 집중적으로 그려지는 장면이라 해석됩니다. 그리고 제8단의 주연이 벌어지는 장면, 여기서도 간제류와 곤파루류간에 주의할 만한 차이가 있습니다. 곤파루류에서는 이 장면에서 유야가 "아, 아름답게 핀 꽃들이구나!"라고 말하는 부분이 있습니다. 그리고 계속해서 "그 어느 봄보다 아름답게 보여요."라고 말합니다. 그에 대해 쓰레인 아사가오가 "과연 그 어느 봄보다 아름다워 보입니다." 라고 응수합니다. 이것은 곤파루류에 있는 대화로 간제류에는 없습니다. 곤파루류의 사장을 보면 유야와 아사가오가 어머니가 병석에 누워 있는 처지인데도 눈앞에 펼쳐진 봄 풍경이 예년보다 아름답다는 대화를 나누고 있는 것입니다. 그 후 주연이 벌어지고 아까 소개드린 유야의 시가가 펼쳐지게 됩니다. 그 노래를 다시 한 번 소개하면, "어찌 하리오. 도성의 봄도 아쉽지만, 정든 고향의 꽃이 지는 것을."이라고 말하는 것입니다. 여기서는 먼저 도성의 봄에 대한 애석함을 표현하고 그리고 나서 병석에 있는 어머니에 대한 걱정을 드러내고 있습니다.

이렇게 보면《유야》에 대한 지금까지의 해석은 너무나도 유야의 슬픔에 초점이 맞추어져 있는 것은 아닌지, 의문이 강하게 듭니다. 그뿐이라면 좋겠지만, 가는 봄을 애석해하는 무네모리를 우유부단하고 멍청한 바보 나리로 보는 것은 역시 옳지 않은 것 같습니다. 무네모리가 그런 인물이라고 볼 만한 근거는《유야》의 어디에도 나와 있지 않습니다.《유야》를 있는 그대로 읽어 보면 사라져 가는, 그때뿐인 봄을 아쉬워하는 무네모리라는 인물의 윤곽이 매우 선명하게 그려지고 있다는 것을 알 수 있습니다. 따라서 병석의 어머니를 생각하는 유야의 심정과 함께 유야와 무네모리의, '올해'뿐인 봄을 아쉬워하는 심정이 작품 전체에 흐르고 있다는 것도 간과해서는 안 된다고 봅니다. 그렇게 해석함으로써 비로소《유야》에 담긴 작자의 의도가 보이게 되는 것은 아닐까요?

또 한 가지 와키 무네모리를 위한 변명을 한마디 해 두고 싶습니다. 확실히《유야》의 줄거리만 놓고 보자면 어머니가 병에 걸려 고향에 돌아가고 싶어 하는 유야를, 단지 꽃구경이나 하자고 붙잡아 두는 것은 말도 안 되는 폭군의 행태로 볼 수도 있습니다. 그러나 제4단의 어머니로부터 온 편지를 읽는 장면을 보면, 간제류에서는 그 편지를 유야가 읽습니다. 어머니가 보낸 편지를 가지고 간 유야를 향해 무네모리는 "아니 고향에서 온 편지란 말이냐. 볼 것도 없다. 거기서 소리 높여 읽어 보아라."라고 말하고 있습니다. 내가 볼 것도 없이 거기서 네가 읽어 보라는 것이지요. 그래서 유야 혼자서 편지를 읽습니다. 이것은 간제류의 연출 방식입니다. 그런데 곤파루류에서는 그게 아닙니다. 곤파루류의 문구는 다릅니다. 곤파루류에서의 무네모리의 대사는 "아니 노모로부터 온 편지냐. 그러면 같이 읽어 볼 터."라고 말하며 말 그대로 편지를 함께 읽어 나갑니다. 이렇게 둘이서 편지를 읽는 연출방식은 간제류에도 남아는 있지만 어디까지나 특수연출의 형태로 남아 있을 뿐 통상의 연출에서는 유야 혼자서 편지를 읽습니다. 이 장면은 곤파루류의 연출처럼 둘이 함께 읽어 나가는 것이 원형일 것이라 여겨집니다. 노의 연기가 세련되어 지면서 이런 장면은 역시 시테 단독의 노래로 처리하는 것이 좋은 것이죠. 그래서 간제류와 같은 연출 방식이 생겨난 것이라 생각합니다만, 이 한 예를 놓고 보더라도 무네모리가 폭군이라는 주장은 성립할 수 없다고 여겨집니다.

요컨대, 이《유야》와 관련해서는 가는 봄을 아쉬워한다든가, 지는 꽃을 아쉬워하는 인간의 보편적인 감정이 하나의 테마로 확실하게 자리하고 있다는 생각입니다. 그리고 지금까지 해석되어 온 것처럼 병석의 어머니를 염려하는 유야의 근심과 걱정도 작품《유야》안에서는 역시 중요한 요소라고 생각합니다. 그러면 이 둘 중 어느 쪽이 더 중요하냐고 물어 오면 참 난감합니다만, 좀 전에 소개한 이토 슌타로 씨의 맨 마지막 글에 있는 주석에 그에 관해서 참고가 될 만한 것이 있습니다. 이것은 야마자키 마사카즈山崎正和 씨가 당시 나온 지 얼마 안 된 다시로 게이치로 씨의 『요쿄쿠를 읽다』에 관해 쓴 서평인데, 아사히신문사에 실린 그 내용 중 일부를 이토 씨가 자신의 문장에 주석으로 인용한 것입니다. 내용은 다음과 같습니다.

단지 재미라는 측면에서 말하자면 작품 전체에 심리주의적인 경도가 다소 눈에 띄는 것도 사실이다. 《유야》에 관해서도 주제가 봄인 이상 그 배후에 겨울의 죽음이라는 이미지가 있는 것은 당연하다. 봄과 병든 어머니, 환락과 애상은 인물의 심리와는 별도로 단지 관념만이 충돌하는 드라마로 읽힐 수도 있을 것이다. 그러나 그러한 의문이나 착상을 자극하는 것 자체가 이 책이 가진 뛰어난 환기력 덕분인 것은 말할 필요도 없다.

야마자키 마사카즈 씨는 사실은 오사카대학에서 8년 동안 같이 근무했던 분인데, 굳이 그런 것 때문은 아니지만 이 지적은 꽤 정곡을 찌르고 있다고 생각합니다. 여기서 눈길을 끄는 것은 《유야》의 주제가 봄이라고 아무렇지도 않게 말하고 있는 부분입니다. 야마자키 선생은 그렇게 해석을 하고 있습니다. 그러나 그런 해석은 노의 사전이나 주석에는 전혀 보이지 않는 해석입니다. 그럼에도 《유야》의 주제가 봄이라고 당연한 듯이 말씀하시고 계신 겁니다. 야마자키 선생은 미학을 전공한 분인데, 혹시 미학이라는 영역에서 볼 때 《유야》는 그렇게 해석되는 것이 당연한 것인지 모르겠습니다. 그리고 또 한 가지 주목할 만한 것이 《유야》를 '관념의 충돌'로 읽을 수도 있다고 지적하고 있는 부분입니다. 즉, 현실의 어머니의 병과 지나가는 봄을 아쉬워하는 마음의 충돌을 말하는 것이지요. 그런 대립은 현실적인 측면에서 본다면 문제가 되지 않습니다. 어머니가 더 소중하다는 것은 정해진 이치지요. 하지만 이것은 현실세계를 말하는 것이 아니라 노라는 연극의 세계인 것이지요. 연극의 세계에서는 그런 대립이 인정될 수 있는 것입니다. 그럼 가는 봄을 아쉬워하는 석춘惜春의 미적 감정과 어머니의 병이라는 현실과의 대립 속에서 《유야》는 어느 쪽을 더 무겁게 다루고 있을까요? 마지막에 유야는 귀향을 허락 받고 고향에 돌아갑니다. 그렇다면 병든 어머니의 현실이 더 무겹게 다루어지고 있는 게 되는지도 모르겠습니다. 그러나 저는 작자가 '석춘'이라는 미적 감정에 더 무게를 두고 있는 건 아닌가 생각합니다. 사실 이건 어느 쪽이라도 상관없는 일일지도 모릅니다. 하지만 제 마음은 미적 감정 쪽에 손을 들어 주고 싶습니다.

결국 야마자키 선생의 해석과 별반 다르지 않은 결론이 되고 말았지만, 그것은 단순히 제가 그 의견에 따른 결과가 아니라 《유야》라는 텍스트를, 간제계의 것과 곤파루계의 것을 비교해 가며 찬찬히 읽어 본 결과라는 것을 덧붙여 말해 두고 싶습니다. 뭔가 제 생각만을 너무 밀어붙인 건 아닌지, 조금은 반성하면서 이로써 제 얘기를 마칠까 합니다. 감사합니다.

■ 이 연표는 이 책의 내용을 노가쿠 역사의 흐름 속에서 이해해 주기를 바라는 마음에서 작성한 것이다. 따라서 여기 실린 내용은 책에서 언급된 사항을 중심으로 선택된 것이다. 각 항목 말미에 책의 해당 쪽수를 달아 두었으니 색인으로 활용해 주셨으면 한다.

1255년 2월	고후쿠지興福寺 다키기 사루가쿠薪猿楽(다키기 노) 개최. 오늘날에도 개최되고 있는 고후쿠지의 다키기 사루가쿠가 처음 시작된 것은 이 이전으로 추정. (96~105쪽)
1339년 3월	기슈紀州 젠린지禅林寺에서 권진노 개최. 권진노의 가장 오래된 기록. (107쪽)
1349년 2월	가스가신사春日社 와카미야제若宮祭에서 무녀巫女의 노(사루가쿠 노) 2곡과, 네기禰宜의 노(덴가쿠 노) 2곡이 연희됨. 노의 구체적인 내용을 알 수 있는 가장 오래된 사례. (54쪽)
6월	교토 시조 가와라四条河原에서 대규모 권진 덴가쿠 개최. 열광한 관중으로 인해 관람석 붕괴. 쇼군 아시카가 다카우지足利尊氏와 니조 요시모토二条良基 등 구경. (107, 113쪽)
1364년	제아미 탄생. 전년도일 가능성도 있음. (231쪽)
1375년	강아미 이마구마노今熊野에서 노 흥행. 쇼군 아시카가 요시미쓰足利義満가 관람, 이후 강아미 제아미 부자가 요시미쓰의 후원을 받게 됨. 이 이마구마노에서의 흥행은 1374년의 일일 가능성도 있음. (232~234쪽)
1378년 6월	쇼군 요시미쓰 기온 마쓰리 관람에 소년 제아미 동석. 일부 조정 귀족들의 빈축을 삼. (233~234쪽)
4월	소년 제아미, 관백 요시모토 저택에서 렌가를 읊어 요시모토의 격찬을 받음. (239~240쪽)
1384년 5월	강아미 스루가駿河에서 객사. 당시 21세의 제아미도 동행했음. (241~242쪽)

1399년 5월	제아미 교토의 이치조 다케가하나一条竹ヶ鼻에서 권진노 흥행. 쇼군 요시미쓰 관람. (108, 243쪽)
1400년 4월	제아미『후시카덴風姿花伝』제1에서 제3까지 집필. (244쪽)
1401년	제아미 요시미쓰로부터 '제아미'라는 이름을 하사받음. (245~246쪽)
1408년 3월	고코마쓰後小松 천황이 요시미쓰 기타야마北山 저택에 행차. 이 때 노를 연기한 인물은 이누오犬王로 판명. 이 직후 요시미쓰 서거, 요시모치義持가 쇼군직 계승. (247쪽)
1412년 9월	덴가쿠 신좌新座 조아미增阿弥, 레이제 가와라令泉河原에서 요시모치의 후원으로 권진노 흥행. 이후 조아미는 1422년까지 해마다 요시모치의 후원으로 권진노 흥행. (108, 248쪽)
1413년 5월	이누오 도아미 사망. (248쪽)
1422년 11월	제아미 이 시기 이전에 출가하여 간제 다유직을 장남 모토마사元雅에게 물려줌. (254~257쪽)
1423년 2월	제아미 저서『산도三道』에서 29곡의 수작을 모범곡으로 제시. (252쪽)
1424년 6월	제아미『가쿄花鏡』완성. 이 시기 전후가 제아미 예술론 집필의 절정기. (252쪽)
1428년 1월	요시모치 서거. 새 쇼군에 제비뽑기로 선출된 요시노리義教 취임. 이후 간제 사부로 모토시게観世三郎元重(제아미의 조카 옹아미音阿弥)가 발탁됨. (257쪽)
1432년 8월	제아미의 장남 간제 주로 모토마사観世十郎元雅 이세伊勢 아노쓰安濃津(현재의 쓰시津市)에서 객사. (258쪽)
1433년 4월	간제 사부로 모토시게, 다다스가와라糺河原에서 요시노리의 후원을 얻어 간제 다유 취임을 기념하는 대규모 권진노 개최. (109, 261쪽)
1434년 5월	제아미 요시노리에 의해 사도佐渡 유배. (262쪽)
1436년 2월	제아미 사도에서『긴토쇼金島書』엮음. 이 직후 귀환? (261~262쪽)
1441년 6월	쇼군 요시노리 아카마쓰 미쓰스케赤松満祐의 저택에서 옹아미의《우노하鵜羽》를 관람하던 중 암살당함.
1464년 4월	옹아미, 장남 간제 다유 마타사부로가 쇼군 요시마사義政의 후원으로 개최한 다다스가와라 권진노에 출연. 12곡의 노에 출연하며 노익장 과시. (332쪽)

1467년 1월	옹아미 사망. 향년 70세.
1482년 2월	데사루가쿠手猿楽 나이토 시치로内藤七郞, 시오세塩瀬가 궁중에서 노 상연. 이후 교토의 부유한 초닌 출신의 데사루가쿠(아마추어 사루가쿠) 활동이 활발해짐. (160쪽)
1524년 5월	『能本作者注文』 성립. 350곡의 노를 작자별로 일별.
1571년 8월	간제 소세쓰観世宗節·모토나오元尚 부자 하마마쓰浜松의 도쿠가와 이에야스 저택에서 노 연기. 이후 간제 다유는 도쿠가와 집안의 후원을 받게 됨. 이 무렵 다른 야마토 사루가쿠의 다유들도 교토를 떠나 지방으로 향함.
1585년 2월	다키기 사루가쿠가 '시골마을에 열리는 가을 제의의 풍정'이라는 평을 들을 정도로 쇠퇴. (100쪽)
1593년 10월	도요토미 히데요시 노에 열중. 궁에서 3일간 노 개최. 12곡의 노에 출연.
1603년 2월	도쿠가와 이에야스 쇼군 취임 기념 노가 니조성二条城에서 개최, 간제, 곤파루, 호쇼, 곤고 등 4좌四座 출연. 이후 도쿠가와 막부는 4좌(후에 기타류가 생겨나며 5좌五座) 소속 연기자에게 봉록을 지급하고 노를 막부의 공식 의례악으로 지정함.
1620년 8월	기타 시치 다유喜多七大夫, 에도 오나리하시御成橋에서 4일간 권진노 흥행. 기타류가 이 무렵 성립됨.
1647년 6월	막부, 5좌의 연기자들에게 가업의 예능에 정진할 것을 지시. 칸세이寛政·덴포天保 개혁 때에도 엄격한 통제령을 발령함. (154쪽)
1674년 3월	오쿠라 야에몬大蔵弥右衛門, 오사카에서 권진쿄겐 흥행. 이후 오사카에서는 5좌의 배우들이 주최하는 권진노, 권진쿄겐이 상례화 됨.
1680년 9월	쓰나요시綱吉 쇼군 취임 기념 노가 에도성에서 개최됨. 쓰나요시 시대와 다음 이에노부家宣 시대에는 노에 심취한 쇼군이 그때까지 잘 상연되지 않던 진귀한 노 작품을 다수 상연하고 배우들의 신분을 무사계급으로 격상시킴. (149쪽)
1765년 4월	15대 간제 다유 모토아키라元章, 간제류 노의 사장을 대폭 개정하여 간행(약 10년 후 모토아키라 사망 후에는 이전 사장으로 되돌아감). 모토아키라는 노 연출 분야도 크게 개정. (291쪽)

1838년 4월	쓰지 노辻能의 호리이 센스케堀井仙助, 이달 28일부터 나고야 신메신사神名神社에서 30일간 노 흥행. 노 154곡, 교겐 123곡 상연.
1868년 4월	도쿠가와 막부 붕괴. 막부와 각 번에 고용되어 있던 연기자들 수입 기반 상실.
1871년 11월	이와쿠라岩倉 사절단 약 2년에 걸친 구미 시찰을 위해 출발. 사절단은 유럽 궁정에서 오페라를 경험한 후 노의 가치를 재인식함.
1881년 4월	화족華族들에 의해 노가쿠샤能楽社 설립. 시바 공원에서 노가쿠도 건설. 이 무렵부터 노가쿠 부흥 기운이 도래. (59~60, 220쪽)
1902년 7월	잡지 『노가쿠』가 이케노우치 노부요시池内信嘉에 의해 창간. 질 높은 노가쿠 종합잡지로서 1920년까지 간행됨. (347쪽)
1909년 2월	역사학자 요시다 도고吉田東伍『제아미16부집世阿弥十六部集』 간행. 본격적인 노가쿠 연구 시작. (229쪽)
1922년 9월	관동대지진 발생. 『제아미16부집』의 저본을 비롯한 많은 노가쿠 문헌 소실.
1927년 3월	서양화가 스다 고쿠타로須田国太郎, 곤고노가쿠도에서 곤고 이와오金剛巌의 《유야》를 스케치. 이후 스다 고쿠타로는 1957년까지 6,000여 점의 노·교겐 데상을 그림. (속지 그림, 179쪽)
1938년 9월	노세 아사지能勢朝次『노가쿠원류고能楽源流考』이와나미서점에서 간행. (229쪽)
1941년 봄	제아미 자필 노 대본과 편지를 포함한 약 1,000점의 곤파루 가문 전래 문서가 가와세 가즈마川瀬一馬에 의해 발견됨.
1945년 8월	사단법인 노가쿠협회 이 달 5일 설립.
1948년 5월	간제류 여류 노가쿠 배우 탄생. 이후 기타류 이외의 각 유파에서도 여류 노가쿠 배우 출현.
1952년 4월	노카미 도요이치로野上豊一朗 기념 호세대학 노가쿠연구회 설립, 이후 노가쿠 연구의 거점이 됨.
1954년 1월	쇼와昭和 초년부터 단독으로 활동하던 우메와카梅若 일문, 미연합군 최고사령부 개입으로 간제류 복귀. 메이지 말 이래 지속되던 이른바 간제·우메와카 문제 해결.
8월	간제류와 기타류의 노가쿠단能楽団이 베니스국제연극제에 참가. 노가

쿠 최초의 해외 공연. (6, 41쪽)

1955년 1월   인간국보제도가 마련되면서 노가쿠계에서는 기타 롯페타^{喜多六平太}(시테카타), 가와사키 규엔^{川崎九淵}(오쓰즈미), 고 요시미쓰^{幸祥光}(고쓰즈미) 3인이 지정됨.

    5월   '시라키 교겐의 모임^{白木狂言の会}' 시작. 이 무렵 교겐 붐 일기 시작. (311 ~312쪽)

1974년 4월   일본사상대계 『제아미·젠치쿠』 간행. 이로써 제아미, 젠치쿠 예술론의 신뢰할 만한 텍스트가 제공됨.

1982년 10월   제아미본 《운링인^{雲林院}》이 노가쿠연구소 시연으로 상연됨. 이후 폐절곡의 부활상연이 성행. (40쪽)

1983년 9월   국립노가쿠도 개장.

2001년 2월   노가쿠 유네스코 세계무형유산으로 지정. (17쪽)

2002년 6월   노가쿠학회 설립. 학회지 『노와 교겐^{能と狂言}』 간행(펠리칸사).

2004년 3월   『현대 노가쿠 강의』 오사카대학출판회에서 간행.

서명

인명

335

바쇼芭蕉 梅若万三朗(1세), 高輪舞台, 연차 불명, 大阪大学 演劇学 研究室 제공
　　… 86쪽(상)

데이카定家 橋岡久太郎, 1955년 12월 28일, 金剛能楽堂, 大阪大学 演劇学 研究室
　　제공 … 86쪽(하)

노노미야野宮 배우·연차·장소 불명, 大阪大学 演劇学 研究室 제공 … 88쪽

고후쿠지 다키기 사루가쿠도興福寺薪猿楽図 春日大社 소장 … 99쪽

오사카성 다키기노 読売新聞 大阪本社 제공 … 104쪽

고카 권진노도弘化勧進能図 法政大学 能楽研究所 소장 … 117쪽

1702년 간제다유 기타노 권진노도元禄十五年観世大夫北野勧進能図 (『能楽』1908년 1월호
　　에서 전재) … 119쪽

벽운장 무대도壁雲荘舞台図 野村美術館 소장 … 125, 127쪽

간제좌 지배지사観世座支配之事 観世 宗家 소장 … 145쪽

기누타砧 橋岡久太郎, 연차·장소 불명, 大阪大学 演劇学 研究室 제공 … 171쪽

아쓰모리 이단지무敦盛 二段之舞 梅若万三朗(2세), 1952년 7월 1일, 観世会館, 大阪
　　大学 演劇学 研究室 제공 … 177쪽

아쓰모리敦盛(須田国太郎 데상) 金剛巌(2세), 1952년 6월 7일, 金剛能楽堂, 大阪
　　大学 演劇学 研究室 제공 … 179쪽

노가쿠도 내부 사진 大槻清韻会能楽堂 제공 … 206쪽

1641년 이에쓰나 탄생 축하 노 편성표寛永十八年家綱誕生祝賀能番組 観世文庫 소장 …
　　211쪽(우)

무대지도舞台之図 法政大学 能楽研究所 소장 … 213쪽(좌)

규렌헤토일기茨蓮江問日記 法政大学 能楽研究所 소장 … 213쪽(우)

하치조카덴쇼 무대도八帖花伝書舞台図 早稲田大学 図書館 소장 … 214쪽

관노도병풍観能図屛風 神戸市立博物館 소장 … 215쪽

무대 및 자료 사진의 게재를 허락해 주신 분들과 각 기관에 감사드린다. 사진 자료 중 오사카대학 연극학 연구실이 소장한 무대 사진은 전부 노 평론가 누마 구사아메沼艸雨 씨가 소장하던 것을 그 아드님인 누마 다카시沼孝 씨가 1998년에 기증한 것이다. 자료는 대부분 관서 지방의 노가쿠 무대를 찍은 것으로 촬영 시기는 소화昭和 초년도부터 소화 50년대까지, 분량은 대략 2,000매 정도이다. 본서에서는 자료의 역사적 가치에 유의하며 배우, 촬영 시기, 촬영 장소 등을 아는 대로 표기하였다.

노가쿠能楽
-일본 전통극 노·교겐의 역사와 매력을 읽다-

1판 1쇄 펴낸날 2015년 3월 2일

지은이 아마노 후미오(天野文雄)
옮긴이 김난주

펴낸이 서채윤
펴낸곳 채륜
책만듦이 김미정
책꾸밈이 이현진

등록 2007년 6월 25일(제25100-2007-000025호)
주소 서울 광진구 능동로23길 26
대표전화 02-465-4650 l **팩스** 02-6080-0707
E-mail book@chaeryun.com
Homepage www.chaeryun.com

© Amano Fumio · 김난주, 2015
© 채륜, 2015, published in Korea

이 도서의 국립중앙도서관 출판예정도서목록(CIP)은 서지정보유통지원시스템 홈페이지 (http://seoji.nl.go.kr)와 국가자료공동목록시스템(http://www.nl.go.kr/kolisnet)에서 이용하실 수 있습니다. (CIP제어번호 : CIP2015005180)